U0674500

"新疆企业发展研究"学术丛书

Study on the Development of Export-oriented Agriculture
and Construction of Export Processing Base in Xinjiang

新疆外向型农业发展
及出口加工基地建设研究

王霞 原帼力 苏来曼·斯拉木◎著

东北财经大学出版社

Dongbei University of Finance & Economics Press

大连

图书在版编目（CIP）数据

新疆外向型农业发展及出口加工基地建设研究 / 王霞，原帼力，苏来曼·斯拉木
著. 一大连：东北财经大学出版社，2017.11
（"新疆企业发展研究"学术丛书）
ISBN 978-7-5654-2815-9

Ⅰ．新…　Ⅱ．①王…②原…③苏…　Ⅲ．①创汇农业-农业发展-研究-新疆
②出口商品-农产品加工-农业基地-经济建设-研究-新疆　Ⅳ．F327.45

中国版本图书馆CIP数据核字（2016）第160133号

东北财经大学出版社出版发行

　　大连市黑石礁尖山街217号　邮政编码　116025
　　网　　址：http：//www.dufep.cn
　　读者信箱：dufep @ dufe.edu.cn
虎彩印艺股份有限公司印刷

幅面尺寸：170mm×240mm　字数：187千字　印张：13.75
2017年11月第1版　　　　2017年11月第1次印刷
责任编辑：孙晓梅　王　斌　责任校对：石建华　李　丹　龚小晖
封面设计：冀贵收　　　　　版式设计：钟福建
定价：36.00元

教学支持　售后服务　联系电话：（0411）84710309
版权所有　侵权必究　举报电话：（0411）84710523
如有印装质量问题，请联系营销部：（0411）84710711

2016 年度新疆财经大学专著出版基金资助项目

新疆维吾尔自治区社科基金一般项目"新疆外向型农业发展的障碍与出路研究"（项目编号为 14BGJ076）

总序

　　"一带一路"倡议把新疆推向了改革开放的浪尖和前沿，新疆能否真正建好"核心区"，起到枢纽、桥梁、示范效应，企业的发展成为关键环节。

　　新疆的地缘优势和资源优势决定其是"丝绸之路经济带"交通和能源通道的关键节点，新疆企业迎来了核心区建设的黄金期。新疆处于亚欧大陆的中心位置，是亚太与欧洲的两大经济圈的重要节点和枢纽，新疆的企业将要担当起两大经济圈的核心资源、能源、劳动力配给整合的功能，这必将给新疆企业能力提升带来历练机遇和平台。就资源开发来看，新疆拥有丰富的各种资源和能源，是我国重要的能源生产区，能源合作将成为"一带一路"倡议实施的突破口，而新疆企业参与国际能源合作开发、加工利用的前景非常广阔。同时新疆是东西方文化的交汇点，新疆与中亚国家文化共生的人文优势是新疆企业进一步"走出去"、开展区域合作的有利条件。新疆企业应以此为契机加快形成大开放的经济格局，充分利用地理位置、自然资源、劳动力资源等优势，当好建设"丝绸之路经济带"的主力军，争取把新疆建设成为经济带上重要的交通运输中心、商贸物流中心、文化科技中心等，成为经济带上的核心区。在新常态视角下努力融入"丝绸之路经济带"的建设之中，这将有利于形成新疆企业实现自身发展的新空间，有利于引入新的动力促进企业的发展。

新疆企业发展是政府、学术、社会各界人士关注的核心问题，需要各方面进行充分的理论探索和实践调研。新疆财经大学是一所以经济学、管理学为主，多学科协调发展的自治区重点建设大学，现已形成全方位、多层次的人才培养体系。学校设有企业战略研究所、企业品牌研究所和中亚经贸研究院等研究机构，拥有新疆企业发展研究中心、中国（新疆）与中亚区域经济合作研究中心等自治区普通高校人文社科重点研究基地，建立了新疆财经大学创新创业基地，具有区域经济学、金融学和国际贸易学 3 个博士二级学科授权点和应用经济学博士后流动站。学校在发展过程中，始终坚持为新疆经济建设服务，为推进新疆社会稳定和长治久安服务。在国家"一带一路"倡议的背景下，学校进一步加速向"新疆名牌、西北一流、全国知名、辐射中亚"的有特色、高水平教学研究型财经大学的目标推进。为此，学校及时对相关研究成果进行梳理和整合，推出了"新疆企业发展研究"学术丛书。该丛书包括三本专著，涉及"丝绸之路经济带"背景下新疆民营企业转型升级问题、提升新疆服务企业竞争力问题以及新疆外向型农业发展及出口加工基地建设问题等重大主题。具体包括以下方面：

1. 专著《丝绸之路核心区建设中新疆民营企业转型升级问题研究》

新疆经济工作会议和十九个省区援疆、"丝绸之路经济带"建设、"核心区"建设等一系列利好的政策和历史机遇摆在新疆民营企业面前，新疆民营企业要努力调整自身的发展策略顺应发展的趋势进行转型升级。达尔文也说过"那些能够生存下来的并不是最聪明和最有智慧的，而是那些最善于应变的"。

新疆民营企业在促进新疆经济发展和增加地方财政收入、加强民族团结和维护社会稳定、增加就业和改善民生方面发挥了重要的作用。截止到 2015 年底，新疆民营企业约占企业总数的 98%，创造产值占 GDP的 30%，纳税占 35%，就业人数比重达 73.2%。民营企业涉足能源生产、设备制造、交通运输、批发零售、餐饮服务、商贸流通、矿产开发、农副产品加工、建筑建材、民生建设等各个领域。但是，新疆民营企业发展的整体状况与中央关于新疆跨越式发展和长治久安的要求还相差甚远。一是比重低，二是企业规模小，三是发展层次低，四是发展不均衡，五是财政贡献小。因此新疆民营企业未来还有很大的发展空间。

该书以新疆民营企业为研究对象，通过问卷调查和实地调研访谈，收集大量翔实的资料，通过这些基础资料分析新疆民营企业发展的现状、存在的主要问题；通过文献分析法、主成分分析法，归纳新疆民营企业转型升级的规律，从而发现新疆民营企业转型升级的影响因素；总结出新疆民营企业转型升级路径和相关的政策建议；通过广汇集团、特变电工、美科集团、帕尔拉克公司、新康有限公司五个企业发展案例，揭示企业转型升级的过程，验证该书提出的新疆民营企业转型升级的影响因素及转型路径案例研究法，分析案例企业转型升级的具体办法。

2. 专著《新疆服务企业竞争力研究》

人类社会经历从农业经济到工业经济，再到服务经济的社会经济形态，这是一个不可抗拒的历史潮流。相对于农业生产活动和工业制造占主导的经济发展阶段而言，服务经济是以服务活动为主的更高层次的经济发展阶段。随着服务经济时代的到来，服务业在国民经济中的地位日益提高，服务企业竞争力已成为一个国家或地区综合竞争力的重要决定因素。服务业兴旺发达是新疆区域经济发展跃上新台阶的一个显著标志，也是新疆实现社会稳定和长治久安的战略目标的强大动力。在经济全球化和社会分工细化的过程中，区域经济的发展将更多地依赖于服务业。

当前，新疆服务企业正面临着新疆大建设、大开放、大发展的历史机遇，也面临着国内外服务市场的激烈竞争。新疆服务企业必须有效开展服务营销，提升服务企业的市场竞争力，才能创造和维持持续的竞争优势。所以，新疆服务企业正步入一个崭新的天地，积极开展新疆服务企业竞争力研究正当其时。

该书在对国内外相关研究文献进行系统梳理之后，运用企业竞争力等相关理论，采用规范研究与实证研究相结合的研究方法，对新疆服务企业竞争力进行了系统研究；对新疆服务业发展历程进行简要回顾和考察，总结了新疆服务业发展的结构特征，提出了新疆服务业发展潜质与战略构想，全面而系统地分析新疆服务企业发展中的问题与成因以及新疆服务企业发展面临的机遇与挑战；讨论了新疆服务企业竞争力的影响因素，构建了新疆服务企业竞争力评价的指标体系；选择了具有典型意义的新疆本土的特色餐饮企业、零售企业、旅游企业和物流企业进行竞争力分析与评价；分析了新疆服务企业竞争力提升必须采取差异化战略、顾客价值战略及新疆服务企业竞争战略模式选择；讨论了新疆服务企业竞争战略的实现路径，即制定正确的服务市场营销组合策略；从政府的层面提出了促进新疆服务企业竞争力的提升，必须树立新观念、实施新体制和健全新机制，加大政策引导和保障，加强科技支撑工作，组织实施服务企业的名牌战略。

3. 专著《新疆外向型农业发展及出口加工基地建设研究》

新疆是农牧业大区，农业发展是地区经济发展的重要环节，发展外向型农业对于实现新疆经济统筹发展意义重大。新疆特色农业资源繁多，自 2000 年以来新疆农产品贸易快速增长，年均增长率达 12%，中亚是新疆农产品出口的主要市场，面向中亚的农产品出口品种多、数量大，中亚诸国对新疆农产品的需求旺盛，充分扩大特色农产品出口的地缘优势和资源优势，能够极大地推动新疆外向型农业的发展。发展外向型特色农业，通过加工贸易带动特色农产品向西扩大出口是新疆农业发展的潜力所在，也是提升新疆农产品国际竞争力、增加农民收入的战略选择。中亚五国与新疆农产品消费互补性强，市场潜力巨大。近年来，新疆农产品出口中亚快速增长，在新疆昌吉、喀什、塔城、伊犁等地区形成了瓜果、蔬菜、清真食品等面向中亚的特色农产品生产加工和出口基地，基地正逐步成为新疆特色农产品开拓中亚市场的重要载体和平台。

外向型农业作为新疆外向型经济的支柱是今后新疆经济发展的重要支撑力量，如何将新疆外向型农业的发展置于国际贸易发展的大环境当中，进行突破式发展，对外向型农业的未来进行综合性的战略规划，是当前的重要课题。

该书介绍了全球农业贸易发展的总体环境,并分析了全球农业贸易环境对新疆外向型农业发展的影响;从农产品出口以及新疆农产品出口加工基地等方面着手进行了详尽的现状分析;用 SWOT 分析法将新疆外向型农业的发展有机地置于当前面临的国际贸易大环境当中进行深入分析;对当前影响外向型农业发展的诸多因素进行梳理,从中找出影响新疆外向型农业发展的主导因素,分析其对新疆外向型农业发展的影响机理;研究了当前新疆特色农产品出口加工基地的规模、运行等相关情况,并分析了发展中存在的问题;提出了新疆外向型农业发展的模式选择,以山东和新疆为例对比了农产品出口加工基地的模式及经验借鉴,在此基础上提出新疆农产品出口加工基地建设模式选择,并进一步分析了农产品出口加工基地的管理思路及营销战略;对新疆外向型农业发展和新疆农产品出口加工基地建设提出有针对性的对策建议。

总体上看,本套丛书具有以下一些鲜明的特色:首先,能够紧密结合"丝绸之路经济带核心区"建设背景,对新疆企业发展中面临亟需解决的焦点和核心问题进行研究,具有较强的资政作用;其次,各专著根据研究主题的需要注重实施多学科交叉研究,在理论创新层面上有显著提升;最后,本丛书能够综合运用多种研究方法,以数量或实证分析来支撑研究结论,立论坚实。本丛书得到新疆财经大学出版基金和企业管理重点学科经费、国际贸易重点学科经费等的资助。该丛书的出版发行,不仅有利于推动相关研究领域的深入发展和繁荣,更可以为"丝绸之路经济带核心区"建设提供重要的智力支持和决策参考。

"新疆企业发展研究"学术丛书编写组

2016 年 9 月 9 日

前言

一、研究的背景和意义

"十三五"开局至今，新疆对外开放步入优质高效的轨道，各行各业大力开拓周边国家及欧亚市场，推动外向型经济发展，2015年外贸依存度为13.14%。新疆与中亚五国在经贸领域开展了良好的区域性合作，2015年新疆外贸总额为196.78亿美元，其中与中亚各国贸易额达到109.97亿美元，与哈萨克斯坦贸易额为54.48亿美元，占中亚五国与新疆贸易额的52.27%，占全区进出口贸易额的29.21%。

新疆是农牧业大区，农业发展是地区经济发展的重要环节，发展外向型农业对于实现新疆经济统筹发展意义重大。新疆特色农业资源繁多，自2000年以来新疆农产品贸易快速增长，年均增长率达12%，中亚是新疆农产品出口的主要市场，面向中亚的农产品出口品种多、数量大，中亚诸国对新疆农产品的需求旺盛，充分扩大特色农产品出口的地缘优势和资源优势，能够极大地推动新疆外向型农业的发展。发展外向型特色农业，通过加工贸易带动特色农产品向西扩大出口是新疆农业发展的潜力所在，也是提升新疆农产品国际竞争力、增加农民收入的战略选择。中亚五国与新疆农产品消费互补性强，市场潜力巨大。近年来，新疆农产品出口中亚快速增长，在新疆昌吉、喀什、塔城、伊犁等地区形成了瓜果、蔬菜、清真食品等面向中亚的特色农产品生产加工和出口基地，基地正逐步成为新疆特色农产品开拓中亚市场的重要载体和平台。

同时，新疆外向型农业发展过程中存在着诸多问题。从客观角度来看，首先，中亚五国属于经济处于上升阶段的发展中国家，加之中亚国家的贸易习惯及做法，使彼此间的经贸合作存在着较大的不稳定性；其次，受到近年来全球经济衰退的影响，交易的增长势头有所放缓；最后，国外技术壁垒的影响导致交易的数量及规模并不尽如人意。从内部环境看，新疆外向型农业没有形成产业集群化发展模式，地区之间也未能形成相互配合的协同发展，导致了外向型农业发展的低效和一定程度的无序性，具体表现为新疆农产品的生产及出口企业缺乏核心竞争力，规模小、实力弱，加工水平落后，缺乏品牌效应，产业链各个环节的服务发展滞后等，这导致了外向型农业与农产品贸易发展的相互制约。

此外，由于缺乏全局规划和政策引导，新疆特色农产品基地建设和加工贸易发展面临多种问题：基地布局不尽合理，未能充分发挥各地的比较优势；基地规模化、产业化水平低，特色农产品加工增值有限；出口注册认证不规范，缺少龙头企业的带动和品牌支撑；基地特色农产品品种单一，无法满足出口市场的多样化需求等。

外向型农业作为新疆外向型经济的支柱，是今后新疆经济发展的重要支撑力量，如何将新疆外向型农业的发展置于国际贸易发展的大环境当中，进行突破式发展，对外向型农业的未来进行综合性的战略规划，是当前的重要课题。实践证明，加大优势产业的投入，通过结构调整、技术改造完善产业链，培育传统产业发展的新增长点，以要素投入推动结构转变，将传统产业带入规模化发展的道路；以外向型农业的整体发展为核心，通过新的技术手段、管理方式、服务模式等要素的引入，使得外向型农业的各个环节通过相互需求和供给而形成一个集群式发展的新产业体系，加强组织领导和统筹协调；对外向型农业发展进行总体规划，尤其是在各地区实际的基础上，将外向型农业真正放入国际贸易的环境之内，优化区域布局，因地制宜，形成各具特色、结构合理的新格局，是今后新疆外向型农业发展的重要突破口。建设农产品出口加工基地是促进新疆优势特色农产品开展深加工、延伸农业产业链、提升农产品附加值、扩大出口、提升国际市场竞争力的重要途径。通过研究，找到新疆外向型农业发展的主导因素，以中亚广阔农产品市场需求为导向，有效结合新疆各地州的地缘优势和农业资源优势，依托口岸和工业园区，优化布局，逐步发展，形成专业化生产、规模化出口的新疆农产品特色出口加工基地，并以此为突破探索符合新疆外向型农业发展的道路。

二、相关概念的界定

（一）外向型农业的内涵

外向型农业的概念在中国最早是在 20 世纪 80 年代初提出的，但由于各地各部门对外向型农业的解释各有所侧重，因此至今并没有一个比较一致的界定。目前，国内理论界对外向型农业的定义通常分为广义和狭义两种。狭义的定义就是以农产品出口创汇为目的的农业。广义的定义是以国际市场为导向，以本国的农业比较优势为基础，以出口农副产品及其加工制品和进行生产要素国际交换为中心，根据比较利益原则，积极参与国际分工和国际竞争来促进本地区农业经济乃至整个国民经济发展为目标的专业化、社会化、商品化的农业生产经营体系。

外向型农业的整体含义是从总体经济关系入手的，其内涵包括：

1. 外向型农业以国际市场需求为导向

外向型农业的本质属性决定了其必须以国际市场为导向，这意味着农产品的生产、加工、销售的整个过程，都要依国际市场的需要和标准而行，将农业生产纳入国际经济体系当中。以国际市场为目标的外向型农业直接参与国际市场，以国际市场农产品供需结构的发展和变化作为生产依据。外向型农业的供给以国际市场为方向，这个供给过程既可在国内也可在国外，其最终目的都是满足国际市场对农产品的需求，要随着国际市场农产品需求变化来不断调整供给结构。

2. 外向型农业积极参与国际分工和国际竞争

发展外向型农业要遵循国际专业化分工的客观要求，将本国或本地区的农业经济发展纳入国际分工的行列，因此，外向型农业的经济结构要具备技术经济上的优势和实力，从而具备在国际市场上竞争的能力。

3. 外向型农业要有较为健全的市场经济秩序和农业经济组织结构体系

外向型农业是外向型经济的组成部分，不是简单针对农产品的出口鼓励，需要有完整的经济体系作为配套，所以相对完善的市场机制和宏观决策系统是建立外向型农业的前提条件。因此，外向型农业发展的基本框架包括合理的组织结构、具有自主经营权的经济实体、相对自由的经济发展环境、农业产业化和对外贸易政策等几个方面。

4. 农业生产力发展到一定阶段必然会出现外向型农业

外向型农业不同于一般单个的农产品出口，它要求较高的产品品质和技术含量，要以发达的商品经济为前提，以市场的具体需求和技术发展来确定生产和销售。外向型农业要求生产和销售协调统一，农户种植、产品加工和对外销售一体化，实现农业发展的新突破。

（二）本书对于外向型农业内涵及研究范围的界定

鉴于上述分析，本书认为外向型农业是当国内商品经济发展到一定阶段，在具备了较为完善的市场机制和农业经济组织结构的条件下，以国际市场的需求数量和质量为依据，组织国内农户进行规模种植、实体企业进行生产加工和对外销售，产品具备国际竞争力的农业发展模式。

具体而言，外向型农业应该包括在国内种植、国内生产、出口国外的基本模式，以及实体企业对外投资，在国外种植或收购农产品进行加工，并在当地进行销售，占领当地市场的模式。在这两种模式当中，第一种是主要的，占有绝对比重；第二种的规模较小，尤其对于新疆，尚处于起步阶段，数量不多，且数据难以收集。因此，在本书中，针对外向型农业的研究仅限于在国内种植农产品、国内生产加工、出口国外的基本模式。

三、文献综述

（一）国内外关于外向型农业的研究进展

"外向型农业"是"外向型经济"的重要组成部分，较早提出"外向型经济"概念的是美国经济学家贝拉·巴拉萨。瑞典经济学家克利斯特·冈纳森认为"外向型经济就是出口导向型经济"；美国耶鲁大学教授 T.H. 斯里尼瓦森则认为"外向型经济就是出口导向和进口替代并存的发展战略"。

中国产品出口的历史由来已久，但相关研究，尤其是关于外向型农业的研究开始较晚。外向型农业的概念最早产生于 20 世纪 80 年代，那时主要是指创汇农业。进入 90 年代以来，随着中国市场经济体制的确立，外向型农业的内涵研究有了极大的丰富，主要体现在从国家角度进行研究的宏观层次和从地区角度进行研究的中观层次。

从宏观角度研究外向型农业的成果主要集中在对外向型农业的概念、特征、发展模式、影响因素和对策方面的研究，尤以对策方面的研究成果最多。在解析概念方面，一种观点认为中国入世后，国内市场也是国际市场，面向国内外市场的有国际竞争力的农业都是外向型农业（王汉斌，1999）；也有观点认为，外向型农业是以国际市场为导向，不同国家间生产要素及生产成果相互交流、开放的农业系统（熊望高，2002）；朱洪敏（2004）认为，外向型农业有狭义和广义之分，特别强调了广义之中的"引进来""走出去"。外向型农业的发展模式也是学者们研究的一个重要领域，祁春节（1997）总结了沿海地区发展外向型农业的模式，即优势导向的外向型农业开发模式和贸工农一体化的组织模式；姜永斌（2001）从中国东、中、西三类不同区域提出了三种外向型农业生产结构发展模式，即东部沿海开放区由劳动密集型产品生产结构向劳动、资金、技术混合型生产结构转变，中部内陆地区以劳动密集型产品生产为主，西部地区以土、特产品为主要出口产品。在影响外向型农业发展的因素分析中，学者们普遍认为可以从农产品的贸易环境、产品质量以及政府行为等方面进行总结（岳忠贤、宗靖，2004）。此外，在外向型农业进一步发展的过程中，农业结构的调整、农产品结构的优化以及市场结构的组合是影响农产品贸易的重要因素（胡媛，2003）。在大量的前期分析基础上，学者们针对存在的问题，提出了很多相应的对策，包括农业龙头企业的发展、农产品基地的建设、农产品外贸体制的改革、农产品外贸的配套产业发展、农业人才的培养等。

区域性的外向型农业发展研究主要分为东部地区、中部地区和沿边地区。由于东部地区外向型经济发展的领先性，因此针对东部地区的外向型农业相关研究也是最多的，主要是针对发展模式、经验总结以及相关对策等方面的研究。中部及沿边地区的研究主要集中在外向型农业发展的现状、问题及对策方面。

国外市场推动下的外向型农业发展模式是东南沿海地区的主要模式（帅江平，1995）；利用外资设立农产品龙头企业及农产品生产基地，再将农产品出口至国际市场的"两头在外"模式也是很有代表性的东部模式（耿静超、王金昌，2003）。包括广东、福建、江苏在内的东部地区率先发展外向型经济为外向型农业的发展积累了很多经验，学者们也在此基础上提出了有针对性的发展对策。

中部地区外向型农业的研究大多集中在对各地区发展外向型农业的意义、现状、存在问题和对策方面的研究。中国农产品的主要产区基本集中在内陆省区，因此发展外向型农业的意义更加重大（唐长久，1999）。施玲等（1998）、严立东（2005）、陈修颖（2003）等学者从内陆诸多省区农业发展现状、农业结构等深层次的角度，结合外向型农业发展的条件、制约因素等提出了今后发展的对策。

关于沿边地区外向型农业的研究主要是对各地市发展外向型农业的现状、问题和对策进行分析，研究主要集中在东北沿边地区和西南沿边地区。学者根据各地实际的农业发展状况及地理位置、周边市场等条件，因地制宜地给出了较为翔实的发展思路。

（二）关于农产品加工基地建设方面的研究

国外学者 Araujo（1983）认为农产品加工业是区域经济发展的重要力量；墨西哥的 Maria Antonieta Barron（2000）分析了西红柿加工业对墨西哥出口创汇和提供就业方面的重要作用。贾玉巧（2008）认为发展农产品加工基地可以为农村剩余劳动力提供广阔的就业空间、增加农户收入、加速城市化进程。

迟福峰（2010）、徐向东（2006）、侯宝鹰（2007）等均认为提高中国农产品出口竞争力的有效对策之一就是建设农产品出口加工基地。张平军（2002）认为在西部地区发展有国际竞争力的优势产品出口加工基地可以发挥地区资源优势，形成科学合理、各具特色的地域分工，使优势产业形成标准的规模化生产。

李俊斌（2011）、曾玲泽（2009）、刘娴（2011）等分别对四川、甘肃酒泉以及广西南宁等地的农产品出口加工基地建设现状及存在的问题进行了分析，提出了对策思路。平野一贯（2005）认为中国农产品出口基地在中西部地区的发展困难很大，面临运输成本高、劳动力素质低等问题。

（三）新疆区内现有工作基础

对于新疆外向型经济及新疆外向型农业的发展，本地学者也进行了一定研究。新疆本地的绝大多数学者是从区域经济的角度，围绕西部开发、新疆整体经济贸易与中亚市场的关系等方面展开研究。庄丽娟（1988）以创汇农业作为外向型农业的基本内涵，对新疆外向型农业领域、商品结构以及发展模式进行了初步探讨。张敬东（1993）结合 20世纪 90 年代初新疆外向型农业发展的现状，总结了发展过程中存在的问题，并提出发挥地缘优势、调整产业结构、建立出口基地、增加科技投入以及强化产品质量等非常具有前瞻性的对策。何伦志（1995）对新疆开拓中亚市场的可行性进行了研究，认为应加强与中亚各国的经贸往来，加快新疆向西开放的步伐。此外，何伦志（2000）在分析了理论和现实基础的前提下提出了建立中亚自由贸易区的构想及发展模式。秦放鸣（1996）指出，新疆最主要的贸易对象是中亚五国中发展水平最高的哈萨克斯坦，但中哈两国经济合作存在诸多问题，应加强项目的长期合作以巩固两者的经贸关系。孙加力（2009）运用协整分析和 SWOT 分析系统全面地研究了新疆外向型农业的发展，提出了新疆发展外向型农业的原则、战略、目标和措施。张欢、孙兰凤等（2011）认为发展外向型农业是新疆加快实施"走出去"战略、开辟农民增收领域的需要，结合实际对新疆发展外向型农业的基本思路进行了研究，指出特色林果、棉花、番茄以及畜牧业是新疆发展外向型农业的重点领域。

此外，新疆多位学者提出充分发挥新疆地缘优势和农产品资源优势，以中亚市场需求为导向，以开发瓜果、蔬菜等特色农产品为重点方向，积极开拓中亚市场。如朱自安（2009），孙加力（2009），于晓明、任学军、黄玲娣（2007）均有类似观点。

在新疆农产品出口加工基地建设方面，赵达君、戴泉、永春芳探讨了新疆瓜果出口加工基地建设的问题并提出对策；张静、严健等（2005）对番茄出口加工基地发展提出了对策。王书双、殷允广（2009）对阿勒泰建设农产品出口加工基地提出思路，杨祥禄（2009）认为新疆出口加工基地建设要根据市场需要和区域优势，确立发展各具特色的产业。戚业伟、魏代国（2010）从创新基地品牌模式的角度探讨了新疆出口加工基地的对策。

众多学者的研究极大地丰富了外向型经济、外向型农业的理论和实践，为后来学者进行更多的研究做了非常有益的探索和积累。但是，由于国内外向型农业发展的历史较短，因而对外向型农业的研究还比较分散和薄弱，大多数研究成果集中在应用性研究方面，理论及实证分析相对较少。新疆本地学者针对外向型农业也从不同的角度开展了不少的专题研究，但在新疆跨越式发展的新形势下，结合现代农牧业发展，从宏观层面的研究则为数不多，尤其是在国际贸易环境之下，如何从新疆外向型农业发展的主导因素入手进行分析，缺乏有针对性的、深入的研究，也缺少从这一角度提出关于新疆外向型农业发展的现实对策。

此外，对于农产品出口加工基地建设，区内外学者均认为农产品出口加工基地建设是扩大农产品出口和加工贸易发展的重要途径。区内学者对新疆建设特色农产品出口加工基地的必要性和可能性进行了相对深入的探讨，一致认为新疆具有建设农产品加工基地的资源优势和地缘优势。但从总体来看，区内学者的研究或者集中于对某一特色农产品出口加工贸易发展现状及对策的探讨，或者重点集中于某一特定区域（地州）出口加工基地建设研究上，基于全疆视角下如何优化特色农产品出口加工基地布局以及调整产品结构、培育特色优势的研究相对薄弱。此外，农产品出口加工基地可持续发展和国际竞争力提升的关键在于选择合适的发展模式和发展路径，这方面国内其他地区多有研究，而区内研究较少，对策研究过于宽泛。

因此，本书借鉴和应用已有研究成果，对新疆外向型农业发展的影响因素以及新疆特色农产品出口加工基地的布局优化和发展模式进行系统性、逻辑性、关联性和针对性的研究，为新疆外向型农业寻找可持续发展的路径。

四、研究的主要内容

本书包括前言和正文七章内容。

第 1 章是新疆外向型农业发展所面临的国际贸易环境，一方面介绍全球农业贸易发展的总体环境，另一方面分析全球农业贸易环境对新疆外向型农业发展的影响。

第 2 章是新疆特色农产品生产和贸易现状，主要从外向型农业的生产、农产品出口现状以及新疆农产品出口加工基地三个方面着手。

第 3 章是新疆外向型农业发展的 SWOT 分析，从优势、劣势、机遇和风险四个角度将新疆外向型农业的发展有机地置于当前面临的国际贸易大环境当中，进行了更加深入的分析。

第 4 章是新疆外向型农业发展的影响因素分析，对当前影响外向型农业发展的诸多因素进行梳理，从中找出影响新疆外向型农业发展的主导因素，将主导因素分为正向促进发展的因素和反向制约发展的因素，分别分析这两大类主导因素对新疆外向型农业发展的影响机理。

第 5 章是新疆特色农产品出口加工基地建设现状及存在的问题，具体研究了当前新疆特色农产品出口加工基地的规模、运行等相关情况，并分析了发展中存在的问题。

第 6 章是新疆外向型农业及出口加工基地建设的模式，提出了新疆外向型农业发展的模式选择，以山东和新疆为例对比了农产品出口加工基地的模式及经验借鉴，在此基础上提出新疆农产品出口加工基地建设模式选择，并进一步分析了农产品出口加工基地的管理思路及营销战略。

第 7 章是新疆外向型农业发展与农产品出口加工基地建设的政策建议，在前述研究的基础上，对新疆外向型农业发展和新疆农产品出口加工基地建设提出有针对性的对策建议。

五、本书的主要结论

（一）对新疆外向型农业发展现状的基本判断

第一，新疆外向型农业发展的整体环境好，优势明显，已形成外向型和内向型农业共同开发的基本格局，但外向型农业仍处于发展的初级阶段。

第二，面对两个资源和两个市场，新疆以工业发展和能源发展为核心的基本领域已取得较好成绩，但在农业领域无论是国内外资源的利用，或是国内外市场的开发，相比于内地省市以及在新疆区内其他领域的横向比较中都处于弱势地位。

第三，总体上新疆仍然维持通道贸易。新疆工业品和服务贸易对本地经济的带动作用不明显，与内地省市相比并没有明显竞争力，在国际市场上处于劣势地位；但在农产品领域新疆竞争优势比较明显，这完全可以作为突破口加以充分发展。

第四，从地产品贸易领域历史数据来看，新疆外向型农业的优势有弱化迹象。一方面产业援疆提升了新疆地产工业品和服务贸易的地位，但新疆外向型经济自身停滞不前；另一方面，国内其他省市走出去开发中亚国家农产品资源，引进加工形成了农产品资源利用的新模式，同时中亚国家实施的积极农业开发政策和国内农业开发商的新技术扶持提高了当地农产品竞争力，导致新疆传统的农产品优势地位逐渐弱化。

（二）新疆外向型农业发展的基本优势

第一，随着新疆农业产业化战略的实施，新疆农业发展速度较快，农业生产总量达到相当规模，并结合互联网实现了与内地消费市场的有效对接，龙头企业在实际运行中积累了宝贵的实践经验，政府部门积累了管理和指导经验。这些为新疆外向型大农业、大经贸发展提供了微观动力支持和宏观经验基础。

第二，通过十九省市对口援疆，尤其是在农产品流通领域的针对性产业援疆，为新疆农业产品远距离运输、物流配送、规模化批发销售等领域提供了宝贵的国内市场运作实践经验，同时培养了一批具有国际物流能力的农产品物流企业和流通企业，在流通环节积累了大量经验并为外向型农业提供了微观动力支持。

第三，中国与周边国家之间普遍建立和完善了战略合作伙伴关系，为新疆发展外向型农业提供了宏观政策保障和国际环境、经贸合作框架基础和具体的合作运作机制基础；周边国家经济发展水平的提高，为新疆实施绿色农产品和环保农产品的大规模输出提供了收入弹性基础；

"丝绸之路经济带"建设使新疆与周边国家的合作机遇增多，基础设施投资量加大，为新疆开展农产品贸易提供更有力的交通运输条件。

第四，新疆优势特色农业生产规模迅速发展，以特色优势农业资源为基础的当地农产品贸易所占比重逐年上升。新疆特色优势农产品已打入周边国家市场，贸易增速较快的水果产品已得到周边国家消费者的认可，以其特色农产品的比较优势在哈萨克斯坦、乌兹别克斯坦、俄罗斯等国家已经形成了稳定的出口规模，具备了较好的需求基础。

（三）新疆外向型农业发展的主要障碍

第一，国际层面：一是整体宏观环境复杂多变，不利于有预期地开展稳定的农产品贸易。农产品期货市场稳定性差，汇率波动加大了结算和收益风险。二是贸易保护主义加强，国际农产品贸易规则日益不明朗。三是全球农业经营集中度提高，全球农业跨国公司控制农产品贸易的能力提升，破坏了市场机制下的正常竞争秩序。

第二，政府层面：一是政府职能部门对外向型农业发展的全局性、战略性问题缺乏顶层设计，决策和指导能力欠缺，没有相关的发展目标、发展定位和战略部署。二是没有明确新疆发展外向型农业的具体领域和发展模式，无法形成持续的国际竞争力，也不利于培育新型农民。新疆外向型农业的基本模式还停留在分散生产、分散收集和集中销售的粗放经营模式，缺乏标准化生产，易遭遇技术性贸易壁垒。三是长期以来政府对农产品生产组织决策过度干预，导致新疆外向型农业结构无法快速优化，市场机制不能发挥决定性作用，地方政府工作计划和规划替代农产品生产决策，不能形成当地的生产领域特色，导致农产品种植结构多变。

第三，企业层面：外向型农业为主的龙头企业资本运作、国际市场开拓能力有限，领域过度集中。首先，新疆外向型农业几乎处于垄断局面，尤其是番茄和啤酒花处于原料买家垄断地位，导致种植番茄和啤酒花的农民在不公平的交易环境中失去生产积极性，只重数量不求质量，规范化、标准化生产积极性弱；其次，其他中小微农产品加工企业无法在原料采购中得到实惠，成本不确定，加之其资本运作能力欠缺，更导致所生产的产品质量不稳定，难以有效参与国际竞争，无法获得稳定的市场份额;最后,新疆中小型农业开发企业内部管理能力、国际市场营销能力和在产业链条夹缝中生存的能力普遍很弱,导致它们在产业集群发展模式中无法获得发展空间。

第四,贸易层面:新疆农产品贸易水平低,稳定性不佳。一是新疆农产品出口量占新疆总出口额的比重低,且以边境小额贸易为主。二是新疆出口的农产品结构集中于活动物、水果等初级产品和原料型粗加工农产品,科技含量及附加值低,出口结构有待完善。同时,中国食品安全的负面消息较多,导致进口国增加检验程序、加大检验力度,直接影响新疆农产品出口。三是新疆农产品出口市场主要集中在哈、吉、俄三国,依赖性大。四是中亚国家,尤其是哈萨克斯坦和乌兹别克斯坦农业结构的积极调整取得明显效果,与新疆农产品形成直接竞争,导致新疆农产品出口量减少。此外,国内人口红利消失,使得新疆农产品的成本快速上升,农产品失去了价格竞争力。

综上,制约新疆外向型农业发展的主要因素包括体制因素、目标定位因素、贸易便利化因素以及科技创新因素。

(四)发展新疆外向型农业的主要模式和对策建议

1. 主要模式

第一,体制层面,加快土地流转体制改革,实施承包权证券化,建立以"入股+证券化+股份合作制"为主的外向型农业生产合作社新模式,即承包土地作价入股,形成农业土地股份合作社模式,明确土地承包权益人,实施土地承包经营权的证券化模式、证券化和土地股份合作社与劳动力相结合的股份合作模式等,加快试点运行。

第二,科技创新层面,积极实施新型扶持政策模式,形成"专项扶持+过程惩罚性考核+结果再奖励"的新型扶持政策模式。

第三,针对贸易环节,以瞄准国内外市场、东西两线并推的双目标双线推进发展模式。

2. 对策建议

第一,制度创新上,结合供给侧改革,重点引导去产能产业资金转向新疆外向农业领域,探索适合本地区域特点的农村土地流转及规模经营的有效途径和办法。

第二，加快农业生产经营体制机制创新。有效探索和试点农村承包土地入股的土地股份专业合作社经营机制、集体土地证券化为主的证券化开发农村资源机制、农民劳动力与证券化相结合的农村股份合作制运作机制。

第三，加大外向型农业投资机制创新，建立完善多元投入机制。加大对外向型农业企业的一补一降政策，尤其加快外向型农业发展基金和私募基金企业成立和投资机制，建立健全新疆财政支持外向型农业发展的专项资金长效投入机制。

第四，以科技创新为动力、创新创业为具体促进措施，形成分散农户为塔基、农民专业合作社为依托、中小农业加工企业为主体、外向型农业龙头企业为塔顶的外向型农业产业集群化发展格局。

第五，加快自治区在外向型农业领域的顶层设计创新和配套政策供给创新。地方政府结合税收领域的改革，加大外向型农业企业的税收优惠力度。在资本市场上借助外向型农业企业发展基金，积极争取为新疆外向型农业企业在"二板"市场快速上市提供各种便利。

第六，建立外向型农业企业汇率风险补偿基金、技术性贸易壁垒应对基金，减少汇差风险和结算风险，增强企业的经济实力。

第七，加快新疆内部区块链建设，以外向型农业发展作为重点形成区块链布局，推进农产品优势产区建设，充分发挥比较优势和区位优势，形成特色突出、主导产业功能明显的优势农业产业聚集区。

第八，积极主动收集和分析各国农业政策，加强农产品信息库建设和市场预警机制，同时要加大国际期货市场信息的整理、分析、解读和预判等方面的信息处理能力和宣传能力，构建新疆农产品的外向型流通体系。

作　者

2017 年 8 月

目录

第1章　当前发展外向型农业面临的国际贸易环境

外向型农业的良性运行与健康发展有赖于一定的环境。经验证明，一国外向型农业的健康发展，取决于国际经济与政治环境下各国政府所采取的政策、措施、战略目标以及为发展外向型农业而建立和健全的经济和法制环境。发展外向型农业实际上就是按照国际专业化分工协作的客观要求，使一国农业经济及其发展能够加入到国际分工的行列之中。

1.1　全球农产品贸易发展环境及趋势

在今后相当长的一段时期内，中国农业将面临极其复杂的国际竞争环境：技术壁垒越来越高，反倾销、特殊保障条款有可能成为主要出口障碍；发达国家继续对农业提供巨额补贴，国际农产品贸易被严重扭曲；建立国际农业贸易新规则和新秩序步履维艰。中国农业参与国际竞争，既要积极争取相对公平的多边环境，也要考虑发展双边和地区关系。

1.1.1 世界贸易组织框架下的全球多边贸易体系是全球农产品贸易和竞争的基本规则

自世界贸易组织（World Trade Organization，WTO）乌拉圭回合谈判把农产品贸易纳入全球多边贸易谈判体系以来，农产品贸易自由化开始得到一定程度的推动。关税与贸易总协定（General Agreement on Tariffs and Trade，GATT，以下简称关贸总协定）没有把农产品贸易纳入国际规则和纪律的管理体系，各成员根据本国的需要制定了促进农业生产和农产品贸易的政策措施。因此，农业保护主义盛行，国际农产品市场严重扭曲，由此产生的农业贸易纠纷不断。WTO 成立后，农业问题在乌拉圭协议的基础上正式纳入全球多边贸易体制的框架，为农业国际化提供了国际规则保障。农产品贸易问题开始纳入全球多边贸易体制，是当代农产品贸易的主要特征。全球多边贸易体制对农产品贸易的最大贡献，是将其纳入统一的管理规则之下。从目前情况看，尽管 WTO 农业谈判受阻，还有诸多问题亟待解决，但由于《乌拉圭回合谈判农业协议》（以下简称《农业协议》）的实施，农产品国际贸易已经受到了很大的推动，改变了国际资本主导全球农产品生产和贸易的基本格局。

世界各国和地区特别是欧盟和美国对农业的高度保护政策，严重阻碍了全球农业经济的发展，也给这些国家和地区带来了沉重的经济负担，农产品贸易摩擦不断，各国和地区在摩擦中遭遇了极大的经济损失，因此各国和地区对农产品贸易自由化的呼声愈加高涨。

20 世纪 70 年代，由于多方因素导致的粮食需求剧增，使得农产品贸易额不断攀升，国际农产品贸易呈现繁荣趋势。尝到农产品贸易甜头的发达国家，更加重视国内农业生产，以更高的国内农业支持来提高国内农业生产者的积极性。20 世纪 80 年代以来，全球经济开始萎缩，农产品贸易受到严重影响，农产品价格骤降，而发达国家国内的农业生产值却仍在持续增加。发达国家本土内的农产品生产过剩，急需出口解决农产品剩余问题，而萎靡的国际农产品出口需求使得发达国家的农业陷于水深火热之中，国际农产品贸易形势愈加严峻。1986 年启动的乌拉圭回合多边农业贸易谈判正是基于上述历史背景，此轮农业谈判的目标为：建立一个公平的、以市场为导向的农业贸易环境，并将对农业支持和保护措施的改革置于更强化的、更具有操作性的关贸总协定规则与纪律约束之下。

乌拉圭回合历经8年达成《农业协议》，农产品贸易规则主要由三部分构成：一是1994年关贸总协定。农产品贸易是货物贸易的一部分，自然应当遵守货物贸易协定确定的基本法律规则。二是有关农产品贸易的协议，包括《农业协议》《实施动植物卫生检疫措施协议》《技术性贸易壁垒协议》等。三是《乌拉圭回合谈判议定书》后所附的各成员减让表，各成员减让表有关农产品的市场准入、国内支持和出口补贴的具体承诺，是各成员在农产品贸易方面必须履行的法定义务。

1.1.2 跨国公司在全球农产品贸易中发挥着重要作用

外国资本对农业的直接投资和跨国公司已成为世界农业发展的一支重要的力量。

1）跨国公司主导全球农业生产

发达国家的跨国公司投资是发展中国家农业的主要外资来源，这些跨国公司在农业全球产业价值链中的供应、加工、分销等环节居于主导地位，跨国公司订单农业遍及110多个发展中国家和中等发达国家，控制了一些主要农产品的生产和贸易，跨国农业公司在农业源头取得控制地位。主要农作物种子领域的迅速集中，已成为农业集中的新趋势。种子领域的集中是20世纪90年代以来跨国公司竞相追逐的重点领域，代表了农业集中的新趋势、新变化。

2）跨国农业公司控制农产品贸易，贸易集中化趋势明显

目前，全球粮食交易量的80%被ADM、嘉吉、邦吉、路易达孚（俗称ABCD）四大粮商所控制；全球油籽、谷物、糖等主要食品的加工和贸易被11家企业所控制。全球外商直接投资的最新趋势是跨国公司在参与农业生产方面发挥了重要的作用和影响。据统计，目前全世界85%的粮食贸易控制在6家跨国公司手里，25%的茶叶贸易由5家跨国公司控制，7家跨国公司控制了全世界90%的烟草贸易，12家以生产和

销售农业机械为主的跨国公司掌握了全世界 70% 以上的销售量。

3）发达国家农业对外直接投资增加，领域多样化趋势明显

20 世纪 90 年代特别是进入 21 世纪以来，由于跨国并购的迅速增加，国际直接投资和跨国公司又进入了大规模发展的新阶段。国际直接投资虽然是以制造业投资为中心而展开的，其后又重点转向了商业、金融保险业、服务业、运输业等非制造业投资，但农业投资也同时加快了发展。从近年来的情况看，由于跨国公司对农业领域的直接投资明显增加，各国农业技术交流与合作的领域不断拓宽，合作研究的范围不断延伸和拓展，特别是大型的生物技术和环境保护等方面的合作项目，更是日趋增多。

1.1.3　全球农产品贸易关系扭曲和不公平竞争局面持续

由于 WTO 农业谈判陷入僵局，一些国家特别是少数发达国家的高关税、高补贴得以维系，不仅制约了农产品贸易规模的进一步扩大，而且扭曲了国际贸易关系，导致了不公平竞争。尽管 WTO 大多数成员特别是发展中成员都期待 WTO 谈判的成功，但由于各谈判方对农产品市场开放和削减农业补贴及农产品出口补贴的分歧很大，WTO 谈判在 2008 年破裂后迟迟不能走上正常谈判的轨道，短期内还难以取得突破性进展。

尽管乌拉圭回合谈判达成的 WTO《农业协议》在一定程度上改善了国际农业竞争环境，但目前发达国家仍然普遍对农业实施高额补贴政策，这既不利于建立公平竞争的国际农业发展环境，也严重损害了中国和其他发展中国家农业的利益。乌拉圭回合谈判实际上给发达国家预留了巨大的农业补贴空间，对国际农产品贸易仍然会产生较大的扭曲作用。

尤其值得注意的是，少数主要发达国家尽管在乌拉圭回合农业谈判中承诺约束和削减农业补贴，但实际上近年来又开始增加农业补贴。欧盟是全球最大的出口补贴使用者，这种不公平的国际农业补贴环境会产生一系列不良后果：第一，它会使发达国家本来就有竞争力的产品竞争力更强，对中国农产品生产和市场直接造成压力。发达国家的农产品由

于继续得到巨额补贴，有可能进一步提高其竞争力，将挤占中国农产品主销区通过结构调整和粮食购销体制市场化改革所腾出的市场空间，损害中国农产品主产区的利益。第二，它使某些本来生产没有任何优势的国家和地区变成了出口国。例如，欧盟的高补贴就出现了这种情况，严重扭曲了国际贸易，对没有能力补贴农业的发展中国家造成巨大损害。第三，它也可能引发发达国家竞相提高农业补贴和保护水平，从而进一步恶化国际农产品贸易环境，不利于中国农产品进入发达国家市场。

1.1.4 农产品非关税壁垒盛行，农产品贸易深受其害

农产品贸易壁垒由传统的关税壁垒转向非关税壁垒，由数量限制转向技术性措施，成为当前限制农产品贸易进一步增长的重要障碍，发展中国家更是深受其害。在国际贸易自由化过程中，关税壁垒逐渐削弱，贸易的各种数量性限制措施也逐渐取消了，但是，非关税壁垒有增无减。

在 WTO 机制约束下，农产品领域实施新贸易保护主义的手段也越来越多地转向隐蔽性更强的保护手段，如技术标准、质量认证、检验程序、环境保护、国民健康标准等。WTO 发达成员的技术性贸易壁垒（Technical Barriers to Trade，TBT）措施和卫生与植物卫生措施（Sanitary and Phytosanitary Measures，SPS）往往具有一定的超前性，发展中成员受限于科技发展水平，所制定的措施在深度、广度及政策措施的内在联系等方面都难以与发达成员相比。特别是在差异性大、技术复杂的 SPS 领域，发达成员的相关措施一直使发展中国家穷于应付，非常头疼。

1.1.5 农产品贸易保护主义政策阻碍农产品贸易自由化进程

2008 年 7 月 WTO 谈判破裂后，以美国为首的发达国家普遍出现了贸易保护主义抬头的倾向。特别是美国金融危机爆发和全球经济危机加剧以后，贸易保护主义倾向更是愈演愈烈。贸易保护主义加剧不仅严重影响了国际贸易，使世界各国的出口额大幅度减少，而且严重阻碍了

全球自由贸易的发展。

发达国家农产品贸易保护主义抬头有复杂的社会、经济原因，主要表现在如下四个方面：

1）发达国家在农产品贸易中处于绝对劣势

农产品的生产深受自然地理条件以及社会文化的影响，某些水产品、农作物甚至只能在特定的地区出产。由于农业生产的可移植性较低，很难实现国际化生产，因此，劳动力成本上升、汇率变动、国际竞争这些影响制造业国际分工格局的因素对农业生产的影响要小得多。这意味着一些发展中国家的某些农产品对美、欧、日等发达国家和地区的竞争优势较强而且可以持续下去，这在蔬菜、水果、水产品等方面体现得尤为明显。

2）农产品贸易摩擦往往源于产业竞争和失衡

如果进口农产品在本国具有较强的竞争力，当地农户和农业企业就会面临较大的压力，这种局面难以通过简单的经济手段来改变，因此，以各种技术性贸易壁垒为代表的贸易保护手段就层出不穷了。

农产品贸易和工业品贸易的一个显著区别是，农产品国际流通往往呈现一边倒的态势，无论是大豆、玉米、小麦这些大宗产品，还是花卉、水果、蔬菜这些劳动密集型产品都是如此。在个别国家之间，有时甚至出现完全单向的贸易。这种格局很容易导致敏感心理，进而成为产生贸易摩擦的根源。

3）农产品技术性贸易壁垒涉及的领域通常是消费者敏感的领域

农产品中的食品与消费者的生活息息相关。在日本、欧盟等发达国家和地区，消费者对农产品质量的要求几乎是苛刻的。就连反对贸易保护主义、推行公平自由贸易的 WTO，也在有关技术性贸易壁垒条款中设定了例外条款，允许各国根据保护居民健康的需要对进口实施限制，这是食品质量安全领域技术性贸易壁垒特别集中的重要原因。卫生意识和健康意识的提升是人类生活水平不断提高的反映。因此，从今后的发展趋势看，食品质量安全必将引起各国政府更多的关注，与农产品进口相关的技术性标准会越来越高、越来越具体。

4）农产品技术性贸易壁垒往往有着深厚的政治和社会心理原因

农业是基础产业，无论农业产值在国民经济中的份额下降到多么小，农业作为民生根本的重要性都不会改变，各国政府对农业通常都给予密切的关注。在一些发达国家，农民群体人数虽少，但自我保护意识很强，对政策动向异常关心，往往通过利益集团向政府施加压力，经常迫使政府做出重大让步。在有关农产品技术性贸易壁垒的问题上，政府甚至民众一方面希望进口产品改善市场供给，另一方面又要迎合贸易保护主义的要求，以提高技术性壁垒的门槛来满足政治的需要。

1.1.6 WTO 框架之外的农产品双边、多边区域合作迅速发展

由于 WTO 谈判进展缓慢，一些区域性的自由贸易区也进展迟缓，一些国家开始寻求贸易自由化的有效途径，积极发展双边自由贸易。

1）区域经济一体化组织加速农产品区域合作进程

欧洲联盟（European Union，EU，以下简称欧盟）、北美自由贸易协定（North American Free Trade Agreement，NAFTA）以及亚太经济合作组织（Asia-Pacific Economic Cooperation，APEC）的兴起和建立意味着区域经济一体化将是 21 世纪经济发展的主流。

21 世纪以来，许多东亚国家纷纷对双边自由贸易采取了越来越积极的态度，缔结的自由贸易协定（Free Trade Agreement，FTA）迅速增多。由于双边自由贸易是多边或区域自由贸易的发展阶段或过渡形式，因此，在中、日、韩三国都与东南亚国家联盟（Association of Southeast Asian Nations，ASEAN，以下简称东盟）签署了 FTA、与东盟各国的 FTA 也有不同程度进展的情况下，东亚自由贸易区和东亚经济一体化的时机和条件就日臻成熟了。随着 WTO 谈判陷入僵局以及双边自由贸易协定迅速发展，一些自由贸易基础较好的国家在双边自由贸易协定的基础上积极推动区域多边自由贸易谈判，随着一些重量级国家的加入，区域多边自由贸易协定对有关国家农产品贸易的潜在影响不容忽视。

2）上海合作组织农业合作开始起步

上海合作组织（Shanghai Cooperation Organization，SCO，以下简称上合组织）经过十多年的发展，在安全领域合作不断加深的同时，为了给组织的发展提供更大的动力，各成员国不断扩宽合作的领域，在经贸、能源、农业、交通运输、文化、卫生、科技、教育等领域开展务实合作，区域经济合作不断深化，有效地推进了上合组织区域一体化进程。

农业是上合组织成员国重要的基础经济部门，除俄罗斯和哈萨克斯坦外，其余上合组织成员国都存在不同程度的粮食安全压力。2001年上合组织成立之初就曾提出农业合作的任务，但直到2007年因大部分中亚国家出现了粮食安全问题，并在中国倡议和发起下，上合组织的农业合作才有了具体的行动。近年来，上合组织在农业合作方面取得了许多政策性成果。在一系列政策性成果的指导下，上合组织成员国在种植业、畜牧业、植物保护和检疫、跨境动植物疫病防控、兽医、农产品加工与贸易、农业机械制造、农业科研、投资和建立农业联合企业、专家培训等领域展开了合作。同时，在上合组织框架下，各成员国还交换了各方在本国农业领域采用的法规文件和相关标准，并开展农业合作研究、交换农业专家和技术人员等活动，协助各方农业企业和农业经营机构之间建立直接经济联系以及参加各方举办的农业国际会议、展览会等。

就目前而言，上合组织框架下的双边农业合作，中国既是主要的推动国也是主要的资助国。在中亚地区，中国国家开发银行与哈萨克斯坦签署农业合作备忘录，为中国与哈萨克斯坦两国的农业合作搭建了融资平台。中国与其他上合组织成员国已建立了良好的农业合作关系。成员国在农业技术、农业机械、跨境动物疫病防控和人员培训等领域开展了富有成效的合作，为增强成员国粮食生产能力、促进农产品贸易发挥了积极作用。

综上所述，受制于欧亚大陆大国因素的负面影响，在相当长的时期内，上合组织多边农业合作可能发展依然缓慢，在解决中亚粮食安全问题方面的作用也相当有限。尽管如此，上合组织框架下的农业合作也存在着加速的可能，这是因为如果成员国中的中亚国家有较为强烈的合作意愿，那么也可能在一定程度上推动上合组织的多边农业合作。而中亚国家在上合组织框架下多边农业合作意愿的高低将直接取决于其对自身国情的判断。

3）丝绸之路经济带战略的提出

习近平总书记在 2013 年访问中亚四国期间，提出了共同打造丝绸之路经济带的战略构想。这是为中国全面建成小康社会而营造良好外部环境提出的重大决策，也为新疆的改革发展稳定提供了历史新机遇。根据新疆独特的区位及优势，我们提出了当好丝绸之路经济带桥头堡、排头兵的目标，致力实现中央提出的推进新疆跨越式发展和长治久安两大历史任务。

丝绸之路经济带是在古丝绸之路概念基础上提出的一个新的经济发展区域，通过现代化的综合交通通道和信息网络通道将丝绸之路沿线国家紧密联系起来，东牵亚太经济圈，西系欧洲经济圈，辐射东亚、中西南亚和欧洲以及北非区域，涵盖 40 多个国家 30 多亿人口，是横跨亚欧大陆的世界最长、最具发展潜力的经济大走廊和战略性经济带，不仅地域辽阔，而且自然资源、旅游资源十分丰富，发展潜力巨大。

综上所述，在今后相当长的一段时期内，中国农业发展将面临极为复杂的国际竞争环境。第一，国际农产品市场的准入条件没有得到有效改善，不仅农产品关税高、关税升级问题严重，技术壁垒也越来越高，尤其是针对中国农产品的反倾销、"特保条款"有可能成为今后的主要出口障碍。第二，国际农业竞争环境依然极不公平，突出地表现为发达国家继续对其农业提供巨额国内补贴和出口补贴，国际农产品贸易被严重扭曲，不利于中国发挥优势、公平合理地参与国际农业竞争。第三，建立国际农业贸易新规则和新秩序步履维艰，WTO多边体系框架面临巨大挑战。中国农业参与国际竞争，既要积极争取相对公平的多边环境，也要考虑发展和建立平等互利的双边和地区关系。

1.2　全球农业贸易环境对中国农产品贸易发展的影响

伴随着加入 WTO 后过渡期的结束，中国逐渐成为世界上农产品市场最开放的国家之一。面临全球农产品贸易发展的新趋势和新格局，必须重新审视中国农产品贸易在国际农产品贸易领域的地位和作用，密切关注世界主要农产品贸易大国在全球农产品贸易格局中的变化和特点，制定促进中国参与世界贸易体系的农产品贸易战略，进一步提高中国出口农产品的科技含量和附加值，以改善农产品贸易条件，增强中国农产品的国际竞争力。中国农业生产不仅面临着激烈的国内市场竞争，也面临复杂多变的国际竞争环境，提高农产品国际竞争力对促进中国农业发展有重要的现实意义。

1.2.1　WTO 的农业协议及多哈回合农业谈判对中国农产品贸易的影响

加入 WTO 以来，开放的国际竞争环境为中国农业发展带来了新的机遇，同时也带来了诸多挑战，中国在认真履行加入世界贸易组织（以下简称入世）的承诺，按照 WTO 规则积极调整边境贸易措施，加强国内支持政策调整，虽然入世十多年来中国农业传统的贸易保护措施减少，但中国农业经济仍在多重复杂的国际经济政治环境中整体保持平稳较快发展，更加注重发挥比较优势，农业综合生产能力明显增强，打破了加入之初的种种悲观预言。

1）中国入世在农产品贸易领域的主要承诺

入世意味着中国必须履行对市场准入、国内支持、出口补贴和动植物卫生检疫方面的承诺，具体表现在：第一，中国承诺从入世之日起取消非关税措施并削减关税，中国农产品长期依赖的进口许可证、进口数量限制、限量登记等非关税措施被禁用或转化为等值关税；第二，中国承诺实行关税配额管理，并且不恶化各缔约方现行市场准入条件；第三，中国承诺不对农产品提供任何出口补贴；第四，中国承诺保持动植物检疫措施与农产品协议相关条款的一致性，采取此类措施如果高于标准、准则和建议，则应具有科学依据。

2）WTO农业协议对中国农产品贸易的影响

从2005年开始，中国农业在入世谈判中所争取的过渡期基本结束，进入了WTO的"后过渡期"。根据入世承诺，中国农产品关税已由入世前2001年的21%降至目前的15%，远远低于62%的全球农产品平均关税水平。由此，中国不仅成为世界上农产品市场最开放的国家之一，也成为世界上农产品关税最低的国家之一。

（1）农产品贸易环境改善。首先，提供了相对公平、透明的市场竞争环境，有助于中国农业企业加强经营管理，开展现代化、国际化经营，努力培养市场竞争力，不再依靠行政垄断和政府的生产补贴与出口补贴。其次，企业面对的是真正意义上的国际市场，一些具有竞争优势的企业获得了新的发展机会，具有比较优势的农产品出口也迅速增加了。最后，入世以后全部取消出口补贴，把审批制改为登记制，中国农产品贸易自由化、便利化取得了很大的进展。对外贸易自由化、便利化的进展，为中国农业生产企业和农产品贸易公司参与国际竞争创造了有利的条件。

（2）适应WTO农产品贸易规则的中国外向型农业促进政策体系亟待完善。一方面，中国财政支农的比重仅占农业GDP的不足10%；另一方面，中国对农产品出口的政策支持力度不足。在农产品出口促进工作当中存在很多空白，既缺乏美国式的农产品协会经费预算，也缺乏瑞士式的高额国际市场开拓预算费用，也缺乏韩国式的农产品营销促销服务资金；既没有为农产品出口服务的专项金融服务，也没有重点支持的食品及农产品推广协会来开展农产品国际市场营销促销工作。目前中国农产品出口促进政策主要集中在信息服务、农产品质量可追溯体系的建立、出口退税等方面，对于出口行业组织的扶持、出口信贷、应对技术壁垒、对外宣传等方面还有进一步改进的余地。

（3）农产品出口信息服务严重滞后。农产品出口企业还没有建立稳定的国际市场信息渠道，缺乏信息收集、处理、分析的能力。从宏观方面看，农产品出口信息服务与扩大农产品出口的要求还存在较大的差距，主要表现在：信息资源分散，缺乏统一的农产品出口信息资源协调机制，各部门现有信息资源得不到充分利用；尚未建立农产品出口信息发布制度，企业既不能及时、有效地获得权威的国际农产品供求信息，也不能充分了解出口对象国的农产品贸易政策和质量卫生标准；政府部门的信息服务工作机制不够完善，还没有建立针对扩大农产品出口的信息收集、分析和预警监测等服务体系。

（4）农产品出口服务机制欠缺。中国一直没有建立起农产品出口服务机制，对农产品出口企业的市场开拓、出口促销、国际市场监测预警、技术推广、人才培训等方面一直缺乏有力的支持。而且，缺乏紧急贸易摩擦等突发性事件的快速反应机制和贸易救助措施。由于农产品一直是各国尤其是发达国家贸易保护的重点领域，因此，尽管《农业协议》实施以来全球农产品关税大幅削减，但各国仍然把关税措施作为重要的限制进口措施。这些贸易保护措施不仅显著提高了企业的加工和出口成本，增加了中国农产品出口的难度，而且多变的贸易环境还使中国农产品出口企业面临不确定的风险。

1.2.2 区域经济一体化发展对中国农产品贸易的影响——以欧亚经济联盟为例

欧亚经济联盟是一个由白俄罗斯、哈萨克斯坦、俄罗斯、亚美尼亚、塔吉克斯坦、吉尔吉斯斯坦6个国家为加深经济、政治合作而组建的一个超国家联盟。

2014年5月29日，负责俄罗斯、白俄罗斯、哈萨克斯坦三国一体化进程的欧亚经济委员会最高理事会会议在哈萨克斯坦首都阿斯塔纳举行，俄罗斯总统普京、白俄罗斯总统卢卡申科、哈萨克斯坦总统纳扎尔巴耶夫签署了《欧亚经济联盟条约》。

根据条约，欧亚经济联盟于2015年1月1日正式启动，到2025年联盟将实现商品、服务、资金和劳动力的自由流动，终极目标是建立类似于欧盟的经济联盟，形成一个拥有1.7亿人口的统一市场。

欧亚经济联盟对内取消关税，设置统一的海关制度和检验检疫标准，提高陆运口岸的通关便利，极大地促进了区域内商品的进出口贸易；对外设置统一的进口关税和检验检疫标准，使得哈萨克斯坦的进口关税和检验检疫标准大幅提高，对双边贸易产生严重影响，尤其是对新疆进出口贸易的冲击十分明显。

1）欧亚经济联盟的历程及发展

欧亚经济联盟的前身是俄罗斯、白俄罗斯和哈萨克斯坦三国组成的关税同盟，其形成可以分为三个阶段：

第一，摸索阶段（1995—2009年）。1995年，俄罗斯、白俄罗斯和哈萨克斯坦三国签署的关税同盟协议被看作建立关税同盟的第一批法规和组织机构文件，1999年2月6日三国又签署了关税同盟和统一经济空间条约。这两个文件确立了关税同盟的目标、原则、运行机制和组建步骤，为三国关税同盟的组建明确了进一步操作的方向。

第二，调适阶段（2009—2011年中）。2009年11月27日，俄罗斯、白俄罗斯和哈萨克斯坦三国元首签署了包括《关税同盟海关法典》在内的9个文件，标志着"俄白哈关税同盟"正式成立，自2010年1月1日起，三国对外实行统一进口税率（部分商品有过渡期）；2010年7月1日，俄罗斯与白俄罗斯率先取消关境；2011年7月1日，哈萨克斯坦取消关境。

第三，正式运作阶段（2011年中至今）。2010年7月6日，关税同盟海关法生效后，三国统一关境体系开始运转。这一基础性文件的生效意味着三国在组建关税同盟的实践道路上迈出了最重要的一步，为促进贸易发展创造了良好条件，并保障了海关手续的透明性。

关税同盟统计资料表明，2012年俄罗斯、白俄罗斯、哈萨克斯坦三国相互贸易总值达685.8亿美元，与2011年相比（以下简称同比）增长8.7%。其中，白俄罗斯在关税同盟中的相互贸易总值170.9亿美元，同比增长12.6%，占比24.9%；哈萨克斯坦在关税同盟中的相互贸易总值68.4亿美元，同比下降3.7%，占比10.0%；俄罗斯在关税同盟中的相互贸易总值446.5亿美元，同比增长9.4%，占比65.1%[①]。

---

① 此处数据从商务部官方网站获得，其相关数据截止到2012年，其后年份的数据难以获得，因此本书的数据也截止到2012年，特此说明。

从表 1-1 中可以看出，俄罗斯对关税同盟市场依赖度仅有 8.0%，其中出口依赖度 8.4%，进口依赖度 7.3%；哈萨克斯坦对关税同盟市场依赖度为 18.0%，其中出口依赖度 7.4%，进口依赖度 39.9%；白俄罗斯对关税同盟市场依赖度 48.4%，其中出口依赖度 37.2%，进口依赖度59.6%。从总体上来说，俄罗斯和哈萨克斯坦对关税同盟市场依赖度不高，而白俄罗斯则严重依赖关税同盟市场。

表 1-1　2012 年关税同盟各成员国与第三国贸易和相互贸易占比情况（%）

项目	关税同盟	白俄罗斯	哈萨克斯坦	俄罗斯
与第三国贸易在贸易总值中占比	87.3	51.6	82.0	92.0
与关税同盟各成员国贸易在贸易总值中占比	12.7	48.4	18.0	8.0
自第三国进口在进口总值中占比	83.2	40.4	60.1	92.7
自关税同盟其他成员国进口在进口总值中占比	16.8	59.6	39.9	7.3
向第三国出口在出口总值中占比	89.7	62.8	92.6	91.6
向关税同盟其他成员国出口在出口总值中占比	10.7	37.2	7.4	8.4

资料来源：根据中华人民共和国商务部网站数据整理得出。

俄罗斯、白俄罗斯和哈萨克斯坦基于历史的原因，形成了紧密的经济联系，至今俄罗斯仍是白俄罗斯和哈萨克斯坦最重要的贸易伙伴。虽然区域内贸易经济合作存在不少的障碍，但欧亚经济联盟的形成将进一步化解政治上的分歧，带动区域内贸易往来，促进区域内资源流动互通，发展区域内经济。

2）欧亚经济联盟对中国与中亚、俄罗斯农产品贸易的影响

（1）欧亚经济联盟对中国农产品出口影响较大

自俄白哈关税同盟成立以来，其对新疆外贸影响巨大。以新疆伊犁哈萨克自治州（以下简称伊犁州）为例，伊犁州与哈萨克斯坦接

壤，对哈萨克斯坦共开放霍尔果斯口岸、都拉塔口岸和木扎尔特口岸3个边境口岸。2009年11月27日，俄白哈关税同盟正式成立，对新疆外贸的影响立刻显现。2010年第一季度，伊宁市外贸出口额中，出口到中亚国家的份额明显降低，出口到东南亚的贸易额增长迅速，对马来西亚进出口额2 585万美元，占外贸出口额的34.2%，首次超过了对哈萨克斯坦的进出口额；出口到哈萨克斯坦2 359万美元，占外贸出口总额的31.2%，同比下降60%；出口到吉尔吉斯斯坦749.3万美元，占外贸出口总额的10%，同比下降12%；出口到乌兹别克斯坦553.1万美元，占外贸出口总额的7.3%。不仅如此，自2010年1月1日起，关税同盟对进口商品关税进行上调，导致商品价格上涨，差别待遇和地方保护有所抬头，而且，霍尔果斯口岸从2010年3月底开始出现通关不畅的现象，主要原因在于哈萨克斯坦减少了车辆的放行，对车辆的检查和要求异常严格，凡是超过40吨的车不允许通关。

（2）中国与中亚农产品贸易面临巨大挑战

首先，欧亚经济联盟成立时间较短，内部运行尚不协调，关税方面的优惠政策也缺乏一定的稳定性，往往导致新疆农产品在联盟国之间的出口价格波动很大，使销售市场不稳定，直接影响到新疆农产品出口企业的利益。

其次，农产品出口非关税壁垒增加。俄白哈关税同盟建立之前，哈萨克斯坦对中国检验检疫的各项检测标准都是十分认可的。关税同盟建立以后，区域内的农产品检验检疫标准明显提高。欧亚经济联盟使哈萨克斯坦对农产品实施了更为严格的检测标准。在未来，欧亚经济联盟很有可能施行欧盟检测标准，这对中国新疆的农产品出口将带来巨大的影响，因为中国对农产品的检测标准与国际标准还有一定的差距，尤其是跟欧盟的标准差距比较大。

最后，贸易转移效应率低了新疆出口竞争力。2011年4月，哈萨克斯坦对进口果蔬农产品上调了100%的关税，之后哈萨克斯坦方面关闭了与中国巴克图口岸接壤的巴赫特口岸3个月，使得新疆的农产品出口企业不得不绕道其他口岸，这中间产生的装卸费用以及运输费用无疑增加了新疆出口企业的成本，也严重影响了新疆的农产品出口贸易。

1.2.3 全球农产品非关税贸易壁垒对中国外向型农业发展的影响

非关税贸易壁垒对中国农产品贸易的影响有三个方面：一是影响农产品贸易规模，限制其流量；二是使农产品贸易发生转移，改变贸易流向；三是为达到较高的技术标准就需要成本增加，而达不到标准的产品只能出口到技术要求相对较低但市场价格也较低的市场。上述影响的结果是，中国对外贸易条件恶化，贸易利益受损，社会福利减少。

以中国和日本之间的农产品贸易摩擦为例，日本于 2006 年 5 月 29 日开始实施《食品中残留农业化学品肯定列表制度》后，中国对日本农产品出口在短期内受到相当大的影响。该制度实施后的 6 月份，中国对日本农产品出口骤降 18%，部分大宗优势农产品出口降幅达 50%。在随后几个月里，其影响程度虽逐步减弱，但直到当年第四季度，中国对日本农产品出口才恢复到了该制度实施前的水平。不过，从长远看，农产品贸易的技术壁垒对于发展中国家来说也是一把双刃剑，是发展中国家改变农产品生产方式、提升自控能力和监测水平、催生绿色农业、开拓新的国际市场的外在推动力。

1.2.4 双边和多边农业合作对中国农产品贸易的影响

由于双边自由贸易迅速发展，全球农产品自由贸易受到了很大的推动。在一定程度上可以说，在 WTO 多边贸易体制下的农产品贸易自由化遭遇挫折的情况下，双边自由贸易是推进农产品贸易自由化的一种现实而有利的选择。

长期以来，中国与周边国家农业合作基本上以对外贸易为主，改革开放后，农业合作逐渐从单纯的双边贸易发展到农业技术合作以及劳务合作等更广阔的合作领域，但仍处于发展的初期阶段。近年来，中国和东盟农业合作步伐明显加快，中国和东盟签署的《中国-东盟全面经济合作框架协议》和《农业合作谅解备忘录》明确了中国与东盟国家农业合作的领域、时间和机制，试图打造人口最多的农业自由贸易市场，并将以此为先导逐步建成中国与东盟自由贸易区，促使中国和东盟的农业合作走上了前所未有的制度化轨道。与此同时，中国和东盟的农产品贸易出现高增长，农业产业双向投资日益升温，农业科技交流活动频繁。在与周边国家开展农业合作的同时，中国也注意通过参加亚欧会议、亚洲合作对话组织、建立次区域经济合作等手段，努力创造更多的机会，尝试在更大的区域范围内和世界上其他国家和地区开展机制性区域农业合作。

从总体上来看，由于中国参与区域经济合作起步比较晚，经济一体化程度远没有达到自由贸易区的要求，目前的农业合作领域虽然范围广泛，但是缺乏有效机制，实质性优惠政策较少，互补合作的力度仍显不足，与欧盟和北美自由贸易区的农业合作相比而言尚处于起步阶段，这主要表现在以下几个方面：一是由于各个农业区域合作都刚刚开始，自由贸易区的互惠互利政策措施还没有充分实施，区域农业合作对农业贸易以及农业投资等活动的促进作用还没有发挥出来；二是中国目前的合作主要是农业技术的交流和输出，区域农业合作对国内农业政策、农业规划布局、农业资源配置等方面的影响作用还没有体现出来；三是中国区域农业合作缺乏一个完整的指导纲领体系。

从最近几年的农业合作情况来看，中国政府对希望能够从中取得利益的农业合作并没有系统规划，从而使中国的农业合作比较零散，各地政府也因为同样的原因，无法形成一个切实有效的运行机制来促进各地区参与经济合作。

从区域的范围上来看，中国的区域农业合作目前仅在东盟地区开展较多，在南亚、中亚和东北亚地区还较少。中国政府虽然和日本、韩国在农业方面交流很多，但是由于历史和现实的多种原因，一直没有形成机制化的区域合作，而且有效的合作建设对话也很少见，而参考成功的区域农业合作，我们知道合作双方的互补性对于区域农业合作的成功是有很大作用的，日本和韩国当属此列。

1.3 本章小结

在中国加入 WTO 战略机遇的推动下，中国外向型农业融入全球化浪潮，在不断应对金融危机、粮价波动、市场竞争、贸易摩擦中，与"狼"共舞，推动中国农业、农民、农村发生了深刻的变化，尤其是严格履行加入承诺，基本形成农业全面对外开放格局，农产品贸易大幅增长，农业与世界市场的关联程度日益增强；农民收入快速增长，农村市场贡献能力显著提升，农业政策规范化，农产品市场开放，形成了WTO 框架下农业政策体系。另外，入世之后，国外农产品大量涌入，农产品趋势价格受到抑制和打压，供需波动和市场风险明显加大，部分农产品的供给安全和产业安全风险激增，在资源配置调整的挤压中成长，在国内外市场的起伏波动中发展。经济全球化的机遇与挑战，已经在中国农业不断深入开放的发展格局中充分体现出来。

当前全球化的进程还在不断加快、持续深化，我们仍然处在工业化、城镇化快速推进的时期。未来国际竞争的格局更为激烈，中国经济与世界的联系更为紧密，国际农产品市场波动性、不确定性将进一步加剧，农业发展的国内外环境将发生重大变化，农业国际化将面临更加复杂的形势和挑战：

一是欧美次贷危机继续扩散，引发国际金融市场剧烈动荡。全球经济逐步放缓，特别是美、欧、日经济减速，对中国外向型出口经济产生较大影响。这也将对中国农村剩余劳动力转移、农民收入增长带来巨大压力。

二是美元汇率进一步波动，国际原油和农产品价格大幅上涨，全球通胀压力普遍增大。中国经济发展所需的各类能源资源性产品和部分农产品对进口的依赖程度上升，势必给中国控制消费价格水平上升、管理通胀预期造成困难。

三是多哈回合谈判进展缓慢，世界范围内贸易保护主义有所抬头，建立国际农产品贸易新规则和新秩序任重而道远。尤其是随着发达国家经济增速放慢和失业率的上升，它们势必会进一步强化对国内市场的保护，对中国出口的大量优质低价农产品采取更多的贸易保护主义措施。

四是非传统因素对农业的影响增强，国际农产品市场波动性、不确定性将进一步加剧。农业"能源化"、农产品"金融化"趋势难以逆转，全球粮食供求格局将更趋不稳定，投机资本炒作的影响更加突出。

五是全球农业经营集中度进一步提高，全球农业跨国公司利用资金、品牌、管理等优势，在国际市场上加紧布局，已经控制全球 80% 的粮食贸易、70% 的油籽贸易，不仅对于我们统筹利用国际市场和国际资源提出了更高的要求，也使我们保障国内农业产业安全的难度越来越大。

面对国际竞争的挑战和要求，我们必须始终坚持在开放中求发展，在发展中促开放，既要牢牢把握中国社会主义初级阶段的基本国情和当前发展的贸易环境的阶段性特征，也要深刻认清未来经济全球化的发展趋势和国际竞争的复杂形势，始终坚持在全球化视野下，进一步扩大农业对外开放，全面推动中国外向型农业的发展，在保障粮食安全的基础上，不断提高统筹利用国际国内两个市场、两种资源的能力，努力促进优势农产品出口，合理引导和有效调控短缺农产品进口，合理调整进出口结构，同时要注意进一步强化风险管理意识、全面提升企业管理水平和竞争能力；积极参与国际农产品贸易规则、农业标准制定，以及动植物疫病防控、生物安全等涉农国际谈判与协作，共同努力推动多哈回合谈判尽早取得成功，为世界农产品贸易的发展创造一个更加公平合理的国际环境。

总之，在国际经济秩序日新月异的环境下，中国正面临着世界农业经济发展和环境变化的挑战。外向型农业发展转型的多目标实现，必须综合考虑国际环境与中国的具体国情，考虑全球化、工业化、城市化、国际化等给中国外向型农业发展带来的机遇与挑战，考虑中国现阶段农业发展的资源禀赋、环境承载力、物质基础、人才支撑、制度保障以及科技贡献能力等现实条件，在此基础上形成实现农业发展转型的整体战略；加强农产品国际贸易，强化多双边和区域农业磋商谈判和贸易促进，做好涉农国际贸易规则制定工作；进一步强化贸易促进公共服务能力，积极推动优势农产品出口；建立符合 WTO 规则的外商经营农产品和农业生产资料准入制度；积极应对国际贸易摩擦，支持行业协会为企业维护合法权益；进一步完善农业产业损害监测预警机制；运用符合WTO 规则的相关措施，灵活有效地调控农产品进出口。

第2章　新疆特色农产品生产和贸易现状

　　在资源优势的基础上，培育和发展特色产业是新疆经济发展的动力，也是对外贸易持续发展的重要基础。特色产业是指某一地区某一产业具有独有性或比其他地区具有独特优势的产业，即在一定区域范围内，以独特的资源为基础，以独特的生产技术、生产流程和管理组织方式为支撑，制造或提供特色产品与特色服务的部门或行业。其核心是具有地方特色的产品与服务，其形成的基础是区域内独具特色的资源，其形成和发展的重要条件是区域所特有的生产技术、生产流程和组织管理方式。

　　新疆农业领域形成的特色产业有以下几类：一是新疆农业资源的地域特色，这种地域特色的形成主要是由新疆独特的气候和地理条件决定的特殊物种资源，具体地讲，包括特色经济作物、特色园艺作物、特色林果资源、特色药用植物资源和特色动物资源。二是在整个国民经济发展中具有重要地位的农产品，包括面向国内需求和国际需求形成的特色化产品。三是新疆特色农业资源在长期经济发展中形成的驰名品牌。如何将这些特色农产品与市场需求切实地结合起来，是使特色农产品加工业成为拉动新疆发展新增长点的关键。

在中国农业部 2014 年 4 月颁布的《特色农产品区域布局规划（2013—2020）》中，提出在全国重点发展 10 类 144 种特色农产品，规划了一批特色农产品的优势区，并细化到县，对指导各地充分利用资源比较优势，发展特色农业，引导特色农产品向最适宜区集中，加快培育优势产区，深化全国农业区域专业分工，深化农业结构战略性调整，加快形成科学合理的农业生产力布局具有重大意义。根据规划，确定了新疆的特色蔬菜、特色果品、特色粮油、特色饮料、特色花卉、特色纤维、道地中药材、特色草食畜、特色猪禽蜂、特色水产等 10 类为新疆的特色农产品，因此，本书研究主要以上特色农产品的定义为基础，对新疆出口特色农产品的生产加工和贸易现状进行分析。

2.1 新疆特色农产品生产和贸易现状分析

优势特色农业资源是特色农产品生产的基础。新疆现有耕地近 6 200 万亩，人均耕地 2.95 亩，为全国人均数的 2 倍多，耕地后备资源 2.23 亿亩，居全国首位。新疆有大小河流 570 多条，地表年径流 879 亿立方米，地下水可采量 153 亿立方米，淡水资源充沛；全年日照时数平均 2 600~3 500 小时，居全国第二位。独特的自然生态环境蕴育了多样性的农作物品种资源，在国内外市场上具有竞争优势的农产品有 100 多种。葡萄、哈密瓜、番茄、啤酒花、枸杞等特色农产品以特有的品质饮誉国内外，优势特色农业资源丰富。

2.1.1 新疆特色农产品的生产情况

新疆是农牧业大区，农业生产在新疆国民生产中占有非常重要的地位，在推进新疆经济全面发展的过程中，农业起到举足轻重的作用。新疆拥有较为丰富的耕地、光热等自然资源条件，具备发展农业得天独厚的优势条件，不仅有小麦、棉花、油料、甜菜以及设施农业产出的主要农产品，也有瓜果、番茄、辣椒、籽用瓜、亚麻、香料作物等优势特色农产品。新疆经济的进一步发展、国内国际市场的日趋成熟，加之当前良好的外向型经济发展的政策，对新疆农业的发展都起到了良好的促进作用。依据《特色农产品区域布局规划（2013—2020）》，新疆特色农产品包括 10 类 28 种，如表 2-1 所示。

表 2-1　　　　　　　　**新疆特色农产品类别及具体种类**

特色产品类别	全国数量（种）	新疆入选（种）	新疆入选产品
特色蔬菜	14	1	辣椒
特色果品	25	6	葡萄，梨，杏，石榴，核桃，枣
特色粮油	19	8	芸豆，啤酒大麦，高粱，绿豆，啤酒花，芝麻，胡麻，向日葵
特色饮料	5	0	0
特色花卉	4	0	0
特色纤维	4	1	亚麻
道地中药材	25	2	枸杞，甘草
特色草食畜	22	3	牦牛，绒山羊，细毛羊
特色猪禽蜂	11	3	鸡，鸽，蜂产品
特色水产	15	0	0
合计	114	28	

新疆特色农产品生产区域布局的情况是：新疆在天山北坡经济带重点扶持自治区产粮大县和伊犁河谷流域国家新增千亿斤粮食工程。在提高粮食安全保障能力的前提下，南疆以棉花、设施农业、瓜果和特色园艺生产为重点；北疆沿天山一带以棉花、加工番茄、设施蔬菜为发展重点，继续围绕畜牧业发展调整粮食产业结构；东疆吐哈盆地以葡萄、哈密瓜、设施蔬菜为发展重点；伊犁、塔额盆地、阿勒泰等区域以优质小麦、玉米、杂豆、设施蔬菜和籽用瓜为发展重点。在乌鲁木齐、地州中心城市和大型工矿开发区所在县市积极发展"菜篮子"工程，确保城市蔬果供应。新疆积极实施品牌战略，加快特色农业和优质无公害、绿色食品、有机农产品基地建设，加强农产品品牌培育、原产地认证和市场

开拓工作。目前，新疆已经形成了外向型的优势特色农产品：一是包括加工辣椒、加工番茄和籽用瓜在内的特色农作物品种；二是包括苹果、梨、葡萄、红枣等传统优势水果和以甜瓜为主的果用瓜在内的优势林果产品。

1）特色农作物

（1）加工辣椒。2015 年辣椒的总种植面积为 97.76 万亩，其中加工辣椒的种植面积为 73.35 万亩，占辣椒总种植面积的 75.03%；辣椒总产量为 264.51 万吨，其中加工辣椒为 198.00 万吨，占 74.86%。种植面积和产量最多的地州依次为巴音郭楞蒙古自治州（以下简称巴州）、塔城地区、喀什地区和昌吉回族自治州（以下简称昌吉州）。加工辣椒的种植生产主要以市场为导向，壮大龙头企业，积极扩大面积，优化品种结构，加快标准化生产步伐。除了重点发展巴州、昌吉州、喀什地区、阿克苏地区的有关县市之外，还包括设施农业发展较好的塔城地区。

（2）加工番茄。番茄是新疆的传统优势农产品。新疆是世界上重要的番茄酱生产出口市场，2012 年番茄酱价格较低，导致 2013 年新疆番茄种植面积减少，番茄酱产量降低。从 2013 下半年开始国外番茄酱市场回暖，新疆番茄酱生产企业大量生产出口。2015 年，番茄总种植面积为 138.02 万亩，比 2014 年增加了 3.85%，其中加工番茄的种植面积为 104.12 万亩，占 75.44%，与 2014 年基本持平；番茄总产量为 910.89 万吨，加工番茄的产量为 761.30 万吨，占总产量的 83.58%。种植面积和产量较多的地州包括昌吉州、巴州、塔城地区、喀什地区和阿克苏地区。

新疆加工番茄生产和加工在国内外市场上占据了龙头地位，当前应围绕龙头企业加快建设稳定的原料生产基地，实现原料供应期达到 90天以上。根据已有的种植和产出基础，重点发展北疆准噶尔盆地南缘和南疆焉耆盆地两大优势区域。准噶尔盆地南缘种植区包括昌吉州的昌吉市、玛纳斯县、呼图壁县、吉木萨尔县以及塔城地区的乌苏市、沙湾县等地。焉耆盆地种植区包括巴州的博湖县、焉耆县、和静县等地。积极推进拜城县、乌什县等新产区发展。

（3）籽用瓜（打瓜籽）。2015 年，新疆籽用瓜的种植总面积为151.44 万亩，总产量达到 21.30 万吨，种植主要集中在阿勒泰地区、塔城地区和昌吉州等地。籽用瓜的生产基地建设应积极引进、开发优良品种，做好先进技术培训、推广，加强田间管理，提高产品品质和单产。重点发展塔城地区的额敏县、塔城市，昌吉州的奇台县和阿勒泰地区的哈巴河县、福海县等地。

2）优势林果产品

新疆得天独厚的自然资源和气候条件，孕育了一批独具特色的林果产品，并以品质好、口味佳、无污染、营养价值高、具有绿色果品的良好潜质，深受国内外客商及广大消费者的青睐。近年来随着自治区农业结构的调整，特色林果业得到大力发展，生产规模不断扩大，产量逐年攀升。

林果业是新疆农业经济的支柱产业之一。目前，新疆林果种植基地布局进一步优化，形成了南疆环塔里木盆地以红枣、核桃、杏、香梨、苹果为主的林果主产区，吐哈盆地、伊犁河谷、天山北坡以葡萄、红枣、枸杞、时令水果、设施林果为主的高效林果基地。初步建成了区域化布局、科学化栽培、规模化生产、产业化经营的特色林果业产业带。

近年来，新疆多措并举，大力推进特色林果业提质增效、转型升级，2015 年特色林果业种植面积已达 2 396.11 万亩，比 2014 年增长了 3.6%，产量达到 1 708.14 万吨，比 2014 年增长 11.8%。南疆已形成以塔里木盆地为中心的核桃、红枣、苹果、香梨、杏等大众果品为主的特色林果业生产基地。2015 年，南疆的林果业种植面积达到 1 505.1 万亩，占全疆林果业种植面积的 84.60%；南疆林果业总产量占全疆林果业总产量的 76.93%，产值占全疆林果业总产值的 83.79%。北疆和东疆地区林果业种植规模较小，这些地区形成了以葡萄、枸杞、时令水果等果品为主的林果业生产基地。新疆林果业总产值最高的地区有阿克苏和喀什，这两个地区林果业总产值占全疆林果业总产值的 54.45%；南疆的巴州地区林果业总产值也较高，属于第二类地区；北疆的伊犁，南疆的和田和东疆的吐鲁番、哈密地区的林果业总产值在 10 亿~50 亿元，北疆大部分地区的林果业总产值都比较低，均在 10 亿元以下。农民人均来自林果业的收入超过 1 200 元，人均林果产量远远高于全国平均水平，也超过发达国家人均水果消费标准。而且随着主要林果种类逐渐进入盛果期，产量规模还将继续扩大。2015 年新疆部分特色林果产量及变动情况如表 2-2 所示。

表 2-2　　　　2015 年新疆部分特色林果产量及变动情况

指标	产量（万吨）	比上年增长（%）
特色林果	1 708.14	11.8
水果（含果用瓜）	1 635.02	11.5
园林水果	961.44	12.0
红枣	305.43	18.6
香梨	113.98	9.1
葡萄	275.60	19.0
果用瓜	673.58	10.7
坚果	73.12	18.9

资料来源：根据《新疆统计年鉴》（2016）整理得出。

2.1.2　新疆农产品加工业的发展现状

新疆是中国重要的农产品生产基地，资源丰富，是全国最大的棉花生产基地、粮食生产后备基地、重要的畜产品和林果生产基地，特色农业成效显著。新疆独特的地理区位优势和资源优势，使特色农产品加工业在新疆农业生产中的地位愈显突出。

新疆农产品加工业的发展情况如下：

（1）新疆农产品加工产业规模逐渐扩大，产值不断增加。从表 2-3 的数据来看，2011—2015 年，规模以上企业数量增加了 35.78%，总产值增加了 62.85%，销售产值增加了 56.83%，亏损企业的绝对数量虽略有增加，但其占当年企业总数量的比重呈现的是递减的趋势，资产合计增加了 37.77%，利润总额增幅达到 194.79%，利税总额增加了 125.63%，从业人数增加了 13.36%，但占当年全部从业人数的比重变化不大，甚至略有下降。上述数据表明，目前新疆农产品加工企业在总工业构成基本不变的情况下，利润及利税在大幅度增加，而所需的劳动力在逐渐减少，反映了新疆农产品加工业适应市场的发展需要，优化资产组合，减员增效，生产效率提高显著，整体行业发展能力和获利能力有了较为明显的增强。

表2-3　新疆2011—2015年规模以上以农产品为原料的企业发展总体情况

项目	2011年	占当年总工业比例	2013年	占当年总工业比例	2015年	占当年总工业比例
企业数量（个）	587	33.77%	665	29.90%	797	29.44%
总产值（亿元）	766.69	11.41%	1 020.77	11.76%	1 248.55	15.35%
销售产值（亿元）	761.95	11.55%	972.54	11.51%	1 194.93	15.04%
亏损企业数量（个）	151	8.69%	159	7.15%	182	6.72%
资产合计（亿元）	1 080.13	11.61%	1 318.58	9.20%	1 488.13	8.19%
利润总额（亿元）	39.95	4.15%	72.61	8.49%	117.77	34.54%
利税总额（亿元）	81.09	5.04%	123.26	8.03%	182.96	17.38%
全部从业人员（万人）	12.23	20.82%	12.29	18.19%	13.92	19.33%

资料来源：根据《新疆统计年鉴》（2012—2016）整理得出。

（2）以特色农产品为主的新疆加工业发展速度明显加快，行业集中度明显提高。从规模上看，农副食品加工业、食品制造业、酒与饮料和精制茶制造业这三个行业的总产值和从业人员占据了新疆农产品加工行业的绝大部分，分别达到66.99%和54.13%，其中农副食品加工业占总产值的38.70%，成为新疆农产品加工业的主导行业。

从增加值来看，农副食品加工业、酒与饮料和精制茶制造业对新疆农产品加工业总产值贡献最大。需要指出的是，仅对比2012年增加值占当年总增加值比例的数据，农副食品加工业、食品制造业的增长较为显著，酒与饮料和精制茶制造业、烟草制品业、纺织业等其他行业变化不明显。从数据来看，目前新疆农产品加工行业整体结构大体未变，主导行业优势依然明显，行业集中度进一步提高。2015年新疆主要农产品加工业发展现状如表2-4所示。

表 2-4　　2015 年新疆主要农产品加工业发展现状（规模以上）

行业	企业数量（个）	总产值（亿元）	利润总额（亿元）	亏损企业数量（个）	工业增加值（亿元）	从业人员（个）
农副食品加工业	401	512.68	48.43	90	95.68	41 033
食品制造业	125	232.68	19.29	34	60.61	25 901
酒与饮料和精制茶制造业	74	132.86	21.25	12	47.66	12 595
烟草制品业	1	47.25	5.28	0	36.35	761
纺织业	91	148.15	12.09	24	32.40	32 501
皮革、毛皮、羽毛（绒）及其制品业	5	8.74	−0.023	4	0.87	450
木材加工及木、竹、藤、棕、草制品业	16	11.86	1.31	4	2.84	1 445
造纸及纸制品业	30	38.21	4.68	6	9.31	4 133

资料来源：根据《新疆统计年鉴》（2016）整理得出。

目前，新疆农产品加工业紧紧围绕棉花、粮食、特色林果、畜牧四大基地建设和区域特色农业开展加工，大力发展农产品精深加工业，促进农产品加工结构升级，加工转化能力明显提高，已经形成了一批在区内外有一定影响的加工企业，有效地带动了农产品加工业的快速发展。

（3）新疆特色农产品加工转化能力在逐渐增强，精深加工已经初具规模。从工业总产值来看，2011—2015 年，罐头制造业经历了一个从明显下降到恢复的过程，2013 年降幅达到了 37.28%，制糖业的产值 5年间持续小幅下降，谷物磨制、饲料加工和造酒的产值则有较大增长，其中谷物磨制的增幅为 70.14%，饲料加工的增幅为 118.78%，造酒业的产值增加了 69.86%。从企业数量变化的情况来看，皮革鞣制加工企业数量 5 年未变，制糖业和罐头制造业的企业数量变化不明显，谷物磨制，饲料加工，棉、化纤纺织及印染精加工业的企业数量逐年小幅增加，2013 年造酒业的企业数量增幅达到 25.64%，至 2015 年基本持平；而毛纺织和染整精加工企业虽然绝对数量较少，但变化幅度大，5 年间减少了 1/3。一系列数据表明，新疆特色农产品加工转化能力在逐渐增强，精深加工已经初具规模。2011—2015 年新疆农产品深加工业主要经济效益指标如表 2-5 所示。

表 2-5 　　新疆农产品深加工主要经济效益指标（规模以上）

行业	企业数量（个）			工业总产值（亿元）		
	2011年	2013年	2015年	2011年	2013年	2015年
谷物磨制	47	55	64	36.30	49.83	61.76
饲料加工	29	33	46	41.05	66.28	89.81
制糖	14	13	13	29.64	25.90	23.55
罐头制造	57	48	49	47.84	29.05	40.69
造酒	39	49	50	47.04	66.83	79.90
棉、化纤纺织及印染精加工	68	74	79	112.47	118.95	132.84
毛纺织和染整精加工	6	3	4	2.36	3.23	8.67
皮革鞣制加工	4	4	4	7.9	7.31	8.39

资料来源：根据《新疆统计年鉴》（2012—2016）整理。

2.1.3　新疆农产品出口贸易发展现状分析

新疆是中国西北边疆地区，地处亚欧大陆腹地、中亚地区东部，与塔吉克斯坦、哈萨克斯坦、俄罗斯、吉尔吉斯斯坦、蒙古等 8 个国家相连，是中国拥有邻国最多的省区，也是中国向西开放的重要战略地区。新疆凭借得天独厚的自然条件和特殊的区位优势，已经成为中国连接东部发达、沿海地区，向西开拓中亚、西亚和东欧市场的前沿阵地。

1）新疆农产品出口贸易的总体规模分析

（1）农产品出口额总体呈上升态势。2001 年出口额仅为 1.94 亿美元，2013 年达到 8.45 亿美元，2014 年出口额更是上升到 9.01 亿美元，年平均增长率达到 11.59%。其中，2002 年、2005 年和 2007 年这三年增幅最大，同比增长分别达到 93.3%、44.04% 和 48.88%，但 2008—2009

年受全球金融危机的影响，以及主要出口农产品番茄酱价格走低，出口额呈下降态势；2012 年以后新疆农产品出口额又呈现出回升态势。

（2）农产品出口份额攀升缓慢。2001 年新疆农产品出口份额占全国农产品出口份额的比重为 1.21%，至 2014 年这一比重仅上升至 1.25%，14 年间仅仅攀升了 0.04%。其中在 2008 年、2009 年占比达到峰值，主要原因是其他省份农产品出口受金融危机影响较大，而新疆主要出口市场为中亚国家，需求相对稳定，受影响较小。但即便在这两年新疆农产品出口份额占全国农产品出口份额的比重达到最大值时，相比 2001 年，出口份额的攀升幅度也才仅仅分别达到 0.8%、0.81%，攀升幅度依然相对较小。

如表 2-6 所示，2001 年新疆农产品出口额占新疆商品出口总额的比重为 28.96%，至 2013 年、2014 年这一比重降至历史新低，分别为 3.79%、3.84%，农产品出口份额占新疆商品出口总额的比重偏小。2001—2014 年，年平均占比仅为 9.56%，且出口额占比还呈下降态势，如图 2-1 所示。出口额占比不断降低的主要原因是随着新疆制造业的不断发展，新疆工业品出口不断增加，新疆农产品出口增长远远赶不上工业品出口增长。

综上，虽然新疆农产品出口贸易总额呈上升态势，但出口总量较少，且出口额占全国农产品出口总额的比重较低，占全疆出口商品总额的比重也偏低。由此来看，新疆农产品出口形势依然严峻，出口现状不容乐观，其自身独特的地缘、资源优势和良好的农业生产条件还未得到充分发挥，农业大省的地位还未得到充分体现。

2）新疆农产品出口的贸易地理方向分析

新疆与中亚及俄罗斯等 8 国接壤，是中国通往中西南亚及欧洲的国际商贸大通道。新疆已同 100 多个国家和地区建立了经贸关系，新疆对外贸易市场逐渐呈现多元化趋势。但新疆农产品出口去向地主要是独联体国家（俄罗斯、中亚国家）、美国、欧盟、日本、中国香港、韩国、东南亚、巴基斯坦、澳大利亚等国家和地区。其中哈萨克斯坦、吉尔吉斯斯坦、俄罗斯以及周边其他国家是新疆农产品出口的最大市场，也是新疆农产品出口的传统市场。

表 2-6 　　　　　2001—2014 年新疆农产品出口金额及比重

年份	新疆农产品出口额（亿美元）	占新疆出口总额的比重（%）	占全国农产品出口额的比重（%）
2001	1.94	28.96	1.21
2002	3.75	28.69	2.08
2003	3.21	12.65	1.51
2004	2.77	9.09	1.2
2005	3.99	7.93	1.17
2006	4.01	5.61	1.29
2007	5.97	5.19	1.63
2008	8.16	4.23	2.03
2009	7.95	7.39	2.04
2010	8.52	6.57	1.74
2011	9.35	5.55	1.91
2012	8.4	4.34	1.33
2013	8.45	3.79	1.25
2014	9.01	3.84	1.25

资料来源：根据《中国统计年鉴》（历年）、《新疆统计年鉴》（历年）、中国海关网的相关数据综合整理得出。

　　新疆农产品出口市场主要以中亚 5 国和周边国家为主，其中，哈萨克斯坦是最大的出口市场。由表 2-7 进一步分析可看出，2008—2014 年，哈萨克斯坦一直位居新疆农产品出口市场的首位，2008 年对哈萨克斯坦出口额为 10 676.77 万美元，2014 年增长到 18 107.74 万美元，占新疆农产品出口市场的比重达 20.09%。此外，新疆农产品出口市场过于集中且有加强的趋势。例如，2008 年新疆对哈萨克斯坦（13.08%）、俄罗斯（7.78%）、吉尔吉斯斯坦（6.31%）和日本（5.77%）4 国市场的农产品出口额就占新疆农产品出口总额的 32.94%，占新疆农产品出口市场的近 1/3，说明新疆农产品出口对这 4 个国家的依赖性较强，这加

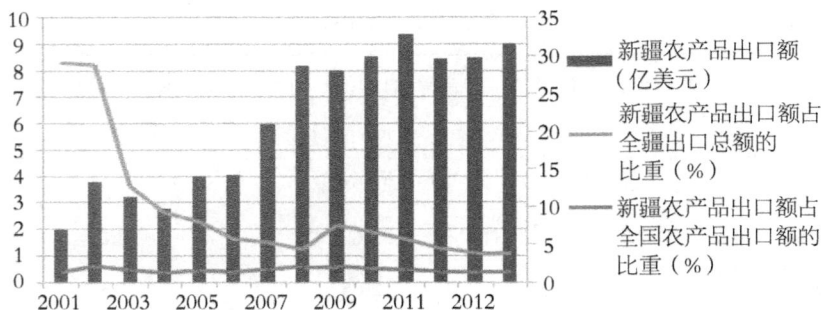

图 2-1　2001—2014 年新疆农产品出口规模情况

资料来源：根据中华人民共和国农业部官方网站、乌鲁木齐海关历年数据整理得出。

大了新疆农产品出口的风险。2008—2014 年，新疆对哈萨克斯坦、俄罗斯和吉尔吉斯斯坦农产品出口市场的份额分别由 13.08%、7.78%和 6.31%上升到 20.09%、12.66%和 6.07%，增幅明显，这使得新疆农产品出口市场集中趋势进一步强化，由此也进一步加剧了新疆农产品出口的风险。我们相信，随着"一带一路"倡议的逐步实施，新疆面向中亚农产品出口的优势将进一步强化。

表 2-7　　　　　　　2008—2014 年新疆农产品出口市场份额[①]　　　　单位：万美元

市场	2008年		2010年		2011年		2012年		2013年		2014年	
	出口额	比重(%)	出口额	比重(%)	出口额	比重(%)	出口额	比重(%)	出口额	比重(%)	出口额	比重(%)
哈萨克斯坦	10 676.77	13.08	10 904.14	12.80	13 573.98	14.52	15 363.06	18.23	18 751.57	22.18	18 107.74	20.09
俄罗斯	6 342.98	7.78	6 577.14	7.72	9 532.11	10.20	8 431.81	10.00	7 052.25	8.34	11 416.77	12.66
吉尔吉斯斯坦	5 147.69	6.31	4 860.33	5.70	5 106.68	5.46	5 055.01	6.00	4 507.48	5.33	5 469.08	6.07
日本	4 709.06	5.77	4 143.58	4.86	4 170.95	4.46	4 850.62	5.76	4 496.10	5.32	3 095.52	3.43
阿尔及利亚	923.70	1.13	2 140.33	2.51	1 995.70	2.13	1 489.73	1.77	2 924.76	3.46	2 989.06	3.32
英国	1 171.40	1.44	1 877.72	2.20	1 759.27	1.88	3 157.25	3.75	2 383.31	2.82	2 622.68	2.90
印度	1 383.96	1.70	1 260.56	1.48	1 702.91	1.82	1 643.38	1.95	2 478.38	2.94	2 411.60	2.68
菲律宾	2 162.36	2.65	1 102.89	1.30	1 332.41	1.42	1 787.13	2.12	2 134.08	2.52	2 484.70	2.76

资料来源：根据乌鲁木齐市海关内部数据资料（2008—2014）整理得出。

---

① 因数据限制，笔者只获取了 2008—2010 年农产品出口数据，因此只对这段时间做详细分析。

新疆与周边国家的农产品贸易市场逐渐趋于多元化。从新疆农产品出口份额情况来看，哈萨克斯坦是新疆农产品出口的最大贸易国，2008—2014年，新疆对哈萨克斯坦的出口额持续增长，从2010年的1.2亿美元增长到2012年的1.7亿美元，5年间对哈萨克斯坦的出口比重一直保持在40%左右，这一比重相较于2004年的77.63%来说下降了不少，这也说明新疆农产品出口贸易市场份额逐渐向其他国家倾斜。目前，吉尔吉斯斯坦已成为新疆农产品出口的第二大市场，2000年，新疆对吉尔吉斯斯坦出口农产品的比重仅为0.5%，到2012年这一比重已上升至31.72%。此外，新疆农产品出口份额上升明显的国家还有蒙古，新疆对蒙古的农产品出口额从2008年的62.26万美元增长到2012年的698.97万美元，增长近10倍，虽然所占比重较低，但其是新疆开拓农产品出口市场的重要目标。值得一提的是，新疆对土库曼斯坦出口农产品开始于2007年，当年出口额为16.11万美元，到2012年已增至130.98万美元，增长近20倍，是新疆农产品出口的新兴市场[①]。

综上，新疆农产品出口市场结构不合理，出口市场过于集中，这势必造成新疆农产品出口对中亚5国和周边国家产生较强的依赖性，从而加大新疆农产品出口风险，容易导致市场发生波动。一旦市场发生波动，将严重影响到新疆农产品出口的总体情况。因此，未来新疆农产品出口市场除了中亚以及周边国家之外，还应该积极开拓美国、日韩、欧洲、西亚等更加广阔的市场。我们相信，随着丝绸之路经济带战略的逐步实施，新疆面向中亚农产品出口的优势将进一步强化。

3）新疆农产品出口商品结构分析

新疆农产品贸易种类主要涉及活动物及动物产品、蔬菜、水果、动植物产品、其他加工农产品以及花和种苗等（划分依据来源为WTO《农业协议》），而新疆农产品出口商品主要集中于蔬菜、水果、坚果或植物其他部分的制品；食用水果及坚果；甜瓜或柑橘属水果的果皮；食用蔬菜、根及块茎；虫胶；树胶、树脂及其他植物液、汁等种类。从表2-8可以看出，近年来新疆几大类主要出口农产品的出口额总体呈现上

---

① 此处数据为2013—2014年从乌鲁木齐海关获得，成书时无法从海关处进一步更新，特此说明。

升趋势。其中以虫胶，树胶、树脂及其他植物液、汁增幅最大，占新疆农产品出口额比重由 2008 年的 0.22% 上升到 2014 年的 4.12%，增幅较大。蔬菜、水果、坚果或植物其他部分的制品的出口额连续 6 年（2008—2014 年）一直位居新疆农产品出口额首位，其中，2011 年达到峰值，为 53 768.296 万美元，占新疆农产品出口总额的比重高达 57.52%，但此后呈下降态势，由 2011 年的 57.52% 下降到 2014 年的 51.76%。其他动物产品的出口额有所下降，由 2011 年的最高值 2 846.989 万美元下降到 2014 年的 1 725.246 万美元，其所占比重也由 3.05% 下降到 1.91%。

表 2-8　　　　　　　新疆农产品出口商品结构（HS 分类）　　　　　　单位：万美元

类别	2008年		2010年		2011年		2012年		2013年		2014年	
	出口额	比重(%)	出口额	比重(%)	出口额	比重(%)	出口额	比重(%)	出口额	比重(%)	出口额	比重(%)
①	49 601.521	60.79	43 942.837	51.58	53 768.296	57.52	47 310.88	56.15	46 322.486	54.8	46 660.36	51.76
②	11 765.81	14.42	18 703.194	11.32	18 829.558	20.14	20 149.043	23.91	21 397.38	25.31	21 340.805	23.67
③	2 387.714	2.93	8 163.017	9.58	5 112.872	5.47	2 485.517	29.5	2 594.321	3.07	6 100.507	6.77
④	181.5083	0.22	1 152.381	1.35	994.97	1.06	1 828.935	2.17	2 886.567	3.41	3 710.885	4.12
⑤	1 276.8108	1.56	1 517.774	1.78	1 477.414	1.58	2 015.649	2.4	2 877.28	3.4	3 182.344	3.53
⑥	2 233.6149	2.74	1 206.802	1.42	1 260.836	1.35	1 638.759	1.94	1 219.404	1.44	2 253.722	2.5
⑦	1 465.7248	1.8	2 115.7967	2.48	2 846.989	3.05	2 678.624	3.18	2 355.518	2.79	1 725.246	1.91
⑧	565.8231	0.69	1 081.0017	1.32	1 015.409	1.09	564.727	0.67	1 181.087	1.4	1 380.784	1.53

资料来源：根据乌鲁木齐市海关内部数据资料（2008—2014）整理得出。

注：①第二十章：蔬菜、水果、坚果或植物其他部分的制品。②第八章：食用水果及坚果；甜瓜或柑橘属水果的果皮。③第七章：食用蔬菜、根及块茎。④第十三章：虫胶；树胶、树脂及其他植物液、汁。⑤第二十一章：杂项食品。⑥第十二章：含油子仁及果实；杂项子仁及果实；工业用或药用植物；稻草、秸秆及饲料。⑦第五章：其他动物产品。⑧第十章：谷物。

综上，虽然新疆主要出口农产品出口额总体呈现上升趋势，但出口结构不尽合理。首先，新疆出口的农产品大多是以原料型的初级产品和低级的初级加工品为主，缺乏深加工，科技含量及附加值低。以番茄酱为例，2010 年新疆番茄酱出口量为 60 万吨，出口额达 4.2 亿美元，位居世界首位。然而在国际市场上，新疆的番茄酱被发达国家当作原料进口并进行深加工。另外，新疆农产品的技术含量过低，深加工率仅为17%，远远低于全国40%的平均水平，而发达国家的深加工率平均达到70%以上。其次，新疆农产品出口种类单一，新疆出口的农产品主要以表2-8中的8大类为主，其他种类所占比重较小，而这8大类又以蔬菜、水果、坚果或植物其他部分的制品为主，此类农产品出口占到新疆农产品出口总额的50%以上。可见，新疆农产品的出口商品结构还有待进一步完善。

4）新疆农产品出口主要贸易方式分析①

一般贸易和边境小额贸易是目前新疆农产品出口的主要贸易方式。2013年新疆口岸农产品以一般贸易方式出口2.03亿美元，以边境小额贸易方式出口1.72亿美元，分别占农产品出口总值的52%和44%，二者合计占同期新疆口岸农产品出口总值的96%。值得注意的是，一般贸易出口值同比增长了16.3%，增速较快。

5）新疆农产品出口企业主体分析

在新疆农产品出口企业中，民营企业占主导地位。2013年新疆口岸私营企业出口农产品2.95亿美元，占同期新疆口岸农产品出口总值的76%。国有企业、集体企业、中外合资企业所占比重较小。国有企业出口农产品643.2万美元，占同期新疆口岸农产品出口总值的12.4%，同比增长104.2%；外资企业出口农产品539.2万美元，占同期新疆口岸农产品出口总值的10.4%，同比增长1614.5%。国有企业和外资企业所占比重较小，但增长迅速。

6）新疆主要通关口岸农产品出口分析

新疆面向中亚的农产品出口主要是通过新疆的陆路口岸。新疆农产品出口的主要口岸为吐尔尕特、阿拉山口和霍尔果斯。三个口岸农产品出口货值合计占同期新疆口岸农产品出口总值的85%左右，如表2-9所示。新疆口岸农产品出口国有11个，其中近年对蒙古和巴基斯坦出口增幅较大，分别为904%和241%。出口额超千万美元的国家有哈萨克斯坦、吉尔吉斯斯坦和俄罗斯，上述三者合计占同期中国新疆口岸农产

---

① 此处及下述5）、6）中的数据为相关研究时从不同渠道（海关、相关国家大使馆网站、相关部委官方网站等）获得，资料成书时难以进一步更新，特此说明。

品出口总值的 80% 以上。吉尔吉斯斯坦 2014 年起解除自中国进口肉制品的禁令，中国新疆口岸对吉尔吉斯斯坦的冷冻肉出口有了巨大的恢复性增长。吉尔吉斯斯坦年肉类需求量约为 34 万吨，国产约为 19.3 万吨，自给率仅为 57%，为满足需求，每年需从中国、美国、巴西、印度等国进口大量肉制品。受禽流感影响，自 2013 年 4 月起，吉尔吉斯斯坦对从中国进口肉制品实行了禁令。

表 2-9　　　　　　　　　　新疆主要口岸农产品出口额　　　　　　　单位：万美元

主要口岸	2008 年出口额	2009 年出口额	2010 年出口额	2011 年出口额	2012 年出口额	2013 年出口额	2014 年出口额
霍尔果斯	3 282.839	6 272.61	4 814.42	7 098.88	9 828.8277	11 364.99	12 430.87
阿拉山口	8 258.3414	5 852.13	5 225.52	7 535.64	8 003.5082	9 207.70	10 514.57
吐尔尕特	4 513.3149	3 615.49	3 542.14	3 768.30	4 061.0503	2 745.24	3 961.84
塔城海关	2 369.4215	2 131.18	3 135.98	2 546.33	1 955.2973	3 500.23	4 644.15
伊尔克什	629.7779	851.2628	1 488.986	1 433.8	1 179.6032	1 725.7991	1 349.0438
都拉塔关	59.6829	342.7108	1 951.9735	2 040.4054	524.9367	42.2861	—
吉木乃办	535.2153	356.219	228.1582	1 005.11	1 400.2462	62.7597	60.8838
红其拉甫	699.1569	1 108.98	231.65	143.30	230.3248	64.89	725.02
塔克什肯	5.2974	4.88	229.69	417.96	468.489	966.79	994.75
喀什海关	21.9699	89.37	281.16	98.77	19.3651	327.10	648.12
伊宁海关	581.0539	201.45	—	—	—	—	—

资料来源：根据乌鲁木齐市海关内部数据资料（2008—2014）整理得出。

2.2　新疆农产品出口竞争力的实证分析

2.2.1　问题的缘起

新疆是农业大区，地域辽阔，拥有充足的耕地和光热等自然资源，劳动力资源丰富，具备发展农业得天独厚的优势条件；且新疆地处亚欧大陆腹地，与俄罗斯、哈萨克斯坦等8国接壤，是中国西部大开发和丝绸之路经济带战略面向中亚的"前沿窗口"和"桥头堡"。而中亚国家的风俗习惯、消费偏好又与新疆极为相似，其农产品消费市场与新疆农产品生产市场具有很强的互补性，故市场潜力巨大。因此，在新疆定位于"丝绸之路经济带核心区"的新形势下，评价新疆农产品出口竞争力的优势对于如何充分发挥新疆自身独特的地缘、资源优势，不断扩大农产品出口规模、优化出口结构，将地缘、资源优势转化为现实的出口竞争优势，推动新疆农产品国际市场开拓具有重要意义。

对于农产品出口竞争力的测度和评价，国外学者大多采用单个评价指标的方法来进行。Maria Sassi（2003）运用相对比较优势指数（ICS）、相对贸易优势指数（RTA）、贸易竞争力指数（TC）和产业内贸易指数（IIT）对20世纪世界各区域农产品的国际竞争力进行了综合评价；Jo H.M.Wijnands、Harry J.Bremmers，Bernd M.J.van der Meulen，Krijn J.Poppe（2008）运用国际经济学的方法，构造出出口占世界市场份额的增长、Balassa指数的增长、劳动生产力的增长、整个经济实质增加值的增长、特定产业实质增加值的增长等5项竞争力指数，并利用这5个指数测度，评估了欧盟食品产业与加拿大、美国、巴西和澳大利亚4个竞争对手的现实竞争力，并对其结果进行了比较。国内研究方面，李选才（2005）从农产品的竞争实力、竞争潜力、竞争环境和竞争动态4个方面构造了农产品国际竞争力的评价指标体系；吴言忠、邢志良、周辉（2005）认为必须从提高农产品的质量竞争力、价格竞争力、龙头企业竞争力和科技竞争力，以及创新农产品市场流通体制、提高政府支持度和农产品的信誉度等7个方面来提高中国农产品的国际竞争力；刘淑梅（2013）则采用国家安全保障力、国际市场竞争力、可持续发展力对中国农业竞争力进行了计量分析。而关于新疆农产品出口竞争力的研究，国内学者多数集中在棉花、番茄等优势农产品出口竞争力的研究上。刘英杰、马惠兰（2009）采用贸易竞争指数和国际市场占有率指标对比分析了中国新疆与中亚主要农产品的贸易竞争力，指出中国新疆农产品竞争力较弱。郑小青、龚新蜀（2010）运用显示比较优势指数对新疆的棉花和棉纱的国际竞争力进行分析，得出竞争力正在逐渐减弱，并提出按照比较优势原理调整农业的产业结构，吸引投资等对策建议。侯敬媛、王磊（2012）分析了新疆番茄制品的贸易现状，采用国际市场占有率、显示性比较优势指数和贸易竞争指数等测度指标，对新疆各类番茄制品的国际竞争力进行了评价，并在此基础上就如何提升新疆番茄制品的国际竞争力提出了相应对策。

从现有农产品出口竞争力评价方法的研究来看，国内外学者对其相关研究较多，且不断深入，竞争力的评价指标体系也在逐步完善。从国内来看，国内关于竞争力的研究介绍国外相关研究成果的较多，对中国整体出口竞争力研究较多，而关于区域产业出口竞争力的研究较少，关于某一行业或产业的研究较少，这对于各区域或行业没有太大的指导意义；在研究方法方面，大多数学者往往采用一项指标和一种方法，而采用两项或多项指标的研究相对较少。从新疆农产品出口竞争力的研究来看，对农产品出口竞争力的专项研究不多，且研究内容上往往局限于番茄、棉花等某类优势农产品出口竞争力，而对农产品出口竞争力整体的研究较少；在研究方法上，往往重视理论描述，而定量分析方面相对薄弱。因此，本书以 2001—2014 年新疆农产品出口数据为依据，选取产业国际竞争力评价方法中显性比较优势指数和贸易竞争力指数评价指标，对新疆农产品的出口竞争力进行分析。

2.2.2 新疆农产品出口竞争力的分析及实证

就农产品出口竞争力研究相关文献的研究方法来看，多数学者在定量分析中采用较多的指标有显示性比较优势指数（RCA 指数）、贸易竞争力指数（TC 指数）等。就显示性比较优势指数的优点，蓝庆新等（2003）认为，首先，显示性比较优势指数除用价格表示比较优势外，还加入了产品出口数量因素，因而更能反映贸易比较优势理论的思想；其次，由于显示性比较优势指数只考虑了出口，因而可以免受贸易政策造成进口扭曲带来的影响。就贸易竞争力指数的优点，丁婧（2012）等指出，首先，该指标主要从某类产品的进出口数额来分析该类产品在国际市场上的表现，能够反映产品在某一时点或连续某一阶段产品竞争力的变化，具有直观、简单、明了等特点；其次，该指标不仅考虑了一国产品的出口竞争力，还考虑了其面对进口的竞争能力，它剔除了通货膨胀、经济增长等宏观方面波动的影响，因此在不同时期、不同国家之间，贸易竞争力指数具有相当的可比性。所以，本书在分析新疆农产品出口竞争力时采用显示性比较优势指数、贸易竞争力指数等测度指标，其在实践中可操作性强，便于相对准确地分析问题。

1）农产品出口显示性比较优势（RCA）

显示性比较优势[1]由Balassa于1965年提出，它旨在定量地描述一个国家（或地区）各个产业相对出口的表现。通过RCA指数可以判定一国（或地区）的哪些产业更具出口竞争力，从而揭示一国（或地区）在对外贸易中的比较优势。一般认为，若RCA>2.5，表示该国（或地区）的某类产品具有显著的比较优势，说明这类产品竞争力相对强；若1.25≤RCA≤2.5，表示该国（或地区）这类产品具有较显著的比较优势，说明其产品竞争力相对较强；若0.8≤RCA≤1.25，表示该国（或地区）这类产品具有一定的比较优势，说明其产品具有一定的竞争力；若0≤RCA≤0.8，表示该国（或地区）这类产品不具有比较优势，说明其产品竞争力相对较弱。本书采用国家农业部网站和乌鲁木齐市海关数据计算得出新疆农产品在中国农产品出口中的RCA指数，如表2-10所示。

表2-10　　　　2001—2014年新疆农产品RCA指数[2]

年份	2001	2002	2003	2004	2005	2006	2007	2008	2009	2010	2011	2012	2013	2014
X_{ij}/X_i	0.29	0.29	0.13	0.09	0.08	0.06	0.05	0.04	0.07	0.06	0.06	0.04	0.04	0.04
X_{wj}/X_w	0.05	0.04	0.04	0.03	0.04	0.03	0.03	0.03	0.03	0.03	0.03	0.03	0.03	0.03
RCA	6.42	7.07	3.5	3.37	2.19	1.75	1.73	1.5	2.24	2.12	1.75	1.42	1.26	1.19

资料来源：根据中华人民共和国农业部官网、乌鲁木齐市海关数据整理计算得出。

由表2-10可知，从总体上看，除2014年外，2001—2013年新疆

---

① 指一个国家（或地区）某种商品出口额占其出口总值的份额与世界出口总额中该类商品出口额所占份额的比率。

② X_{ij}/X_i表示：新疆农产品出口额占新疆出口额的比重；X_{wj}/X_w表示中国农产品出口额占中国出口额的比重。

农产品 RCA 指数均大于 1.25，说明新疆农产品出口在中国农产品出口中具有较为显著的比较优势。RCA 指数呈现波动趋势，2001—2008 年呈下降态势，受金融危机的影响，2008 年达到这段期间的最低值。随着金融危机的好转，2009 年 RCA 指数开始回升，但 2009—2014 年 RCA 总体上是呈下降态势的，主要原因是：一方面来自国内其他省份的农产品出口竞争压力较大；另一方面和新疆农产品出口结构有关系，新疆出口农产品大多是以原料型的初级产品和低级的初级加工品为主，深加工率低，科技含量及附加值低，这使新疆农产品在出口竞争中的弊端逐渐显现和明显起来。

2）农产品出口贸易竞争力（TC）指数

贸易竞争力[①]指数能够反映相对于世界市场上由其他国家所供应的一种产品而言，本国生产的同种产品是否处于竞争优势及其程度。它是分析产业结构出口竞争力的有效工具，通过 TC 指数可以分析判定产业结构出口竞争力。这一指数的波动范围介于 -1 和 1 之间。TC 值越接近于 1，则表示该国的该产业越具有竞争力；TC 值为零，表明此类商品为产业内贸易商品，竞争力与国际水平相当；TC 值越接近 -1，则表示该国的该产业竞争力越弱；当 TC 值为 1 时，则表示该产业完全出口而不进口；当 TC 值为 -1 时，则表示该产业完全进口而不出口。本书采用国家农业部网站和乌鲁木齐市海关数据计算得出新疆和全国农产品 TC 指数对比，如图 2-2 所示。

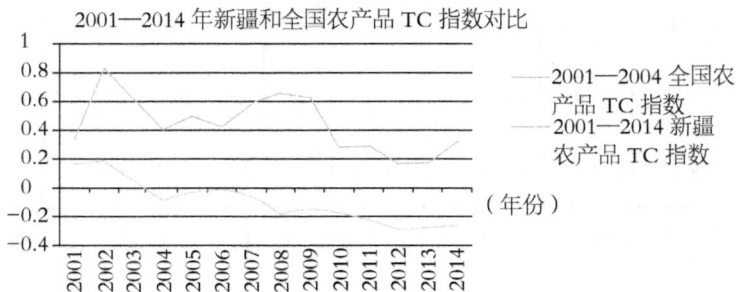

图 2-2　2001—2014 年新疆和全国农产品 TC 指数对比

资料来源：根据乌鲁木齐市海关数据（2001—2014）整理绘制而成。

---

① 表示一国（或地区）进出口贸易的差额占进出口贸易总额的比重。

从图 2-2 可知，从总体上看，2001—2014 年全国农产品 TC 值较小，说明中国的农产品竞争力较弱。其中，2004—2014 年全国农产品 TC 值全部为负值，说明此阶段中国是净进口国。而新疆历年 TC 指数均高于全国水平，说明新疆农产品较全国而言具有竞争优势。进一步分析，虽受金融危机的影响，且在世界各地的进出口贸易都受到较大的影响的情况下，2008 年和 2009 年这两年新疆农产品的 TC 值仍大于0.5，说明新疆的农产品具有较强的竞争优势；2010—2014 年新疆农产品的 TC 值处于 0~0.5 之间，说明新疆农产品具有一定的竞争优势。但2009—2012 年其 TC 指数有所下降，说明新疆农产品的竞争优势在逐步减弱，原因在于近年来新疆农产品的出口增速不如进口增速，但2012 年以后农产品的竞争优势又开始回升。

2.3 中亚国家农产品贸易市场潜力的定性分析

中亚 5 国包括哈萨克斯坦、乌兹别克斯坦、吉尔吉斯斯坦、塔吉克斯坦、土库曼斯坦，地处欧亚大陆结合部，地域广阔，资源丰富，总国土面积 400 万平方千米，总人口超过 6 000 万人。苏联时期，中亚 5 国在产业分工上主要以生产农畜产品为主，工业化程度低，经济发展基础比较落后。获得独立后，各国经济曾一度出现严重衰退，进入 21 世纪后，各国经济出现了程度不同的复苏，因受资源状况、产业结构、国内政策以及周边国际市场的影响，中亚 5 国经济发展差距开始逐步拉开。中国新疆和中亚 5 国类似，同为远离海洋的内陆地区，同属典型的大陆性气候，地理条件相似，地质结构相近，自然资源极为丰富，是中国向西开放的重要门户的桥头堡，在向西开放过程中具有重要的战略地位。同时，新疆又与哈萨克斯坦、吉尔吉斯斯坦、塔吉克斯坦等 3 国接壤，与土库曼斯坦、乌兹别克斯坦遥遥相望。与中亚开展农业贸易与合作，新疆具有明显的地缘优势。不仅如此，新疆还具有有利的口岸优势。目前，新疆拥有一类口岸 17 个、二类口岸 12 个，是全国口岸最多的省区之一。陆路边境口岸 15 个，其中与哈萨克斯坦 7 个，与吉尔吉斯斯坦 3 个，与塔吉克斯坦 1 个。与中亚 5 国运输线路最短的新疆霍尔果斯口岸与哈萨克斯坦最大城市阿拉木图仅 380 千米，其他口岸与相对应的较大城市也都在 200~500 千米。

2.3.1 中亚 5 国的农业资源禀赋与生产供给分析

1）农业生产条件分析

农业是中亚 5 国的传统主导产业。这一特征一方面与其自然资源条件适宜农业生产有关，另一方面在苏联时期的地区分工中，中亚国家主要以农业、矿产和石油资源开采加工业为主，形成了较为简单的产业结构。从中亚 5 国的农业生产条件来看，具有以下特点：

（1）光热资源丰富。中亚 5 国与中国新疆一样，位于远离海洋的内陆区域，是典型的大陆性干旱气候区。冬夏分明，冷热悬殊，夏季白天气温一般都在 27 摄氏度以上，日温差大。光照充足，年均日照时间为 2 000~3 000 小时，光热同季，十分有利于农作物生长和养分积累，尤其有利于优质粮棉、果品、花卉等的生长。在灌溉条件下农作物基本保收。

（2）土地资源丰富。中亚 5 国面积合计 400 万平方千米，其中耕地面积 3 241 万公顷，相当于中国耕地面积总量的 1/4，草地面积 2.5 亿公顷，相当于中国的 62.54%。人口密度 14.7 人/平方千米，仅为中国的 1/10。中亚 5 国有不少可耕地未被利用，如土地较多的哈萨克斯坦近年来农业用地在 1 500 万~1 800 万公顷，不到其耕地面积的 80%。

（3）水资源较为短缺。中亚 5 国的年降水量在 160~700 毫米，其中哈萨克斯坦和吉尔吉斯斯坦的降水较多，5 国的降水多集中在冬春两季，而且多在山区。中亚 5 国的人均水资源量均低于 8 000 立方米，虽高于中国人均 2 200 立方米的水平，但从整体上看属于缺水国家，对种植业形成一定的制约。中亚地区地表水分布极不平衡，地处锡尔河、阿姆河上游的吉尔吉斯斯坦和塔吉克斯坦两国拥有地表水资源分别占 43.4% 和 25.1%，超过整个中亚地区的 2/3。处于下游的乌兹别克斯坦、哈萨克斯坦和土库曼斯坦 3 国农牧业在其国民收入中占有相当大的比重，灌溉用水量较大，而这 3 国的地表水资源的总和才接近 1/3。中亚 5 国水资源在各国间的协调问题是关系中亚 5 国农业发展的重要问题。

（4）农业劳动力比重较大。5 国人口合计近 6 000 万，农村人口约占 40%，农业人口约占 1/4。每一农业劳动力平均拥有 5 公顷耕地和 39 公顷草场，土地富余的哈萨克斯坦每一农业劳动力平均拥有 18 公顷耕地和 149 公顷草场。

（5）农业资金投入不足。虽然中亚各国重视农业的程度在逐渐提高，但受经济转型即农业私有化改革和各国重点发展石油天然气工业、化学工业和矿产资源开采等重工业以及第三产业等经济发展战略的影响，农业投入体制不完善，农业信贷体制不健全，中亚 5 国普遍存在农业投入严重不足的现象。1999—2001 年，中亚各国农业得到农业外部支持的资金总额相当于各国 2003 年的 GDP 比例分别为：哈萨克斯坦 0.4%，吉尔吉斯斯坦 8.2%，塔吉克斯坦 5.2%，土库曼斯坦 0.004%，乌兹别克斯坦 0.58%。其中，吉尔吉斯斯坦和塔吉克斯坦的农业外部支持主要来源于联合国粮食及农业组织（The Food and Agriculture Organization of the United Nations，FAO）等国际组织的救济援助。

（6）农业生产技术相对落后。中亚 5 国的农业生产经营粗放，生产的现代化水平低。以农业的机械化程度为例，中亚 5 国 2012 年的农业不动产资产构成中[1]，农机所占的比重分别为：哈萨克斯坦 3%，吉尔吉斯斯坦 8%，塔吉克斯坦 3%，土库曼斯坦 3%，乌兹别克斯坦 4%。

2）中亚 5 国农业生产现状

中亚国家由于社会经济基础和农业生产条件不同，各国农业生产和农产品供给存在差异，哈萨克斯坦、乌兹别克斯坦耕地面积多，在粮食、棉花等土地密集型农产品生产上具有比较优势。蔬菜生产以露地大田蔬菜为主，基本可以满足夏秋季需求，但品种较少，反季节蔬菜供给严重不足。中亚国家主要生产温带水果，产量低，供需缺口大。中亚各国畜牧业发展有良好的基础，以生产牛、羊及皮、毛、奶等为主，食用畜产品特别是肉类和禽蛋均供给不足，奶产品相对自给率较高，皮、毛等非食用畜产品具有优势。水产产业发展滞后。

---

[1] 此处数据是在进行相关研究时从不同渠道（海关、相关国家大使馆网站、相关部委官方网站等）综合获得，资料成书时难以进一步更新，特此说明。

农业以种植业和畜牧业为主。在种植业方面，主要以粮食（小麦、玉米和水稻）、油料和棉花这三类土地密集型产品为主，其他较重要的作物是甜菜及蔬菜瓜果。中亚 5 国都普遍重视粮食生产，强调粮食自给。目前，哈萨克斯坦能够大规模出口谷物，小麦出口占农产品出口的71.3%；乌兹别克斯坦和土库曼斯坦粮食基本自给；吉尔吉斯斯坦需要进口约 5%的谷物；塔吉克斯坦一直是缺粮的贫困国家，被联合国列为救援国家。中亚 5 国的小麦产量占全球的 3.2%，其中哈萨克斯坦和乌兹别克斯坦列全球小麦生产国第 15 位和 24 位。中亚 5 国是世界重要的棉花产区之一，棉花播种面积占世界总播种面积的 7.21%，占世界棉花产量的 7.5%。棉花是乌兹别克斯坦、土库曼斯坦和塔吉克斯坦农业的支柱产业，分别列世界产棉量第 6、11 和 14 位。乌兹别克斯坦的棉花种植面积自 1992 年至今平均保持在 150 万公顷左右，播种面积占同期世界棉花播种总面积的 5%；棉花质量上乘，以中绒陆地棉和长绒棉为主，是世界上唯一生产棉花而无现代化纺织工业的国家。塔吉克斯坦的棉花产业与铝产业并列为国内两大支柱产业。棉花也是吉尔吉斯斯坦和土库曼斯坦的主要农产品和出口商品。

中亚各国蔬菜瓜果生产量不能满足国内需求，依赖进口。但近几年蔬菜瓜果产量增长较快，自 2004 年起，除土库曼斯坦外，其他 4 国的果蔬产品已由进口转为出口。

中亚 5 国畜牧业历史悠久，畜牧业以养羊、养牛、养马为主，养蚕和养禽也占一定的比例，是苏联时期的主要畜产品生产区域。例如，在苏联时期，乌兹别克斯坦的羊羔皮产量占 2/3，生丝和蚕茧的产量均占到 1/2。土库曼斯坦的羊毛及其地毯制造业和蚕茧产量较高，占有重要地位。独立以来，以前的大型专业化国营农场、集体农庄和其他农业企业基本都进行了私有化改革。近几年，中亚各国畜牧业呈上升趋势，主要的畜产品有鸡蛋、肉类、牛奶、羊毛和蚕丝等。其中，羊毛和蚕丝是土库曼斯坦、乌兹别克斯坦、哈萨克斯坦和吉尔吉斯斯坦的主要出口商品。

2.3.2 中亚农产品市场需求潜力分析

1）市场规模和容量分析[①]

从理论上讲，市场潜力可用一个国家经济发展水平和发展速度来反映。一个国家的人口数量是衡量该国市场规模和容量的一个基本指标。购买力是影响市场规模的重要因素，由影响销售潜力的三个因素组成，分别为人口或人口结构、个人或家庭收入、商品零售额。

自 2006 年以来，中亚 5 国经济均不同程度增长，土库曼斯坦和乌兹别克斯坦的经济增长尤为突出：2006 年到 2015 年的 10 年间，土库曼斯坦 GDP 平均保持 10.48%的增长率，仅 2009 年、2010 年和 2015 年三个年份的增长率低于 10%，金融危机期间态势基本良好，且复苏迅速；乌兹别克斯坦在这 10 年间 GDP 的平均增长率达到 8.34%，仅 2006 年低于 8%，2007 年达到最高值 9.5%。

2015 年，中亚 5 国人口总数为 6 984 万人，其中乌兹别克斯坦为 3 102 万人，其余国家人口较少，如表 2-11 所示。预计到 2035 年，中亚 5 国总人口将接近 8 000 万，比 2005 年增长 38.2%，特别是塔吉克斯坦，人口年平均增长率将高达 10% 以上。可见，中亚 5 国是一个规模不断扩大的市场。

2015 年哈萨克斯坦的最低月工资标准比 2014 年上涨了 7%，2016 年 1 月，哈萨克斯坦人均月工资约合 355 美元，2016 年 1 月起哈萨克斯坦各领域普遍上调工资，平均涨幅达到 30.4%；2015 年吉尔吉斯斯坦人均月工资约合 202 美元，同比上涨 9%；2015 年塔吉克斯坦人均月工资约合 114 美元，同比增长 6.4%，2016 年 7 月起，塔吉克斯坦政府预算内各部门工资普遍上涨，平均涨幅达到 22%，最低月工资标准上调了 60%；土库曼斯坦的最低月工资约合 168 美元，2015 年大中型企业工资增长 9.5%，2016 年起其他部门普遍上调工资，平均涨幅达到 10%；2015 年乌兹别克斯坦最低月工资约合 50 美元，2016 年起各部门月工资普遍上调，平均涨幅达到 15%，居民实际收入水平提高 9.5%。此外，自

---

① 此处数据是从多个地方零星获得，主要以 2012—2015 年为主，进一步的数据获取困难。

表 2-11　中国、俄罗斯及中亚 5 国社会经济指标（以 2015 年统计数据为主）

指标	中国	俄罗斯	哈萨克斯坦	吉尔吉斯斯坦	塔吉克斯坦	乌兹别克斯坦	土库曼斯坦
面积（万平方千米）	960	1 707.55	272.49	19.99	14.31	44.74	49.12
人口（百万人）	1 374.62	142.53	17.61	6.02	8.35	31.02	6.84
GDP（亿美元）	113 847.63	12 358.58	1 950.05	65.72	71.00	676.55	491.91
GDP 年增长率（%）	6.9	-3.7	1.0	3.5	6.0	8.0	6.5
人均 GDP（美元）	8 016	8 964	1 0524	1 154	938	2 173	8 354
人均 GDP 增速（%）	6.3	-35.58	-1.2	-0.5	4.2	4.9	7.0
贫困人口比重（%）	4.06	13.47	2.5	37	32	—	—

资料来源：根据世界银行数据库网站（http://databank.shihang.org）、俄罗斯国家统计局网站以及亚洲开发银行网站相关数据整理得出。

中亚 5 国建国以来，各国社会商品零售总额都在逐年提高，中亚 5 国国内消费结构逐渐优化。但由于发展的局限性，中亚 5 国多数商品还依赖于进口补充，而新疆在食品、轻工业产品等产业上具有明显优势，可以成为中亚国家消费品稳定的供应方。

此外，新疆与中亚国家在民族构成、文化、语言、风俗习惯、宗教信仰、社会制度及经济制度的变迁方面有着共同的特征，如表 2-12 所示。哈萨克族既是中亚国家的主要民族之一，也是新疆主要的少数民族，俄罗斯族、塔吉克族在新疆都有一定的人数基础，维吾尔族虽不是中亚 5 国的主要民族，但在各国都有一定数量分布。文化的认同感在新疆与中亚有着深厚的历史积淀，文化的相似性使得区域间的需求结构具有相似性，按照需求相似理论，同一产品在新疆建立贸易基地或加工基地可以同时面对两个市场，这便可以将中国内地与中亚通过新疆联结起来。

2）消费规模与结构分析

中亚各国居民食品消费结构中，谷物产品消费占 50%，动物性产品消费占 20%。居民对肉、奶等畜产品加工品有特殊的消费偏好。但中亚 5 国食品加工业发展严重滞后，畜产品主要以未加工产品为主，加工产品少，畜产品加工品主要依赖进口。由于新疆与中亚农产品贸易主要以

表 2-12　　中国新疆与俄罗斯、中亚 5 国主要民族、语言及宗教的共同之处

共同之处	中国新疆	俄罗斯	哈萨克斯坦	吉尔吉斯斯坦	塔吉克斯坦	土库曼斯坦	乌兹别克斯坦
共同民族							
维吾尔族	√		√				
哈萨克族	√	√	√			√	√
俄罗斯族	√	√	√	√	√	√	√
塔吉克族	√				√		√
吉尔吉斯族				√			√
土库曼族						√	
乌孜别克族	√		√	√	√	√	√
国语/官方语言	汉语	俄语	哈萨克语 俄语	俄语	塔吉克语 波斯语	土库曼语	乌兹别克语
共同宗教	伊斯兰教 佛教	伊斯兰教	伊斯兰教 佛教	伊斯兰教	伊斯兰教	伊斯兰教	伊斯兰教

资料来源：根据中国驻中亚各国大使馆网页及网络（以百度百科为主）资料整理而得。

果蔬为主，占比达到 30%以上。同时，由于资料的可获得性，中亚国家对农产品的消费规模结构分析以果蔬类产品为范例进行，如表 2-13 所示。

表 2-13　　2008—2013 年中亚国家及俄罗斯果蔬表面消费量①　　　　单位：吨

国家	表面消费量	国内生产量	进口量	出口量
俄罗斯	27 003 463	17 457 137	9 992 608	446 282
哈萨克斯坦	4 196 775	3 786 892	645 969	236 086
吉尔吉斯斯坦	949 137	1 171 889	64 366	287 118
乌兹别克斯坦	9 367 818	9 772 290	14 232	418 704
土库曼斯坦	1 369 776	1 318 727	52 941	1 891
塔吉克斯坦	1 745 071	1 862 953	53 078	170 960

资料来源：根据 FAO 数据库相关资料整理得出。

———————

① 均采用 2008—2013 年的平均数据计算得出。表面消费量=国内生产量+进口量−出口量。

从近几年中亚国家的果蔬表面消费量来看，俄罗斯年消费果蔬 2 700 万吨，接下来是乌兹别克斯坦、哈萨克斯坦等国，年消费果蔬农产品保持在 100 万吨以上；较少的是吉尔吉斯坦，年均果蔬表面消费量仅 95 万吨。

3）市场竞争结构分析

从贸易对象来看，中亚 5 国最主要的贸易伙伴是俄罗斯，同俄罗斯进出口额一般都占各国的进口和出口的 30% 左右。其他重要的贸易伙伴在欧洲和亚洲。欧洲的贸易国主要有瑞士、英国、德国、意大利和法国，亚洲主要有韩国、伊朗、土耳其和中国。中国是中亚 5 国重要的贸易伙伴，近年来双边贸易增长迅速，如表 2-14 所示。

表 2-14　**2001 年与 2010 年上合组织成员国贸易伙伴排名比较**

国别	2001 年贸易伙伴	2010 年贸易伙伴
俄罗斯	德国、白俄罗斯、乌克兰、意大利、美国	中国、荷兰、德国、意大利、乌克兰
哈萨克斯坦	俄罗斯、意大利、德国、瑞士、美国	俄罗斯、中国、意大利、法国、荷兰
吉尔吉斯斯坦	俄罗斯、意大利、乌兹别克斯坦、中国、哈萨克斯坦	俄罗斯、哈萨克斯坦、中国、瑞士、美国
塔吉克斯坦	乌兹别克斯坦、俄罗斯、荷兰、哈萨克斯坦、土耳其	俄罗斯、哈萨克斯坦、中国
土库曼斯坦	俄罗斯、中国、白俄罗斯、乌克兰、土耳其、伊朗	中国、土耳其、伊朗
乌兹别克斯坦	俄罗斯、韩国、乌克兰、哈萨克斯坦、美国	俄罗斯、哈萨克斯坦、中国、韩国、土耳其

资料来源：根据中国海关网、乌鲁木齐海关相关资料整理得出。

从新疆周边国家果蔬农产品进口市场占有率来看，俄罗斯和塔吉克斯坦的果蔬进口市场占有率也很高，均超过 50%；哈萨克斯坦、吉尔吉斯斯坦、印度、巴基斯坦和伊朗的果蔬进口市场占有率一般，均在 25% 以上；较低的是乌兹别克斯坦，为 13.55%；最低的是土库曼斯坦，不到 5%。俄罗斯和塔吉克斯坦的果蔬进口市场开放程度较高，进口市场的竞争力较强；哈萨克斯坦、吉尔吉斯斯坦等国的进口市场开放程度较低，进口果蔬的市场竞争力较弱。

从新疆周边国家果蔬进口市场中新疆市场占有率看，这些国家从新疆进口的果蔬产品占总进口的比例都十分小，均不超过 5%。最高的是哈萨克斯坦和吉尔吉斯斯坦，进口新疆果蔬占其果蔬进口市场的比例分别为 3.08% 和 4.60%，如表 2-15 所示。由此可见，与其他果蔬出口竞争对手相比较，新疆果蔬农产品出口竞争力较弱，如表 2-15 所示。

表 2-15　　　2008—2013 年新疆周边国家果蔬进口市场

占有率和新疆市场占有率（%）[①]

国家	进口市场占有率	新疆市场占有率
俄罗斯	50.31	0.07
哈萨克斯坦	33.90	3.08
吉尔吉斯斯坦	33.83	4.60
乌兹别克斯坦	13.55	0.01
土库曼斯坦	4.24	0.01
塔吉克斯坦	50.05	0.14

资料来源：根据 FAO 数据库和乌鲁木齐海关统计数据库整理得出。

4）宏观经济发展状况分析

如表 2-16 所示，从 2015 年的情况来看，哈萨克斯坦的人均 GDP 最高，超过 1 万美元，俄罗斯接近 9 000 美元，土库曼斯坦略低于俄罗斯，超过 8 000 美元，乌兹别克斯坦刚刚超过 2 000 美元，其余国家均在 2 000 美元以下。从人均 GDP 这一指标来看，哈萨克斯坦、俄罗斯和土库曼斯坦的经济创造力强，消费需求旺盛，其余诸国消费需求相对较弱，尤其是塔吉克斯坦人均 GDP 尚不足千美元，消费需求较差。

[①]　进口市场占有率和新疆市场占有率均采用了 2008—2013 年的平均数据计算得出。因数据零散，获取困难，难以进一步更新。

表 2-16 2015 年中亚、俄罗斯国家经济状况

国家	人均GDP（美元）	通货膨胀率（%）	失业率（%）
俄罗斯	8 964	12.9	8.0
哈萨克斯坦	10 524	13.6	5.1
吉尔吉斯斯坦	1 154	3.9	2.2
乌兹别克斯坦	2 173	9.0	5.0
土库曼斯坦	8 354	6.0	10.0
塔吉克斯坦	938	6.7	2.5

资料来源：根据世界银行数据库、联合国（UN）数据库相关资料整理得出。

从 2015 年通货膨胀的指标来看，俄罗斯和哈萨克斯坦两国的通货膨胀率较高，超过了 10%，其余 4 国均在 10%以内，其中吉尔吉斯斯坦的通货膨胀率控制较好，仅为 3.9%。从这一指标来看，俄罗斯和哈萨克斯坦国内市场价格稳定性较差，乌兹别克斯坦、土库曼斯坦和塔吉克斯坦国内市场价格略有浮动，吉尔吉斯斯坦国内市场价格相对稳定。

从 2015 年失业率的指标来看，土库曼斯坦的劳动力短缺，但失业率并不低，达到了 10%；哈萨克斯坦和乌兹别克斯坦两国的失业率接近，吉尔吉斯斯坦和塔吉克斯坦两国的失业率较低，而俄罗斯的失业率也维持在 8%左右这个较高的水平。因此，从失业率的角度来看，哈萨克斯坦和乌兹别克斯坦的消费者收入比较稳定，吉尔吉斯斯坦和塔吉克斯坦两国消费者收入十分稳定，土库曼斯坦和俄罗斯的消费者则因较高的失业率而导致收入相对不稳定，而购买力也会相对较低。

2.3.3 中亚国家市场进入障碍分析

1）汇率（外币兑人民币）

从 2008—2014 年新疆周边国家货币兑换人民币汇率的平均变化率可以看出，周边 11 国的货币对人民币有贬值的迹象，贬值幅度的差异也较大，如表 2-17 所示。可见，人民币对外呈现快速升值的态势，这对新疆的农产品出口贸易发展有一定的阻碍。

表 2-17 　　　新疆周边国家货币兑换人民币的汇率变化情况①

国家	2008年	2009年	2010年	2011年	2012年	2013年	2014年	年均汇率变化率
俄罗斯	29.72	23.17	22.70	21.56	20.26	19.44	16.27	−8.25%
哈萨克斯坦	5.92	5.52	4.54	4.42	4.16	4.01	3.39	−7.66%
吉尔吉斯斯坦	20.19	17.29	15.46	14.04	13.41	12.78	11.57	−7.65%
乌兹别克斯坦	0.56	0.49	0.45	0.40	0.33	0.29	0.26	−10.38%
土库曼斯坦	238.88	239.91	231.66	221.74	221.17	217.21	215.55	−1.46%
塔吉克斯坦	199.71	196.78	155.94	149.95	132.33	129.93	124.64	−6.51%

资料来源：根据 OANDA 汇率查询网（http://www.oanda.com/）相关资料整理得出。

2）关税

从新疆周边国家的蔬菜和水果的平均进口关税税率可以看出，各国对果蔬农产品的关税壁垒的差异比较大。蒙古、塔吉克斯坦、吉尔吉斯斯坦和阿富汗的果蔬农产品的进口关税比较低，在 25%及以下；哈萨克斯坦和巴基斯坦的关税税率比较高，分别是 47%和 67%；印度、俄罗斯、伊朗和乌兹别克斯坦对果蔬农产品的关税很高，均达到了 100%及以上，乌兹别克斯坦甚至达到了 230%，如表 2-18 所示。由此可见，蒙古、塔吉克斯坦、吉尔吉斯斯坦和阿富汗对果蔬农产品的关税壁垒比较小，印度、俄罗斯、伊朗和乌兹别克斯坦的关税壁垒相对较高。

3）地理距离

地理距离是指两国之间的绝对距离（千米），本书取新疆首府乌鲁木齐市到各国的首都之间的绝对距离。从地理距离可以看出，新疆虽然与其中 8 国毗邻，但距这些国家的距离都在 1 000 千米以上，如表 2-18 所示。吉尔吉斯斯坦是距新疆最近的国家，为 1 053.21 千米；

---

　　① 汇率值表示 100 外币兑换人民币的数额，汇率值越小，表示外币贬值得越严重，越不利于新疆的出口，新疆的出口障碍就越大。

表 2-18　　新疆周边国家市场进入障碍指标——关税、地理距离

国家	关税（%）	地理距离（千米）
阿富汗	25	1 884.71
巴基斯坦	67	1 899.96
俄罗斯	134	3 727.93
哈萨克斯坦	47	1 459.23
吉尔吉斯斯坦	20	1 053.21
乌兹别克斯坦	230	1 522.36
蒙古	15	1 559.65
土库曼斯坦	—	2 523.48
伊朗	200	3 388.79
印度	100	1 924.88
塔吉克斯坦	15	1 672.74

资料来源：根据 http：//stat.wto.org 和 http：//www.mapcrow.info/相关资料整理得出。

接下来是哈萨克斯坦、乌兹别克斯坦、蒙古、塔吉克斯坦、阿富汗和巴基斯坦，这些国家和新疆的距离在 1 500 千米左右。以上这些国家与新疆的距离较近，不仅在运输成本上大大节省了，而且在文化、历史、饮食风俗等方面都比较接近，这对新疆的果蔬贸易起到一定的促进作用。俄罗斯、土库曼斯坦和伊朗距新疆的距离相对较远，在运输方面的成本优势相对较弱；而印度虽与新疆毗邻，但由于中印在新疆的交界处目前还是领土争议区，尚不能流通贸易，新疆若出口印度必须绕道内地海关，这在很大程度上阻碍了新疆与印度的贸易往来。因此，从地理和物流成本角度看，新疆与中亚的运输成本相对是比较低的。

4）欧亚经济联盟的共同关税

自 2011 年 11 月俄白哈关税同盟运行后，3 国实行统一的关税税率，哈萨克斯坦为此对外上调了 5 044 种商品的进口税率，占比达 32%，对中国进口的大部分新鲜蔬菜类、水果类商品计征税费率大幅提

高，农产品出口形势不容乐观。哈萨克斯坦主要农产品税率征收标准调整情况如表 2-19 和表 2-20 所示。

表 2-19　　　　蔬菜类农产品税率征收标准调整前后表（%）

品种	马铃薯	番茄	洋葱	蒜头	卷心菜	黄瓜	茄子	蘑菇	辣椒
调整前	17	62	31	163	21	62	79	105	62
调整后	60	160	140	141	61	131	163	140	120

资料来源：根据中国驻哈萨克斯坦大使馆网站相关资料整理得出。

表 2-20　　　　水果类农产品税率征收标准调整前后表（%）

品种	橘子	橙子	菠萝	葡萄	苹果	猕猴桃
调整前	65	83	105	95	62	106
调整后	105	130	115	140	61	126

资料来源：根据中国驻哈萨克斯坦大使馆网站相关资料整理得出。

与埃及、新西兰、波兰等出口哈萨克斯坦果蔬的国家相比，新疆生产出口的果蔬全部是初级产品，精深加工基本上是空白，产品附加值低，加之关税上升，果蔬原有的价格优势基本消失。同时，俄罗斯和哈萨克斯坦两国还统一了通关程序和商品检验检疫标准，不但增加了果蔬出口的报关难度，而且对农产品的质量提出了更高的要求。哈萨克斯坦对进口货物通关按品种分类征税缴税，并单方面把协议中的总车吨位做了限制，超出限重即做退运处理，影响中国边境小额贸易混装货物的出口。通关时间延长，装车时间增加，导致消耗增加、费用上涨，对果蔬类产品出口造成很大的影响。今后，哈萨克斯坦必将注重利用关税同盟的有利条件，加大从俄罗斯和白俄罗斯两国进出口商品的比重，在一定程度上削弱了新疆出口农产品的市场竞争力。

2.4　基于贸易引力模型的新疆农产品出口潜力分析及预测

从现状分析上看，新疆农产品出口市场以中亚国家为主，新疆与中亚国家开展农产品贸易不管是在地缘、文化，还是消费习惯等方面都具有优势。近年来随着中亚国家经济不断发展，人口不断增加，中亚国家的市场规模不断扩大，因此，研究新疆农产品贸易市场潜力对扩大新疆农产品出口意义重大。

2.4.1 新疆农产品出口市场的贸易引力模型构建及数据说明

最基本的国际贸易引力模型的自然对数形式一般表述为：

$$\ln X_{ij} = \alpha_0 + \alpha_1 \ln Y_i + \alpha_2 Y_j + \alpha_3 \ln(Y_i/POP_i) + \alpha_4 \ln(Y_j/POP_j) + \alpha_5 \ln D_{ij} + \mu_{ij}$$

根据本书的研究目的，通过引入新的解释变量，得到扩展的引力模型方程为：

$$\ln X_{ij} = \alpha_0 + \alpha_1 \ln Y_j + \alpha_2 \ln\left(\frac{Y_j}{POP_j}\right) + \alpha_3 \ln D_{ij} + \alpha_4 \ln AL_j + \alpha_5 \ln IIT + \alpha_6 A_{ij} +$$
$$\alpha_7 RTA + \alpha_8 WTO + \alpha_9 SCO + \alpha_{10} CIS + \mu_{ij}$$

其中，因变量 X_{ij} 为 i 国对 j 国的出口额（百万美元），关于解释变量的含义、对因变量的理论预测影响（预期符号）及说明参见表 2-21。

表 2-21　　　　　　　　解释变量的含义、预测影响及说明

解释变量	含义	预期符号	理论说明
Y_j	进口国 j 的名义国内生产总值（百万美元）	+	反映了一国或地区的进口需求能力，经济规模总量越大，潜在的进口能力越强，进而双边的贸易流量也越大
Y_j/POP_j	进口国的人均国内生产总值（美元），POP_j 为进口国的人口数（百万人）	+	代表进口国或地区的经济发展水平，随着人均收入增长，对进口需求数量和反映规模经济的差异产品的进口品种数都会提高
D_{ij}	两国之间的绝对距离（千米）	−	通常代表运输成本的高低，从而成为阻碍贸易的重要因素
AL_j	农业用地，指耕地、永久性作物和永久性牧场用地的比例	−	农业用地指数通常能说明该国对进口农产品的需求

续表

解释变量	含义	预期符号	理论说明
IIT	出口国人均 GDP 之差的绝对值	−	表示由人均收入水平决定的双方需求水平的接近程度，从而反映所谓的"林德效应"，即是否有重叠的代表性需求，在一定程度上说明了两国的产业内贸易状况。该值越小，说明代表性需求越容易发生重叠，于是产业内贸易产生的可能性越大
A$_{ij}$	虚拟变量，表示是否拥有共同的边界，是取 1，否则取 0	+	当贸易双方拥有共同的边界时，贸易成本将大幅度下降，双边贸易流量因而会明显增加
RTA	虚拟变量，当两国属于同一自由贸易区时取 1，否则取 0	+	当两国属于同一自由贸易区时，由于优惠贸易安排的贸易创造，相应双边贸易流量会上升
WTO	虚拟变量，同属于世界贸易组织取 1，否则取 0	+	当双方同属于某一贸易集团时，由于优惠贸易政策的存在，双边贸易流量会上升
SCO	虚拟变量，同属于上海合作组织取 1，否则取 0	+	区域合作组织内部经济合作机制将促使双边贸易流量增加
CIS	虚拟变量，表示伙伴国是否是独联体国家，是则取 1，否则取 0	+	独联体国家间经济往来、分工强于非独联体国家，因此其贸易流量也大于与其他国家贸易，预期符号为正

1）样本及数据来源

本书研究的是中国新疆农产品出口情况，如果是基于某一年度的截面数据，样本容量较小，所以选取的是 2008—2012 年中国新疆与周边国家农产品贸易额的面板数据，在数据的时间选择上，由于 2013—

2015 年数据一直不全，所以选择了至 2012 年的完整数据。所选择的样本国家有：哈萨克斯坦、吉尔吉斯斯坦、俄罗斯、塔吉克斯坦、乌兹别克斯坦、巴基斯坦、蒙古、德国、阿富汗、土库曼斯坦、英国、阿塞拜疆、罗马尼亚、意大利、土耳其、马来西亚、日本、希腊、越南。2008—2012 年，这些国家占新疆农产品出口贸易份额的 98%以上。因此，选择这些国家作为新疆农产品出口市场结构引力模型的样本具有很强的代表性。

2）关于农产品的定义及数据来源

模型中所出现的变量的各自含义及具体的说明如表 2-21 所示。

FAO 对农产品作了如下定义：农产品是指食用及非食用农作物、畜产品、加工食品、水产品及加工品、林产品及加工品等。FAO 的农产品统计分三部分：（1）农产品，包括所有食用及非食用农作物、畜产品及加工食品；（2）水产品及其加工品；（3）林产品及其加工品，包括纸浆和纸。本书根据 FAO 对农产品的定义以及新疆出口农产品贸易的实际情况，采用海关出口商品 HS 分类数据，选取了 01—24，29，33，35，38 章的商品作为本书研究的农产品范围。农产品贸易额数据来源于新疆海关统计网数据库（http：//urumqi1.customs.gov.cn/tabid/47441/Default.aspx）。新疆 GDP 数据来源于《新疆统计年鉴》。贸易国的 GDP、人均 GDP 和人口数量来自联合国 National Accounts Main Aggregates Database。新疆乌鲁木齐与贸易国首都之间的直线距离的数据来自 mapcrow（距离计算网，http：//www.mapcrow.info/）。贸易国农产品生产指数、农业用地的数据来自世界银行（http：//data.worldbank.org.cn/）。各国加入 WTO、SCO 和独联体的情况来源于 WTO 官方网站、上海合作组织官方网站以及维基百科。

2.4.2 新疆农产品出口市场结构引力模型的回归结果

本书通过统计软件 SPSS Statistics 19 对引力模型进行回归分析，采用"后向法"对解释变量显著性进行筛选，即从全方程回归开始连续每次减少一个没有通过检验的变量，标准是 T 统计值不显著且最小，这样直到新方程中所有变量回归系数的 T 值都是显著的。

回归分析后，得到方程1，拟合度较高，但调整后的 R² 值较低，同时 F 值检验不显著，各变量都无法通过 T 检验，这个结果出乎预料，因为这与引力模型的设计思路是不吻合的。自 Tinbergen 提出引力模型以来，地理距离对贸易的影响在多年来的实证分析中得到了普遍的证实，已成为一个被各国经济学者普遍认可的共识。在经过进一步的研究之后，本书认为出现此问题既不是引力模型的错误，也不是分析的数据有误，而是新疆农产品出口贸易所具有的独特性所造成的，可能是由于新疆农产品主要出口国的经济发展水平普遍不高，而部分新疆农产品并不是从新疆出口，而是转销内地沿海发达地区再出口。

再次经过回归分析后，得到方程2。GDP 在诸变量的 T 检验中不显著，故将其剔除，而人均 GDP 这一变量不但包含了各国经济发展水平因素，而且也纳入了各国人口这一内生变量，故保留。WTO 这一因素也未通过显著性检验，故剔除。

再次经过回归分析后，得到方程3。拟合优度通过检验，人均GDP 差异、自由贸易区 T 检验中不显著，无法通过检验，故将其剔除。

从表 2-22 第四列的回归结果可以看到，方程的可决系数得到了一定程度的提高，几乎所有的变量都表现出了显著性。方程4为新疆农产品贸易出口贸易流量的实证模型。

对新疆农产品出口市场结构引力模型的结果，进行分析，得出以下影响因素：

（1）反映经济规模的指标人均 GDP 对双边贸易流量影响显著，进口国人均 GDP 的增长对新疆农产品的出口起到促进作用。进口国人均 GDP 增加 10% 会使得新疆农产品出口额提升 0.39%。这一变量对新疆农产品出口份额的影响是正向的，说明在新疆农产品出口市场的选择上，既要重视发达国家的市场，也要兼顾经济发展较快的发展中国家的市场。

（2）共同边界对新疆农产品的出口具有显著的促进作用。其中新疆与中亚国家边境贸易非常发达，边境接壤意味着新疆与周边国家的铁路、公路运输相对便利，农产品又属于时鲜产品，对运输时效的要求很高，所以边境贸易额占新疆农产品出口总额的半壁江山，个别年份超过八成。

表 2-22　　　**新疆农产品出口市场结构引力模型的检验结果**[①]

	基本回归方程1	方程2	方程3	方程4
常数项	4.263（0.591）	4.722（0.844）	1.066（0.215）	3.070（1.023）
Ln Y$_j$	3.147（1.194）	3.008（1.395）		
Ln Y$_j$/Pop$_j$	0.558（1.163）	0.530（1.348）	0.396（1.037）	0.390（1.815）*
Ln D$_{ij}$	−0.095（−0.093）			
Ln IIT	−3.318（−1.238）	−3.054（−1.426）	−0.117（−0.371）	
A$_{ij}$	2.497（2.286）	2.524（2.633）	2.250（2.461）	2.939（4.452）***
Ln AL$_j$	1.499（1.970）	1.493（2.250）	1.087（1.902）	1.089（2.339）**
RTA	1.899（1.279）	1.878（1.495）	1.296（1.128）	
WTO	−0.583（−0.666）	−0.540（0.759）		
SCO	3.391（2.233）	3.265（4.438）***	3.057（4.537）***	3.229（5.076）***
CIS	−0.163（−0.112）			
调整R^2	0.781	0.824	0.824	0.831
F值	7.420	11.561	15.067	23.183
DW值	1.414	1.444	1.633	1.899

（3）进口国的农业用地指数对新疆农产品的出口具有显著作用，但结果与预期符号相反，可能是由于新疆周边国家农业用地有限，且经常受到自然灾害的影响，即使农业用地指数不断增加，依旧难以满足国内的需求总量。所以，农业用地指数在一定程度上也反映了国内农产品需求激增的现象。

（4）SCO 显著通过检验，说明区域经济一体化对区域内贸易有重要的促进作用。自 2001 年上海合作组织正式成立，到 2012 年上合组织经贸领域的合作得到全面发展，中国与成员国的合作关系对新疆农产品出口有极大的推动作用。

2.4.3　新疆农产品出口市场贸易潜力分类分析

为了进一步分析新疆与各国在农产品贸易上的发展空间，本书接下

---

① 括号内为 t 统计值。***为 1%的显著水平；**为 5%的显著水平；*为 10%的显著水平。

来测算新疆对主要出口国的农产品出口潜力。对出口潜力的计算是运用所构建的引力模型估算出新疆对不同国家的出口预测值，然后将一国的实际出口水平与预测值进行比较。如果实际值高于预测值，就称为"贸易过度"；反之，则属于"贸易不足"。

根据刘青峰和姜书竹（2002）对贸易潜力的分类标准，实际值与理论值的比值大于或等于1.2，则属于"潜力再造型"，要培育新的因素才能促进贸易发展；比值在0.8和1.2之间，则属于"潜力开拓型"，双边贸易还有扩大的空间；比值小于0.8，则属于"潜力巨大型"，双边贸易还具有很大提升空间。

利用方程估计的系数测算出新疆与各贸易伙伴国的农产品出口贸易潜力，具体如表2-23所示。

第一，潜力再造型。属于这一类型的国家有土库曼斯坦、德国、巴基斯坦、吉尔吉斯斯坦、乌兹别克斯坦、俄罗斯和阿塞拜疆。这些国家的 T/T' 值都大于1.2，表明这些国家从新疆进口农产品超出预测进口的1倍以上，对于这一类国家，应该大力培育新的推动农产品贸易发展的因素。

第二，潜力开拓性。属于这一类型的国家有马来西亚、英国和日本。日本属于典型的以进口为导向的国家，国内资源相对短缺，进口需求较大，但是日本对进口的食品，特别是针对水果蔬菜设立了较高的贸易壁垒，如环境贸易壁垒，因此新疆农产品的出口潜力尚未完全发挥，为此应继续发挥原有积极因素，提升质量安全水平，加大对农产品的深加工，提高科技含量，促进农产品贸易的发展。

第三，潜力巨大型。属于这一类型的国家有阿富汗、哈萨克斯坦、蒙古、土耳其、意大利、越南、塔吉克斯坦和希腊。说明新疆农产品出口到这8个国家的潜力非常大，特别是中国与阿富汗、哈萨克斯坦、蒙古和塔吉克斯坦接壤，农产品出口的可能性更大，但可能存在交通运输不便以及一些贸易壁垒，因此应尽量排除障碍，加强合作关系，积极发展贸易。

小结：通过构造引力模型对新疆农产品出口影响因素进行分析，得到4个主要影响因素：进口国的人均GDP、共同边界、进口国的农

表 2-23　　**新疆农产品出口市场潜力测算（2008—2013）**

	实际值	预测值	T/T′
哈萨克斯坦	68 208.93	98 218.51	0.69
吉尔吉斯斯坦	54 021.07	27 399.77	1.97
俄罗斯	23 102.85	15 104.53	1.53
塔吉克斯坦	3 833.10	14 758.43	0.26
乌兹别克斯坦	3 561.75	1 937.30	1.84
巴基斯坦	2 502.55	674.75	3.71
蒙古	1 438.77	2 305.72	0.62
德国	755.02	198.76	3.80
阿富汗	739.26	930.58	0.79
土库曼斯坦	736.24	144.39	5.10
英国	301.82	295.17	1.02
阿塞拜疆	186.76	123.90	1.51
罗马尼亚	169.38	134.65	1.26
意大利	81.93	179.37	0.46
土耳其	67.29	121.50	0.55
马来西亚	58.44	54.42	1.07
日本	43.99	48.10	0.91
希腊	39.29	209.65	0.19
越南	12.30	39.54	0.31

业用地指数、上海合作组织的参与。进口国人均 GDP 的增长对新疆农产品的出口起到促进作用，进口国人均 GDP 增加 10%会使得新疆农产品出口额提升 0.39%；共同边界对新疆农产品的出口具有显著的促进作用，边境贸易在新疆农产品贸易中占有很大的比重；进口国的农业用地指数对新疆农产品的出口具有显著作用，但结果与预期符号相反，可能是由于新疆周边国家农业用地有限，且经常受到自然灾害的影响，即使农业用地指数不断增加，依旧难以满足国内的需求总量；SCO 显著通过检验，说明区域经济一体化对区域内贸易有重要的促进作用。

在分析影响因素的基础上，利用引力模型测算新疆农产品出口市场的潜力。结果表明，新疆对阿富汗、哈萨克斯坦、蒙古、土耳其、意大利、越南、塔吉克斯坦和希腊 8 国的农产品出口潜力巨大，有很大的发展空间；对马来西亚、英国和日本的农产品出口潜力属于开拓型，需创造条件，进一步发挥潜力；对土库曼斯坦、德国、巴基斯坦、吉尔吉斯斯坦、乌兹别克斯坦、俄罗斯和阿塞拜疆等 7 国的出口潜力属于再造型，需培育新的因素促进贸易的发展。

2.5 新疆开拓中亚农产品市场存在的主要障碍

2.5.1 中亚国家农产品通关便利程度低，贸易壁垒多

一是中亚国家税收政策不稳定，农产品税率波动大。二是中亚国家特别是哈萨克斯坦海关行为不规范、执行政策不连续、随意闭关等问题严重。三是新疆出口哈萨克斯坦的农产品从口岸开始的国际运输的 95% 为哈萨克斯坦运输，哈萨克斯坦要求对进口货物通关征税时按品种进行分类，按不同商品税率缴税，禁止混装。四是欧亚经济联盟运行之后，关税及非关税壁垒进一步增强。五是通关环境不稳定，制约出口。

2011 年，因哈萨克斯坦巴克特口岸跨路修建新的联检大厅，巴克图口岸暂停通关。此次闭关的主要原因是为落实俄白哈关税同盟而进行的基础设施改造，而在 9 月 1 日恢复通关不久后，12 月 23 日因哈萨克斯坦乌尔加尔县巴冦特镇发生动物疫情，哈萨克斯坦政府又单方面关闭哈萨克斯坦巴克图口岸，一直到 2012 年 5 月 30 日才正式恢复通关。一年之内，巴克图口岸两度闭关，时间长达 300 多天，严重影响了通过巴克图口岸经营外贸业务企业的经营。原来固定在巴克图口岸经营的部分外贸企业不得不将业务转庄疆内其他口岸办理，但因运输成本、人员费用、仓储费用加大，企业利润摊薄，维系持续经营困难。同时，口岸长期闭关，挫伤了企业的经营信心，个别企业因此停止了业务。

2.5.2 新疆面向中亚的市场建设滞后

一是新疆缺乏现代化的大型农产品产地批发市场，不能有效集聚区

内特色优势农产品，也不能很好地集散国内其他产区优势农产品。二是没有面向中亚的农产品批发市场，尤其是缺乏口岸农产品批发市场，仓储保鲜设施和能力严重不足。三是区内现有批发市场交易方式落后，市场功能不健全。四是市场基础设施建设落后，物流和储运成本很高。

2.5.3 物流基础薄弱，贯通国内、联结中亚的物流体系建设不足

通过新疆口岸出口中亚的农产品主要通过公路运输，运输距离长、成本高、风险大。新疆物流企业少，规模小，仓储条件差，农产品储藏保鲜能力不足，现代化冷藏储运设备和冷链运输能力不足，鲜活农产品出口中亚在运输过程中损耗较高，降低了市场竞争力。

2.5.4 出口市场相对集中，信息平台建设滞后

新疆出口中亚农产品主要输往哈萨克斯坦和吉尔吉斯斯坦两个国家，其中出口哈萨克斯坦占比最高，市场过于单一集中，出口风险较大。目前还没有建立与中亚及上合组织国家的农业信息网，企业很难及时获得准确的中亚市场信息，企业出口存在很大的盲目性和不确定性。

2.5.5 出口企业整体缺乏实力，开拓中亚市场能力不足

新疆农产品出口企业数量少、规模小、实力弱，企业出口备案基地建设落后，生产能力不足，目前新疆出口农产品的 70%~80%来自内地。出口的农产品绝大部分为初级产品，种类少，产品档次低，技术含量低，附加值低，精深加工和高技术含量农产品出口所占比重很低。

2.5.6 缺乏协调解决纠纷和争端的机制

目前中亚国家除吉尔吉斯斯坦外均不是 WTO 成员，贸易政策和贸易行为存在很多的不规范。与中亚国家发生一些农产品贸易纠纷时，出口企业没有申诉渠道，没有协调解决纠纷的机构，缺乏解决贸易争端的协调机制，使一些出口企业受到经济损失。

小结：新疆面对着两个 10 多亿人的大市场：一是东面祖国内地市

场；二是西面周边国际市场。对新疆而言，发展外向型经济首先要立足于比较优势，新疆发展外向型农业的比较优势不仅是自然资源、产品优势，同时也包括地缘优势、区域优势和市场优势。随着俄罗斯、中亚各国经济的复苏和新亚欧大陆桥的贯通，新疆已成为中国开拓中亚、南亚、西亚和东欧工农业产品市场的前沿阵地。近些年新疆农产品的总体出口规模逐年稳步增长，虽然新疆农产品出口额占新疆出口总额的比重很低，但是新疆农产品的出口额在持续稳定地增长。

（1）从新疆农产品出口现状看，对新疆农产品出口贸易以及结构分析给出一个十分明显的信号：一是国外对新疆农产品的进口需求逐步转向水果和蔬菜，其他粮食产品和特色产品的需求量逐渐缩小，2010 年后，蔬菜和水果的出口量在总出口中所占比重继续稳定在 30%以上，稳居新疆农产品出口额的首位。二是新疆农产品的国别需求主要来自哈萨克斯坦、吉尔吉斯斯坦、俄罗斯和乌兹别克斯坦。其中仅哈萨克斯坦和吉尔吉斯斯坦两国的需求量就占到总需求量的 75.48%。如果考虑俄罗斯和乌兹别克斯坦两国，总需求量的 99%来自上述 4 个国家。所以，以上国家中，尤其是哈萨克斯坦和吉尔吉斯斯坦的需求量的变化对新疆外向型农产品发展的影响是决定性的。

（2）新疆农产品出口存在明显的优势，但优势的发挥受限于多种制约因素。一是农产品出口总量少、贸易水平低。新疆农产品出口量虽然持续增长，但是农产品出口占新疆出口总额的比重依然很低，截止到 2011 年，新疆农产品出口占新疆出口总额的比重仅为 5.55%。二是出口农产品结构不合理。新疆出口的农产品结构主要集中在活动物及动物产品、水果和加工农产品上，这三类农产品加起来占到出口商品的 80%以上。而且新疆出口的农产品大多是以原料型的初级产品和低级的初级加工品为主，附加值较低，新疆农产品出口的商品结构有待完善。新疆农产品出口贸易水平总体不高，绝大部分是初级产品、原料型产品，种类单一，深加工率低，科技含量及附加值低。此外，农产品化肥、农药使用超标，产地不清，质量无法追溯，农产品质量差也成为制约新疆农产品出口贸易发展的重要因素之一。虽然近年来以旅游购物方式出口农产品的数额有所增长，但是目前新疆农产品出口仍然以一般贸易和边境小额贸易为主要贸易方式。

（3）新疆农产品出口市场集中于中亚国家。新疆农产品的出口市场比较集中，80%以上都出口于哈萨克斯坦、吉尔吉斯斯坦、俄罗斯和乌兹别克斯坦这四大传统市场。新疆农产品市场结构的这一特征是新疆经济发展水平、区域位置、贸易结构和政治经济关系等因素共同决定的。这种市场结构有助于新疆与中亚国家以及周边国家市场保持稳定的经贸关系，结成更紧密的贸易伙伴。通过对中亚国家市场潜力分析，我们认为中亚农产品出口市场潜力与这些国家的农产品供给能力、农产品产品结构的变化以及收入水平、偏好等有关。从市场规模看，随着中亚各国收入水平的提高和经济的快速增长，中亚农产品进口市场规模将会不断扩大是毋庸置疑的事实，而从生产能力和资源条件上看，中亚各国农产品自给率不高，从国内经济发展看，哈萨克斯坦、吉尔吉斯斯坦的劳动力成本比较高，农产品生产结构不合理且与新疆农产品生产存在着明显的互补性。新疆农产品的比较优势在面向中亚市场时将得到充分体现。从偏好角度来看，中亚国家与新疆在民族、文化、宗教上的相似性也带来巨大的贸易机遇。

新疆特色农产品资源繁多，具有面向周边国家、开拓中亚市场、扩大特色农产品出口的地缘优势。发展外向型特色农业，实行"东联西出，西来东去"，以东部发达的农产品加工带动新疆农产品向西开放，是新疆农业发展的潜力所在，也是提高新疆农产品国际竞争力、增加农民收入的战略选择。国务院《关于进一步促进新疆经济社会发展的若干意见》明确要求，抓紧制定到中亚地区开拓市场资源的总体规划和扶持政策，大力发展面向中亚的外向型产业，重点发展轻纺、机电、建材和优势特色农产品出口。中亚5国的风俗习惯、消费偏好与新疆极为相似，农产品消费互补性强。近年来，新疆沿边口岸的地州、县市边境贸易日趋活跃，外销蔬菜、果品以及肉、奶数量呈逐年上升的趋势。针对周边国家日益扩大的农产品需求，切实抓好新疆农产品出口商品基地建设是有效途径，支持具有国际市场开拓能力的农产品出口加工龙头企业引领新疆特色农业开发，把新疆建设成为中国独具特色、向西开放的农产品出口基地。

第3章 新疆外向型农业发展的SWOT分析

SWOT 是一种战略分析方法，即根据自身的内在条件和外在环境进行分析，找出优势、劣势及核心竞争力之所在，进而提出有针对性的对策，扬长避短，实现自身的战略目标。运用此分析方法，对新疆外向型农业当前的情况进行系统分析，能够明确新疆发展外向型农业的优劣势所在，分析其机遇与挑战，对后期提出新疆外向型农业发展的相应策略具有参考和指导价值。

3.1 新疆发展外向型农业的优势

3.1.1 区位优势——丝绸之路经济带的重要贸易通道

综合审视亚欧大陆经贸、交通、资源现状和发展战略格局变化趋势，以及中国经济发展的整体格局和向西开放的通道建设情况，可以清楚地看到，丝绸之路经济带国内段的空间格局主要是北中南三条大通道,分别从中国东部经济最发达的三个经济圈出发,依托国内现有交通干线,自东向西贯穿沿线重要节点城市,经新疆通向中西南亚和俄罗斯等。其中,北通道起于"环渤海经济圈",自京津唐经山西、内蒙古,从伊吾进入新疆,再经北屯、吉木乃西出哈萨克斯坦至俄罗斯等国;中通道起于"长三角经济圈",自上海沿第二座亚欧大陆桥横穿中国中原、西北诸省区,由哈密进入新疆,再经乌鲁木齐、精河,分别从阿拉山口和霍尔果斯出境直通中亚至欧洲;南通道起于"珠三角经济圈",自广东经湖南、重庆、四川、青海,由若羌进入新疆,再经和田、喀什,南下印度洋沿岸的瓜达尔港,是一条极具战略意义的新通道。而新疆不仅是这三大通道的交汇地,更是亚太与欧洲两大经济圈的重要节点和枢纽,占据着天时、地利、人和的极大优势。

首先,新疆地处欧亚大陆中部,接壤邻国多、边境线长,各级各类口岸众多(如表3-1所示),处在国内、国际两个13亿人口大市场的结合部,是中国"东联西出,西来东去",开拓中、西、南亚和欧洲市场的前沿阵地,特别是随着新亚欧大陆桥的贯通以及未来中巴铁路、中吉乌铁路的建成,新疆作为"连接东西、沟通南北"的通道和枢纽作用将更加突出。

其次,新疆是中国连接中亚、西亚的重要陆路通道和空中走廊。亚欧第二大陆桥的铁路货运实施一票通关,直达莫斯科和欧洲等地,客运已开通阿拉木图—乌鲁木齐国际旅客列车,中吉乌铁路已列入计划,还有连接中亚国家和巴基斯坦的公路。目前,乌鲁木齐可以直飞中亚各国家的首都、莫斯科以及迪拜等欧亚城市。从地理上看,新疆不但与中亚国家相连,而且与欧洲、北美和西亚、北非的距离也是中国各省区中最近的,如表3-2所示。此外,2013年"俄哈吉塔铁路"协议、中国与吉尔吉斯斯坦经贸合作协议以及《上合组织成员国政府间国际公路运输便利化协定》的签署都极大地推动了新疆与周边国家交通领域的互利合作。2013年12月,在莫斯科召开的国际交通论坛上,中国、俄罗斯和哈萨克斯坦三方又签署了建立交通走廊的系列协定。

表 3-1 新疆一类口岸基本情况

口岸所对国家 （口岸数量）	口岸名称 （口岸所属地州）	类别
蒙古（4个）	老爷庙口岸（哈密地区） 乌拉斯台口岸（昌吉回族自治州） 塔克什肯口岸（阿勒泰地区） 红山嘴口岸（阿勒泰地区）	一类陆地口岸
哈萨克斯坦 （7个）	阿黑土别克口岸（阿勒泰地区） 吉木乃口岸（阿勒泰地区） 巴克图口岸（塔城地区） 阿拉山口口岸（博尔塔拉蒙古自治州） 霍尔果斯口岸（伊犁哈萨克自治州） 都拉塔口岸（伊犁哈萨克自治州） 木扎尔特口岸（伊犁哈萨克自治州）	一类陆地口岸
吉尔吉斯斯坦 （2个）	吐尔尕特口岸（克孜勒苏柯尔克孜自治州） 伊尔克什坦口岸（克孜勒苏柯尔克孜自治州）	一类陆地口岸
巴基斯坦（1个）	红其拉甫口岸（喀什地区）	一类陆地口岸
塔吉克斯坦（1个）	卡拉苏口岸（喀什地区）	一类陆地口岸
	乌鲁木齐航空口岸，喀什航空口岸	一类航空口岸

资料来源：根据百度百科"新疆口岸"整理得出。

表 3-2 北京和乌鲁木齐与上合组织成员国
主要城市之间的直线距离 单位：千米

城市	莫斯科	阿斯塔纳	阿拉木图	比什凯克	杜尚别	塔什干
北京	5 768	3 713	3 258	3 454	4 037	3 984
乌鲁木齐	3 708	1 482	860	1 035	1 651	1 520

数据来源：根据百度地图测距整理得出。

与中亚 5 国运输线最短的霍尔果斯口岸距哈萨克斯坦第一大城市阿拉木图仅 380 千米。通过霍尔果斯、阿拉山口、巴克图、吉木乃、吐尔尕特等口岸运输蔬菜、水果及畜产品成本低、运距短，能保证果蔬快速到达周边农产品市场。国内段的兰新铁路、连霍高速、312 国道、新青公路、民航十几条航线与内地相连，哈密至临河（内蒙古）铁路已提上议事日程。得天独厚的区位和较发达的交通条件，使新疆成为中国利用周边国家资源和市场最为便捷的省区之一，具有其他省区无法替代的向西开放的地缘优势，十分有利于新疆利用国内外两种资源，开拓国外市场，发展外向型农业，参与国际分工、合作和竞争。

3.1.2　要素禀赋优势——自然资源丰富，农产品富有特色

新疆地域辽阔，南北跨度大，区域间气候差异明显，水、土、光、热、生物物种等自然资源丰富；人均占有耕地面积是全国的 1.83 倍，优良牧场的面积居全国第三，人均地表水占有量是全国平均值的 2.25 倍。新疆各类水资源比较稳定，并与夏季光热集中的特点形成了水热同季的明显优势。众多的湖泊、水库为冷水鱼、蟹等特色养殖提供了条件。

新疆的生物资源种类繁多、品种独特，发展潜力大。农作物品种多且品质优异。新疆还是多种果树的原始起源中心，果树资源丰富，优良品种多。吐鲁番葡萄、哈密大枣、库尔勒香梨、阿克苏苹果、和田核桃、皮亚曼石榴、库车小白杏、阿图什木纳格葡萄、喀什巴旦木、精河枸杞等都是享誉国内外的优质特色林果产品和稀有品种，林果种质资源丰富而宝贵。天然药物如麻黄、罗布麻、甘草、贝母、雪莲等分布广泛，具有独特的品质和优良的特性。新疆盛产棉花、油料、甜菜、哈密瓜等特色产品，种植林果历史悠久，特色鲜明，种类繁多，品质优良。红花、枸杞、啤酒花、番茄等特色农产品享誉国内外。其中，棉花产量占全国的 51.4%，番茄酱产量占全国的 70%，甜菜糖产量也居全国首位。

3.1.3　贸易基础——与周边国家深厚的民族渊源和文化认同性

新疆与中亚各国不仅地缘相连，而且双方存在着诸多跨境民族，在民族结构、通用语言和宗教信仰等诸多方面有着共同点。中国的维吾尔

族、哈萨克族、柯尔克孜族、乌孜别克族、塔吉克族等 10 个民族，在中亚地区及俄罗斯均有相同民族分布，他们的宗教信仰相同，风俗习惯接近，消费偏好相似，易于沟通和了解，容易达成往来合作。新疆与周边国家的文化认同性强，能够降低合作成本，减少经济风险、政治风险以及经营风险。具有基本相同的文化背景、地理毗邻的跨国区域，比较容易在心理上、情感上建立起对区域共同体的归属感与依赖感，从而焕发出牢固的内聚力，是发展贸易与投资的基础。

3.1.4 农业产业发展优势——优势农产品的规模结构、产业化水平、农业科技水平均优于周边国家

中亚 5 国人均耕地 0.42 公顷，农业以灌溉种植业和草原畜牧业为主，各国普遍存在基础设施条件严重落后、资金投入严重不足的问题，基础设施严重老化，不完善、不配套，农业生产需要的物资设备和资料供应不足，农业生产总体上处于低投入、低产出、"靠天吃饭"的状况。与周边国家相比，新疆近年来农产品产量稳步增长。2015 年全区农业总产值为 2 005.38 亿元，与 2000 年相比增长 5.96 倍。棉花总产量达到 429.80 万吨，增长 1.87 倍，棉花总量、单产、商品调拨量等连续多年位居全国首位；油料、甜菜、西瓜、甜瓜以及蔬菜等主要作物的总产量增幅显著。农业机械装备水平明显提高，农业机械总动力达到 2 483.49 万千瓦，全区农作物耕种收综合机械化水平超过 80%，位于全国第二位。

农业结构进一步优化，设施农业发展迅速，反季节蔬菜、瓜果、食用菌、花卉等设施农业初具规模；以酿酒葡萄、啤酒花、枸杞、红花、番茄、甜菜、油葵、亚麻等为主导产品的优势特色农产品在全国占有重要的份额，已形成若干区域性优质高产特色产业带，成为国内外极具竞争力的无公害、绿色、有机农产品加工出口基地，其中番茄酱产量、红花产量、啤酒花和枸杞产量在全国总产量中均占绝对优势。

农业产业化经营程度较高。近年来，全区农业产业化经营组织发展迅速，农业产业化龙头企业规模不断扩大，重点龙头企业辐射带动了全区 2/3 以上的农户增收，覆盖基地面积超过 2 700 多万亩，辐射带动能

力不断增强。农产品流通体系更加健全，农产品市场营销能力不断增强。农民专业合作社作用增强，提高了农民组织化程度，增强了农民抗御市场风险的能力。

农业科技水平较高。近年来，新疆围绕四大基地建设和构建高效特色现代农业产业体系，全面普及常规技术，突出推广高新技术，提高了农业生产、农产品加工转化和保鲜储藏水平。一批主导品种和主推技术得到重点推广，优良品种在农业增产中的贡献份额突破 1/3；粮棉高产攻关、高新节水、标准化生产等重大技术大面积推广应用，全区积极推广滴灌、低压管道灌溉等高新节水新技术。科技发展使得以设施农业为代表的现代农业产业体系迅速崛起，促进了传统农业生产方式的转变，提高了资源利用率、土地产出率和劳动生产率，促进了农业生产规模化、标准化、市场化。

3.1.5　政策保障优势——措施具体，可操作性强

中央明确提出，要把发展现代农业作为新农村建设的首要任务，继续稳定、完善、强化支农惠农政策，继续坚持"多予少取放活"的方针，进一步加大对农业的支持保护力度。国家将深入实施西部大开发战略和全面实施"向西开放"战略，新疆农业发展面临前所未有的大好机遇。同时，《国务院关于进一步加快新疆经济社会发展的若干意见》在加强农业基础地位、大力发展特色农业、加快改善农民生产生活条件等方面又制定了一系列优惠政策和措施，以及 2012 年的国务院 12 号文和2013 年丝绸之路经济带战略的提出，都将给农民带来越来越多的实惠，促进新疆农牧业经济又好又快地发展。

3.2　新疆发展外向型农业的劣势

3.2.1　生态环境脆弱，自然灾害频发，制约外向型农业可持续发展

新疆绿洲经济区不到总面积的 10%，森林覆盖率仅为 4.02%，沙化

土地面积已占全区国土总面积的 40% 以上，生态环境极其脆弱。近年，新疆每年约有 900 多万亩农田遭受风沙危害，使土壤中的有机质、氮磷等营养物质大量流失，理化性质变差，保水保肥能力下降，直接影响到粮食、棉花等农作物产量的进一步提高。虽然地下水可开采量为 153 亿立方米，但地下水天然补给量仅为 44 亿立方米。并且，沙尘、大风、干旱、洪害、雪灾、寒流霜冻、病虫害等自然灾害频发，给农业发展造成极大的损失，严重制约农村经济的发展。

3.2.2 农业资金投入严重不足，政府财政支持力度小，造成外向型农业基础薄弱

地方财政收入低，农业发展的经济基础薄弱。不仅自治区财力十分紧张，绝大多数县（市）财政是靠补贴的"吃饭"财政，工业反哺农业、城市支持农村的能力十分有限。"吃饭"财政导致地方财政支农支出占总支出的比重不足 7%。加之新疆农民收入水平偏低，贫困人口比重较大，农民自身积累对农业的投入也十分有限。自治区农业发展经济基础薄弱的局面，短期内还难以改变。从外向型农业发展看，其规模小，出口基地备案、检验检测体系建设严重滞后，尚未建立稳定的外向型农业商品生产基地。有关政策对农业外资的投向引导不明显，使大多数外资投向农产品的初级加工，而精深加工和高科技研究项目较少，基础设施方面投入更少，并且多数外资投向乌鲁木齐及周边地市，其他地区农业利用外资较少。

3.2.3 农产品出口营销体系不完善

生产与外贸的关系没有理顺，外贸部门与农业部门在探索一体化经营机制方面没有获得实质性进展，仍存在着行业部门分离、生产和贸易相互脱节的问题，管生产的不了解市场，管贸易的又控制不了生产，导致生产者的国际市场信息不灵，往往被动地跟着外贸收购的动向走，不能适应国际农产品经营组织集团化、国际化、一体化方向发展的要求。出口市场过于集中，风险较大。由于各种客观和历史原因，新疆农产品出口主要以周边国家为主，只有少量香梨、番茄酱进入东南亚、欧美等

市场。出口中亚的农产品的 80%输往哈萨克斯坦和吉尔吉斯斯坦两个国家，其中出口哈萨克斯坦的占到 45%以上，过分集中的出口市场抑制了市场的伸缩弹性，容易遭受进口国国内经济波动及农产品贸易保护主义措施的冲击。

3.2.4 缺乏大型龙头企业，精深加工水平低，出口规模小，出口商品结构不合理

新疆农产品加工企业规模普遍偏小，真正上规模、上档次、上水平的新疆农产品加工企业很少，经济力量薄弱，缺乏带动区域经济发展的强大实力；企业设备陈旧，工艺落后，精深加工程度较低，辐射带动能力弱，反哺农业的能力弱。同时，对农副产品的加工转化总量不足，新疆目前仅为 30%，且加工转化品种单一、层次低；精深加工产品品种少，初级产品多，中高档产品少；农产品加工附加值低，效益不高。农产品出口贸易结构中，原料和初级产品所占比重过高，而高档次、高技术含量、高附加值的加工品出口增长较慢，所占比重较小。例如，蔬菜出口主要为新鲜、保鲜类产品，而高附加值的深加工产品（如蔬菜汁、罐装类产品）出口量较少。不合理的农产品出口结构不仅制约着新疆农产品出口的进一步扩大，也直接影响到农产品出口效益的提高。

3.2.5 外向型农业企业品牌意识不强

截至 2014 年，在农产品加工企业中，391 家企业拥有自己的注册商标，占农产品加工企业的 7.6%，注册商标总数为 411 个。其中，中国名牌 10 个，中国驰名商标 19 个，新疆自治区名牌 58 个，新疆著名商标 47 个。农产品名牌主要分布在粮食加工、棉产品加工中，名牌农产品对新疆整体的经济增长的贡献率不高，政府有关部门对农产品名牌效应没有引起足够的重视，对农产品名牌的培育与支持力度很弱。尽管新疆已经拥有一些国内、区内名牌，但数量少，仍缺乏国际国内具有强势竞争力的品牌，农产品加工企业的产业集群和品牌集聚效应还没有形成，缺乏品牌发展的文化氛围和服务环境，政府和企业缺乏对名牌农产品的激励政策。

3.2.6 农产品贸易物流低水平运行

首先，由于区内市场建设滞后，农产品出口市场体系发育不完善，农产品物流基础设施落后甚至没有，农产品仓储、交通运输条件和工具、信息网络平台等公共和准公共设施配备严重滞后，缺乏集中、大规模、功能齐全、辐射力强的面向中亚的农副产品专业市场、综合市场和中心市场。面向中亚的农产品物流信息网络系统还处于空白，大多数物流企业或市场尚缺乏运用现代信息技术处理物流信息的能力，缺少获取准确信息的渠道。

其次，目前新疆口岸物流仅限于装卸等简单配套服务，中方物流在中亚5国几乎没有影响力，远未形成真正的物流产业链。新疆物流业发展相对滞后，不利于新疆形成内陆国际商品集散地功能和过境货物周转港功能，更无法形成对周边国家经济的辐射作用。

此外，中亚各国的物流业也处于起步阶段，据亚行数据，中亚地区总的运输费用占进出口总额的17%~21%，而亚洲物流运输费用占进口额的8.4%，世界平均数仅为6.1%。物流业发展相对滞后，给新疆农产品进出口运输特别是储藏、配送增值服务带来直接影响，不利于农产品贸易。

3.2.7 人员素质是制约新疆外向型农业发展的劣势之一

新疆农民科技文化素质不高，劳务创收能力较差。总体来看，新疆农民文化素质不高等方面问题仍然十分突出。一方面，全区农村劳动力平均受教育年限仅为7.1年，在外出农民工中受过专业技能培训的不到20%，就地就近转移能力较差；另一方面，少数民族农民因语言障碍外出务工就业能力普遍较差，致使就业区域小、流动性差、增收渠道狭窄。

3.3 新疆发展外向型农业的机会

当前，新疆外向型农业发展的最大机遇就是在丝绸之路经济带的建设中找准位置，真正站在向西开放的前沿，充分利用这一机会，积极扶持农产品加工企业的发展，扩大农产品出口。除此之外，新疆外向型农业发展还拥有以下一些机会：

3.3.1 双边和多边农业合作机制为新疆外向型农业发展构建良好平台

2003 年 9 月上海合作组织成员国总理在北京举行第二次会议，通过了《上海合作组织成员国多边经贸合作纲要》，纲要明确，农业以及促进中小企业实体间的直接交流是合作的主要方向，将具体研究实施发展本地区农业及农产品加工业的共同项目的可能性。2008 年的《上海合作组织成员国政府首脑（总理）理事会会议联合公报》认为，应及时举行本组织成员国农业部长会议，就维护地区粮食安全、促进农业生产制定协调一致的政策。

2005 年中巴签署的《中国-巴基斯坦自由贸易协定早期收获协议》表明，自 2006 年 1 月起对 3 000 种商品实施降税：其中中国向巴出口的 486 种商品将享受零关税，主要包括蔬菜、水果、石材、纺织机械和有机化学品等；中巴自贸协定生效后的 2 年内，中国农副产品包括水果、蔬菜将以零关税进入巴基斯坦市场。该协议加强了中巴水果经贸往来，积极促进了喀什地区农副产品贸易，也给地区农村经济发展带来了机遇，这意味着巴基斯坦市场的大门进一步向中国商品敞开，从更深层面来看，巴基斯坦也将成为中国商品进入中亚、南亚等市场的桥梁。

2008 年中塔两国签署并发表了《中华人民共和国和塔吉克斯坦共和国关于进一步发展睦邻友好合作关系的联合声明》，双方同意加强两国政府间经贸合作委员会的工作，进一步优化贸易结构，促进经济技术合作，改善贸易投资环境，在平等互利的基础上扩大在交通、通信、采矿和加工、农业、基础设施建设等领域的合作。

3.3.2 中央政府及地方政府各类外向型农业促进政策的大力支持

党和中央政府对农业农村工作特别重视，制定发布了一系列惠农支农强农政策。尤其是党的十七届三中全会通过的《中共中央关于推进农村改革发展若干重大问题的决定》强调要扩大农业对外开放，坚持"引进来"和"走出去"相结合，提高统筹利用国际国内两个市场、两种资源的能力，拓展农业对外开放广度和深度。

国务院《关于进一步促进新疆社会经济发展的若干意见》明确将"实施面向中亚的扩大对外开放战略"作为重点，要求抓紧制定到中亚开拓市场、资源的总体规划和扶持政策，大力发展面向中亚的外向型产业，重点发展轻纺、机电、建材和优势特色农产品出口，鼓励新疆等地有实力的大企业到周边国家投资办厂，建立境外资源开发加工基地和农产品生产加工基地，对"走出去"的企业在项目审核、金融服务、通关便利等方面给予政策支持。

3.3.3 产业援疆助推新疆经济与外向型现代化农业发展

2011 年，中央明确提出要加快产业兴疆步伐，中央企业和 19 援疆省市国有企业启动实施了一大批重大项目，涉及石油石化、煤炭、煤电、煤化工、风能、光伏、汽车、机械装备、矿产资源开发、农业（含林果业、农副产品深加工）、商贸流通和工业园区建设等领域。截至 2013 年，53 家中央企业在疆计划投资项目 685 个，计划投资 1.85 万亿元，已完成投资 5 903 亿元。19 援疆省市国有企业在疆计划投资项目 103 个，计划投资 2 047 亿元，已完成投资 355 亿元。在中央企业和援疆省市国有企业产业援疆的大手笔下，一大批产业援疆项目建成投产，有力地促进了新疆经济持续快速增长。新疆丰富的资源优势正在转化为发展动力，工业经济的活力正在不断被激发，产业援疆的引领、支撑、带动作用日渐凸显。2010 年以来，新疆国内生产总值一直保持两位数以上的增速，经济总量 4 年迈过 4 个千亿元大关，经济运行逆势上扬，加速推进，多项指标增速跃居全国前列。中央企业和 19 援疆省市国有企业以其资金、人才、技术、管理和市场等优势带动着新疆的经济发展，新疆外向型农业将借助此机遇，步入高速发展轨道。

3.3.4 周边国家潜力巨大的市场前景

中亚 5 国以及南亚、东欧等地区是一个正在发育、潜力巨大的市场。中亚现有人口 6 100 多万人，具有较大的市场容量，受各国经济增长的有效拉动，消费能力也在不断增长。目前，中亚国内农业生产除了小麦、棉花等少数农产品外，其他许多产品很难满足国内市场需求，例如，水果、蔬菜等必须大量依赖进口。中亚各国花卉进口市场的潜力也较大，本国生产量很小，且只能满足夏季供应，需大量从荷兰等国进口。

新疆瓜果、蔬菜比较丰富，受季节性因素的影响相对较小，价格具有竞争优势，除了满足区内供应外，还具有开拓中亚市场的潜力，已逐步受到中亚国家消费者的青睐，在中亚市场已具有一定影响力。特别是反季节蔬菜、瓜果具有抢占中亚市场的较大潜力和优势。随着周边国家，尤其是中亚国家经济状况的逐步好转，居民收入不断提高，饮食结构发生变化，购买力进一步增强，农副产品市场上对新鲜蔬菜、瓜果的需求将更加旺盛，水果、蔬菜将成为中亚国家居民饮食消费中不可缺少的主要副食品之一。

哈萨克斯坦首都阿斯塔纳地处高纬度地区，气候偏冷，无霜期短，农产品主要依靠外调，虽然品种多、品质好，但价格相当高。果蔬主要品种的批发价格普遍是新疆同期价格的 2~5 倍，甚至更高，肉类价格在 2 倍左右。哈萨克斯坦主要城市食品平均零售价格如表 3-3 所示。哈萨克斯坦农产品进口零售差价巨大，蔬菜的销售价比进口价格要高 2 倍左右，水果在 2 倍以上，因此出口农产品利润空间巨大。

表 3-3　　　2011 年哈萨克斯坦主要城市食品平均零售价格

单位：坚戈/千克[①]

商品名称	市场售价	商品名称	市场售价	商品名称	市场售价
一级面粉	116	鸡蛋（10个）	280	大蒜	558
精粉面包	78	黄瓜	378	紫皮洋葱	49

———————

① 此处数据从中国驻哈萨克斯坦大使馆官方网站获得，后期无连续提供，因此无法进一步更新，在此仅供研究时参考，特此说明。

续表

商品名称	市场售价	商品名称	市场售价	商品名称	市场售价
通心粉	151	土豆	56	橙子	335
大米	205	大白菜	409	苹果	280
牛肉	1 070	西红柿	485	香蕉	285
黄油	1 169	茄子	324	白砂糖	172
鲜奶（升）	111	胡萝卜	55	茶	1 420

3.4 新疆发展外向型农业面临的威胁

3.4.1 中亚国家通关便利程度低，贸易壁垒多

一是中亚国家税收政策不稳定，农产品税率波动大。俄白哈关税同盟实施后，哈萨克斯坦农产品平均关税从 11.65% 提高到 15.7%，哈萨克斯坦进口关税标准调整频繁，通常每年调整一次。此外，一些临时性关税的征收也是造成哈萨克斯坦贸易政策缺乏连续性的主要原因之一。二是中亚国家特别是哈萨克斯坦海关行为不规范。除关税外，哈萨克斯坦还通过配额、进口许可证和行政管理等非关税措施限制农产品进口，并对肉类、白糖、小麦实行进口配额制度。哈萨克斯坦通关手续繁杂、效率低下和阶段性闭关也是中国农产品出口到哈萨克斯坦的重要制约因素。中哈双方企业填制运单等通关单证文字还存在不对等现象。此外，中哈在海关领域的贸易优惠政策不对等，损害贸易的公平性。三是新疆出口哈萨克斯坦的农产品从口岸开始的国际运输的 95% 为哈萨克斯坦运输，哈萨克斯坦要求对进口货物通关征税时按品种进行分类，按不同商品税率缴税，禁止混装。

3.4.2 国际物流基础薄弱，贯通国内、联结中亚的物流体系建设不足

通过新疆口岸出口中亚的农产品主要通过公路运输，运输距离长、

成本高、风险大。新疆物流企业少，规模小，仓储条件差，农产品储藏保鲜能力不足。现代化冷藏储运设备和冷链运输能力不足，鲜活农产品出口中亚在运输过程中损耗较高，降低了其市场竞争力。

3.4.3　与中亚各国的有效农产品贸易便利化机制尚未建立

一是由于中国与周边国家之间尚未签订农产品贸易协定，通关环境差，灰色通关和不规范收费等问题突出，鲜活农产品出口具有一定的风险性。以哈萨克斯坦为例，中哈两国政府之间还没有涉及农业直接投资和农产品贸易的高层对话机制，仅个别地区签订了地区性合作协议。政府间农业合作协定的缺失将难以保障两国农业合作的顺利进行、农产品贸易和投资的进一步发展。

二是缺乏协调解决纠纷和争端的机制。目前中亚仅有吉尔吉斯斯坦是 WTO 成员，因此大多数国家的贸易政策和贸易行为存在很多的不规范情形。当与这些国家发生农产品贸易纠纷时，出口企业没有申诉渠道，没有协调解决纠纷的机构，缺乏解决贸易争端的协调机制，使一些出口企业蒙受经济损失。

三是与周边国家尚未形成共同认可的农产品质量检验检疫标准。在检验检疫环节，中国与周边国家存在检验检疫标准不统一、稳定性差、检验方法和程序差别明显、检验单证的要求差异大等问题。中哈两国于2004 年签署了动物检疫及动物卫生的合作协定以及植物保护和检疫合作协定，但至今尚未商定检疫对象目录和制定具体动植物产品的检验检疫要求与实施细则，还未形成共同认可的农产品质量检验检疫标准。此外，哈萨克斯坦的检验程序非常复杂，对检验单证的要求多且重复，再加上哈萨克斯坦标准、计量和认证委员会管理层的频繁变动，致使哈萨克斯坦有关部门不能一贯执行现有标准及检测、标志和认证要求，在检验中随意提高检验标准，增加检验项目，使中国相关产品出口哈萨克斯坦面临不合理的政策风险，不利于双方长期稳定合作，也给新疆外向型农业的发展带来了严重的影响。

3.4.4 农产品贸易领域缺乏稳定、正规和有效的信息渠道、信息源及信息识别系统，造成信息不畅通，信息失真

目前，国内虽有很多针对中国与哈萨克斯坦贸易的研究，但对中哈农产品贸易情况的掌握都不够全面，对哈萨克斯坦的贸易政策、海关与税收制度、境外投资政策等乏缺乏深入的了解和必要的分析研究，因而难以科学地制定中国与中亚农产品贸易发展的战略规划。目前，中国对中亚国家农产品出口还基本处于各自为政、地方政府和出口企业自我摸索阶段。中哈农产品贸易信息沟通机制缺失，有关农产品贸易的信息严重不足，并且分散在不同机构。对企业而言，难以获取准确信息，有可能导致错失具有合作意向的合作伙伴，会因为不了解对方国家的检验检疫标准的消息而遭受巨大损失；对政府而言，则意味着掌握信息的政府部门和中介咨询部门难以找到服务对象，使很多信息不能得到有效利用，而双方海关和检验检疫部门则难以进行信息、数据的交换，导致贸易便利化水平低下。

3.4.5 外向型农业的大经贸环境尚未形成

政府牵头，外经贸、农业、科技、检验检疫、海关等部门参加的农产品出口协调领导小组还没有建立，自治区政府及外经贸部门还没有与国家质检总局、商务部和农业部建立"农产品出口联席机制"，对应对突发事件和解决重大问题缺乏协调，与企业的沟通不畅。区地州市各级政府没有采取建立外向型农业目标考核责任制、成绩与奖罚挂钩等措施，没有出台一系列发展外向型农业的优惠政策，不利于调动各方面发展外向型农业的积极性。

3.4.6 周边国家处于恐怖活动多发地区，区内民族分裂势力活动频繁，对外来投资和经商产生负面效应

在新疆生活着许多信仰伊斯兰教的民族，其中哈萨克族、乌孜别克族、柯尔克孜族、维吾尔族等民族与中亚各国的主体民族和非主体民族同族同源，跨界而居，有着共同的民族历史和文化传统。境内外的分裂

势力充分利用了这一便利社会条件，煽动宗教狂热和民族情绪，并通过多种渠道和手段向中国西北地区传播极端宗教思想，甚至组织暴力渗透，使新疆等地的宗教形势在相当程度上受到了中亚地区的影响。而在"文明冲突论"和"中国威胁论"的影响下，中亚地区以及外来的某些政治势力也在别有用心地鼓吹"祸水东引"战略。对于国外"三股势力"和区内民族分裂势力，短期内无法消除隐患，对外来投资和经商产生负面效应。

3.5 本章小结

通过 SWOT 分析，可以看出，新疆农业发展总体上面临良好的环境，同时一系列劣势及制约条件的存在对实现外向型农业持续快速发展又提出了严峻的挑战和要求，新疆外向型农业发展机遇和挑战并存。新疆外向型农业在资源、技术以及向西开放的地缘优势上非常明显，随着俄罗斯、中亚各国经济的复苏和亚欧大陆桥的全线贯通，新疆已成为中国开拓中亚、南亚、西亚和东欧市场的前沿阵地，这为新疆外向型农业发展带来巨大的发展机遇和市场空间。但新疆外向型农业资金投入不足，市场开拓能力有限、缺乏龙头企业带动等问题也严重制约着外向型农业发展壮大和竞争力的提升，因此，如何强化加快发展新疆外向型农业的责任意识，转变观念，调整发展思路，积极应对国内外市场挑战，以更加直接、明确、有力的措施，在谋划思路、制定规划、组织推动上做到不断拓宽外向型农业发展空间，以及外向型农业企业应如何乘势而上，促进产业结构调整，加快产业升级换代，积极引进整合大量国内外资金，加大市场、科技、管理、信息等一系列现代发展要素投入，提升外向型农业的竞争力，都需加大研究，积极实践。

第4章　新疆外向型农业发展的影响因素分析

4.1　外向型农业发展的因素分解

从国际贸易分工的角度来看，要发展外向型农业，第一，要根据国际分工理论来确定本国或本地区的专业化分工优势；第二，要准确估计或预测贸易国的未来需求总量、层次和变动趋势；第三，要确认本国或本地区与贸易国之间的贸易安排和贸易体制机制因素。从国内或某一区域实施外向型农业发展战略角度来看，首先要分析并确认本国或本地区农业内部结构中的优势农业（内部横向比较），进而分析并确认本国或本地区优势农业在国际分工中的专业优势（外部横向比较），寻找并确定需要发展的外向型农业领域并对此领域的农业生产流通性企业提供针对性的扶持，同时积极与贸易国之间开展贸易便利化谈判，提供较好的贸易体制条件和机制保证。

按照上述思路，本章内容先明确如下几个关键问题：一是新疆外向型农业发展的国际市场集中区域；二是新疆农业内部领域当中的绝对优势农业领域；三是新疆绝对优势农业领域与国际市场其他竞争主体之间的比较优势领域和能力；四是新疆优势农业发展面临的瓶颈因素；五是新疆发展外向型农业的动力因素；六是新疆发展外向型农业的体制和机制因素。

4.1.1　新疆发展外向型农业的现实条件分析

1）新疆主要种植产品产能及其变化分析

（1）粮食。自改革开放以来，新疆粮食产量表现出阶段性跳跃增长趋势。1978 年新疆粮食总产量为 370.01 万吨，到 2015 年这一数值变为 1 501.30 万吨，37 年间粮食总产量增加了 306%，粮食产量大幅度提高。2005 年后，新疆人均占有粮食保持在 400 多千克，除自给有余外，还可少量调往内地省区，出口周边国家，确保了自治区粮食安全。

图 4-1 是 1990—2015 年的粮食总产量变化图，从图中能够很清楚地看出新疆粮食总产量变化趋势。1990—1995 年，粮食产量处于低速徘徊增长阶段，1995 年以后增长速度有了明显提高，较之前一时期，粮食产量进入快速增长阶段。1995—2004 年，除了 2003 年小幅增长外，其余年份新疆粮食产量处于缓慢低速增长态势，从图中来看近似为一条直线。2004 年后粮食产量开始进入第二个跳跃增长周期，这个增长周期持续到 2009 年为止。而目前处于一个比较稳定的缓慢增长周期。如果把这 25 年的时间段作为一个粮食产量总周期，那么不难发现这样的一个大致规律，即新疆粮食产量平均每 8 年出现一次跳跃式增长，增长动力持续 3~5 年，之后进入一个较高的产量水平，再低速或稳速增长 8~10 年。按照这一大致趋势或变化规律，新疆粮食产量在未来 5 年之内将不会有更高的增长速度，也就是说进入了另一个低速增长的周期。

（2）棉花。20 世纪 80 年代以来，新疆棉花产量表现出螺旋式增长的特点，尤其是进入 2000 年以后这一趋势更加明显。棉花产业是新疆的支柱产业之一，经过 20 余年的努力，新疆已经建成了全国最大的商品棉生产基地。1978 年新疆棉花产量为 5.50 万吨，到 2015 年新疆棉花总产量已达 429.80 万吨，占到了全国总产量的 76.71%，37 年间新疆的棉花产量增

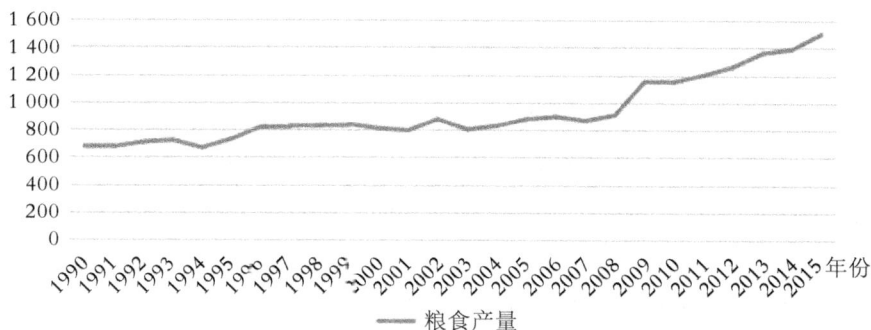

图 4-1　1990—2015 年新疆粮食产量变动趋势图（单位：万吨）

长了 77.15 倍。新疆的棉花种植面积、单产、总产、收购量连续 20 年位居全国第一位。分析 1990—2015 年新疆各年份棉花产量的变化，就会发现，从 1990 年到 2015 年，新疆棉花生产经历了 5 年的缓慢增长周期，1991 年之后的 9 年处于快速增长阶段，1999—2002 年是一个短暂的调整期，2003 年至今则是新疆棉花生产的高速增长阶段，如图 4-2 所示。

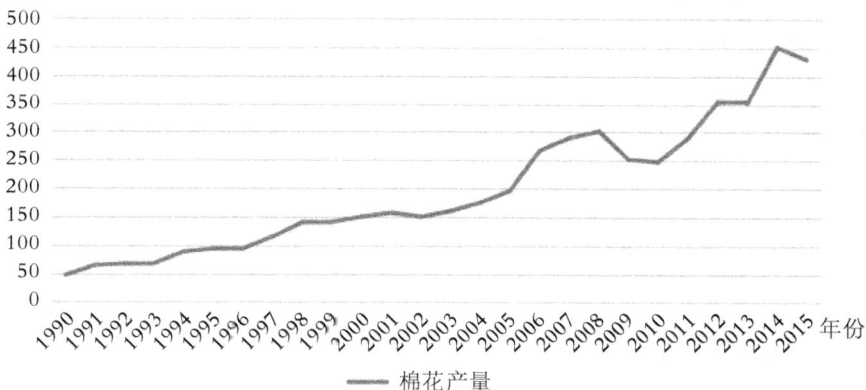

图 4-2　1990—2015 年新疆棉花产量走势图（单位：万吨）

在图 4-2 中，2008—2011 年棉花产量出现了较为显著的下降，2011 年后产量开始恢复到 2008 年之前的水平。上述两次产量波动变化的原因有所不同，1999 年是因为国家放开棉花收购价格，出现棉花产量的调整；2007 年则是受世界棉花期货价格影响，主动调整农业种植面积，再加上在国家提出的粮食安全战略的影响下种植面积下滑等因素的综合作用。种种原因导致历年棉花产量的变化并没有出现一个周期性增长的特点。

2）新疆特色林果业发展情况

（1）近 20 年来，新疆水果总产量表现出增速快、产量逐步稳定的趋势。新疆农业结构调整的主要方向之一就是发展新疆的特色水果业。进入 1990 年后，新疆提出根据各地区的气候特点发展因地制宜的特色水果业的农业结构调整战略。进入 21 世纪后，新疆水果产量增速非常快，很大程度上得益于这一战略所发挥出的巨大作用。

从 20 世纪 90 年代以来的新疆水果产量来看，1990—2002 年，新疆水果业经历了长达 12 年的缓慢调整时期，2003—2015 年则是新疆水果产量高速增长的时期，从 2003 年的 218.34 万吨增加到了 2015 年的 961.45 万吨，增长了 3.40 倍。从图 4-3 来看，2003 年之后曲线的斜率增大，新疆的水果产量开始进入快速增长的阶段，这个变化情况表明，新疆水果种植面积和产量已经达到粗放式经营的极大值点，如果对经营方式不进行快速有效的调整，水果产量将会基本维持在这一水平甚至进入一个新的低速缓慢增长的周期。

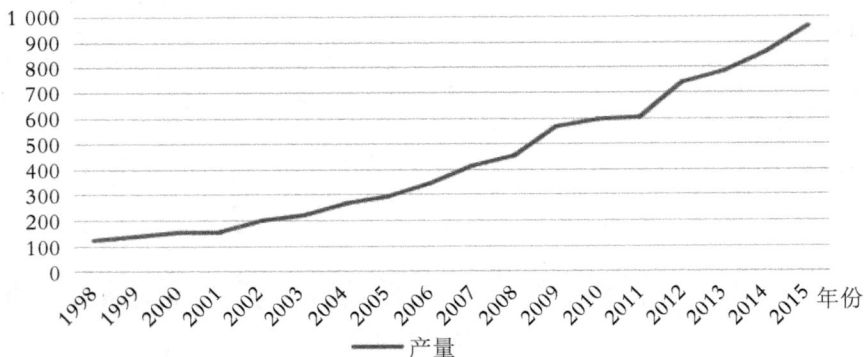

图 4-3　1998—2015 年新疆水果产量走势图（单位：万吨）

（2）新疆传统优势水果产能下滑，新优势产业增长速度较快。2003年后新疆水果业总体上进入了黄金发展期，但是从内部来看，各种传统优势水果的增长变化情况并不一致。具体而言，2003 年新疆苹果产量为 26.34 万吨，2015 年达到 115.13 万吨，增长了 3.37 倍；2003 年新疆香梨产量为 24.95 万吨，2015 年达到 113.98 万吨，增长了 3.57 倍；2003 年葡萄产量为 106.63 万吨，2015 年达到 275.60 万吨，增长了 1.58

倍；2003 年新疆红枣产量 14 万吨，2015 年产量为 305.43 万吨，增长了 217.16 倍。

为了进一步说明上述变化趋势，本书对进入重点统计范围的上述 4 种水果产量进行了历史数据变动分析，发现，红枣产量经过长达 19 年的停滞不前后进入了快速增长的阶段，这主要是因为 2005 年后全疆范围内实施了红枣战略。从图 4-4 来看，1998—2004 年，新疆的香梨产量一直保持在一个较为稳定的低速增长期，2005 年以后增速显著，2010 年后产量骤减。

葡萄的种植生产是新疆的传统优势产业，经过低速平稳增长后于 2001 年进入快速增长阶段，2007 年后出现短暂的产能下滑，之后虽略有增加但仍有下降的趋势。相比较而言，作为新疆另一个传统水果产业的苹果种植生产在这些年份当中表现出过度低迷增长的特点。从图 4-4 中来看，虽然进入 2006 年后增速略有所上升，但是相比于其他优势水果产业，其增长速度远远不够。

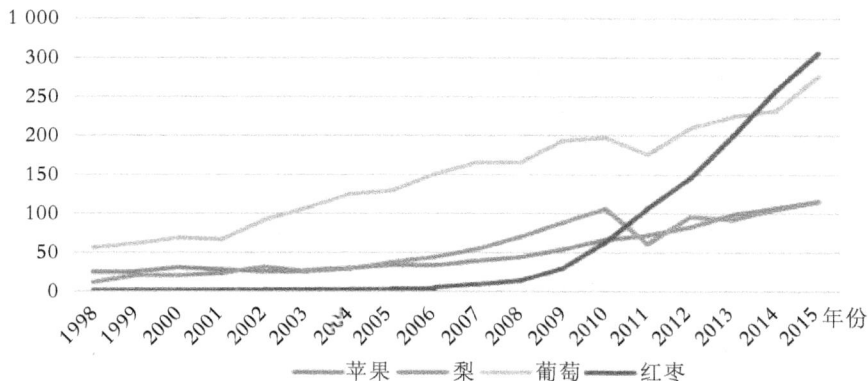

图 4-4　新疆主要水果的产量变化趋势图（单位：万吨）

4.1.2　新疆外向型农业发展现实条件的总体评价

结合本书前几章内容和本章前面的分析以及现实条件，本书认为，新疆发展外向型农业的国际市场集中区域为中亚国家。这是由新疆的地缘优势、新疆与中亚国家之间的贸易历史数据以及国家对新疆外向型经济发展的总体部署来确定的。对此本书不做更进一步的讨论和实证分析。本书认为新疆内部的优势农业领域应当是新疆极具地方特点的特色农业。这些特色农业包括棉花、番茄、啤酒花、葡萄和其他特色瓜果业。从与国内和国际优势农业比较分析来看，新疆在国际分工中的比较优势农业领域也集中在啤酒花、番茄和其他瓜果业。

虽然新疆的棉花产量和产值在全国占有绝对优势，但是与棉花种植规模十分庞大的乌兹别克斯坦、土库曼斯坦和吉尔吉斯斯坦相比较，新疆的这一全国优势在中亚国家不复存在。而对于小麦和玉米等粮食作物，在中亚地区，无论品质和数量，新疆都无法与这些作物质优量高的哈萨克斯坦相匹敌。

新疆具有比较优势的外向型农业发展面临的最大障碍因素是规模化经营所需要的相关因素。新疆优势农业发展的微观动力不足是新疆大力发展外向型农业面临的最大动力障碍。新疆外向型农业进一步发展壮大的最大障碍来自新疆农业土地流转制度等体制性因素。由于前几章内容重点讨论了新疆外向型农业发展的比较优势和潜在优势等，通过SWOT 分析回答了相关问题，本章内容重点讨论发展外向型农业的动力因素，具体内容概括如表 4-1 所示。

表 4-1　　　　　　　　　新疆外向型农业发展的基本事实

项目	主要内容
市场集中区域	独联体国家；重点集中区域为中亚
内部优势农业	重点为四大特色农业
国际优势农业	主要是啤酒花、番茄制品和蔬菜水果
农业发展瓶颈	体制因素，主要是土地流转制度和现代化经营体制
发展动力障碍	微观动力不足，规模化经营和标准化生产能力不足

4.1.3　外向型农业发展的影响因素分解

外向型农业本质上是一种以国外市场需求为指向的农业。对于发展中地区而言，政府部门所推动的外向型农业就是以农产品出口为导向的农业。由于农业内部结构不同，实施外向型农业的层次和结构也不同。同时，由于周边国家与地区在农业生产效率方面的比较优势不同，发展外向型农业方面的战略取向和具体内容、战略步骤等都会有所不同。

外向型农业发展的影响因素很多。根据新古典学派的研究范式，外向型农业必须依赖于外部市场需求影响因素以及外向型农业本身的供给因素。其中外向型农业的需求影响因素根据农产品的具体属性和消费特性的不同而有所不同。大部分农产品的需求来自农产品的相对价格因素、农产品内在的品质因素以及不同国家的政策因素，而消费者偏好以及收入因素对大宗农产品需求的直接影响程度并不高。但是对于特色农产品而言，收入因素、偏好因素以及替代品价格等因素的影响程度则很高。

从新古典综合学派的角度来看，影响农产品的需求因素还来自政府对农产品的特殊需求。这是由于各个国家为了保证粮食安全或维护本国农民利益等，会对农产品进行直接干预，形成新的需求或抑制需求的快速提高。从供给的角度来看，外向型农业必须具有相对成本优势，这种成本优势既可能来自规模化经营，也可能来自技术能力，还可能来自特色优势产生的不可替代性优势。从制度学派的角度来看，各个国家在农产品贸易领域设置的制度障碍并因此产生的交易费用也会影响农产品需求。因此，上述影响因素可以从以下几个方面加以阐述：

1）主导因素

一般来说，正向因素就是推动新疆外向型经济发展的所有因素之和。但是这些影响因素在外向型经济发展中所发挥的作用，其重要性程度有所不同，可以划分为主导因素和一般因素。主导因素就是那些为实现新疆当前所确定的目标在短期内迅速有效地起到推动作用，并为长期持续发展发挥基础作用的因素。正向一般因素相对于正向主导因素而言，短期内显现不出核心作用，但是为外向型农业的持续稳定发展发挥全局性作用。按照上述界定，区分主导因素和一般因素的划分依据为作用周期的长短性、作用程度的高低性、作用效果的快慢性、实施程度的难易性等。结合前几章的分析，本书对新疆外向型农业发展发挥重要作用的正向主导因素和一般性因素进行分解[①]。

（1）中国与周边国家之间的经贸合作机制。这是最为核心的正向主导因素。因为外向型农业的发展必定需要在宏观上营造一个互惠互利、共赢发展的国际环境。目前中国与周边国家之间建立了众多双边战略关系，签订了众多双边合作协议、双边之间的自由贸易港口协议等。中国政府与周边国家之间的经贸关系继续向前，并不是一种僵持不前的局面。这是发展新疆外向型农业的最大制度安排因素，也是首要的正向主导因素。

（2）人文地缘因素。国际市场的开发需要获得国际消费者对产品的认可和稳定的现实性偏好。目前由于周边国家与中国新疆消费者社会习俗、人文环境等相似，因此产生的消费品的偏好比较稳定，在农产品领域的贸易往来中更为如此。

本书发现，新疆外贸出口中本地产品所占比例为15%左右，在这其中80%以上为地产农产品；新疆农产品在西方发达国家贸易中总是面临绿色贸易壁垒，实际上属于技术性贸易壁垒，面临严格的检验检疫标准。但是中亚等周边国家在实际进口新疆农产品时并没有实施严格的绿色贸易壁垒来对新疆农产品出口中亚有所限制。这主要是因为它们能够认可中国质量检验检疫标准，更重要的还是因为周边国家与新疆具有很强的地缘及人文相似性，消费者能够认可来自新疆当地的农产品。

绿色贸易壁垒已经引起了新疆农产品生产方的重视，目前周边国家对于来自新疆的农产品采用了较低的检验检疫标准，用动态发展的眼光来看，通常这种情况是短期且不可持续的，应尽快实施更为严格的生产标准，随时做好应对更高标准的准备。

（3）外向型农业发展规模逐渐形成，特色优势农业资源具备了成为外向型农业主力军的基本条件。目前新疆出口到中亚国家的主要农产品以新疆的特色优势资源为主，其中水果产品以初级品形式、棉花产品以初级加工和深加工形式、番茄制品以初级加工形式出口到周边国家，这

---

① 一般而言，许多文章通过主成分分析方法得出一些主要因素和次要因素的结论。但是这种分析基于大量的数据分析，本书无法获得。另外，因为这一分析基于的时间相对短，因此通过主成分分析方法来获得主导因素可能偏向于时段特点，不能够全面反映核心主导因素，所以本书没有采用复杂的主成分分析方法。

些产品在新疆农业种植面积中所占规模比重相当大。目前，从发展趋势来看，以红枣、核桃、杏子、苹果和库尔勒香梨、蟠桃等为主的特色林果产品即将成为新疆大力发展外向型农业的主力军。

（4）对口援疆建设中的以外向型农业为基础的产业转移和基础设施投资。目前，这是新疆大力发展外向型农业的一个主导因素。外向型农业不仅指的是大宗农产品的出口，还包括以深加工方式出口到国际市场的原料基地建设。目前在新疆实施的产业援疆，重点放在了纺织服装等短平快项目。这是为了新疆的优势棉花产业通过深加工方式，以其产品有更多附加值的形式出口到国际市场。这一项目的实施，为新疆优势棉花产业的稳固、以棉花为主打产品的新疆外向型农业的发展提供更为广阔的空间。

（5）土地流转制度和农场化经营模式。实际上，新疆农产品优势不足，与土地、光热等气候资源并无直接关系，根本性的原因在于规模化经营能力弱，导致地产农产品无法获得稳定的价格竞争优势。随着土地流转制度的建立和具体实施，要实现对土地资源的规模化经营、水资源的高效利用以及价格竞争力的形成，农产品贸易条件的改善将是时间问题。因此，目前出台的土地流转制度的快速实施、具体办法的出台以及试点规模的扩大等都是推动外向型农业发展的主导因素之一。

2）制约因素

结合本章第一节内容与前面章节的实证分析内容，把影响新疆外向型农业发展的主要制约因素归结为以下几个方面：

（1）体制因素。新疆对农业领域的干预程度不比工业领域的干预程度低[①]。新疆主打特色农产品棉花，长期以来作为国家的战略性农产品资源，实施政策性收购价，这一政策价格机制使得价格信号严重扭曲，农民和企业的生产活动围绕着国家的棉花收购政策的调整而调整，并没有在真正意义上成为具有市场经济特点的棉农或棉纺织品企业。结果导致新疆在发展农业过程中，尤其是在外向型农业方面，棉花这一优势农

---

① 因为新疆的工业领域主要是以资源开发为特点，上述领域都是严格进入壁垒领域。除非是国家特许，很难让地方政府部门提供许可。其他领域由于历史原因，发展滞后，又由于统一市场环境下，很难培育地方企加工制造业来实现工业产品的本地加工和出口。农业领域也是一样。

产品资源并没有发挥应有的作用。

从实际情况来看，乌兹别克斯坦、土库曼斯坦、吉尔吉斯斯坦等反而依靠规模化的市场经营，使棉花产品的价格具备了国际竞争力，从这个情况进一步看出，国内政策价格机制对价格信号的扭曲使得新疆棉花优势并没有成为推动外向型农业的核心优势，而且，同样的体制因素使得新疆棉纺织品失去了和国外同类产品进行竞争的能力。

新疆棉花，不仅价格高于国际市场价格，而且又远离主要消费市场，与国内主要的消费市场之间的距离有 2 000 多千米。这样的运输距离使得产成品的运输很容易受到不经济带来的冲击。同时，新疆棉纺织企业得不到应有的补助，缺乏瞄准国际市场开发相应新产品的能力。在新疆的对外贸易中，有相当一部分出口产品为纱线、棉纺织品和服装鞋帽等，但是其中本地产的服装、鞋帽、纺织品和纱线的比例很低。2012年后，由于新疆面临巨大的就业压力，政府依靠产业预案提出把纺织服装行业作为主要领域发展，但是其效果如何，目前还难以得出定论。

（2）目标定位因素。目前新疆发展外向型农业的目标领域尚不明晰，这主要表现在农业领域政策的多变性。本书在调研中发现，新疆在制定农业政策时，是以适应或改善国内经济环境为主要目标和着眼点，并没有充分考虑国际市场。大部分农业政策围绕着快速提高农民收入为主要目标，缺乏长远性，仅仅依靠国内市场的农产品价格变化制定生产决策，没有顾及国际市场的需求。农业生产导向主要是围绕国家补贴和稳定价格，并没有培育能够适应国际市场价格导向的农业主体。

从发展轨迹来看，截至 1999 年，新疆农业种植面积直线上升，2000 年后因放开棉花收购价格，棉农受损失，有关方面马上提出缩小棉花种植面积，重点导向国家提供补贴的粮食生产领域。而 2007 年后因粮食生产无法持续提高农民收入，补贴与实际价格之间的差距很大，从而相关决策就改变为扩大特色农产品领域的生产，结果导致瓜果业规模的膨胀。

从理论定位来看，虽然每个地区都在强调区域发展特色，但是实际上总体的追求呈现出明显的趋同化特点，从哈密红枣到和田红枣的演变充分说明了这一问题①。但是无论是红枣、哈密瓜（伽师瓜）还是吐鲁番的葡萄、库尔勒的香梨等在制定发展规划时都是瞄准了国内市场，并没有把国际市场作为主要销售目标市场。因此，外向型农业虽然提倡了很长时间，但是始终没有形成真正意义上的外向型农业格局。

（3）贸易便利化措施因素。如前所述，从经贸合作角度虽然已经扫清了国与国之间的国际关系障碍，但是国际贸易所需要的基本检验标准问题始终存在。即使解决了统一检验标准问题，在实际检验中也因为农户生产并没有依据应有的标准，生产出来的农产品千差万别，很难获得国际市场的认可，主要是质量无法得到保证，导致每一次出口都会出现灰色清关的困境。

本书在调研中发现，新疆出口的本地农产品主要借助于大型农场的检验证，但是检验证的借用导致上述检验部门的风险增加，通过货币补贴方式（实际上出售这一检验资质和农产资质）获得出口资格，反而增加了流通企业的成本，在最终消费市场上，新疆地产农产品的价格优势丧失殆尽。目前新疆库尔勒焉耆一带的辣椒产品正是由于这一出口资质的问题而无法变成真正的出口优势。同样，阿图什的葡萄也没能获得出口待遇，只能基本依靠内销方式出售。所以，如何通过农业生产技术的普及、农场化管理、标准化生产等方式推动贸易便利化，成为重要的议题。

（4）技术进步与科技创新因素。在外向型农业的发展中，可以走两条路：第一条是直接出口农产品，形成大宗产品交易；第二条是本地形成外向型农产品加工企业的基地，通过本地加工，形成附加值，通过加工产品来瞄准国际市场，实现新疆农产品的外向型发展，这就需要科技创新和技术进步。

目前，新疆以外向型农业为目标的科技创新和技术进步严重不足。大部分的科技扶持倾向于区内需求和国内需求的满足，针对以国际市场为主的农产品加工领域并没有给予太多的科技创新扶持或技术进步

---

① 2005年哈密红枣价格突破每千克80元，结果从2005年开始南疆各地掀起种红枣的热潮。喀什的石榴园、阿图什的无花果园、和田的核桃园等全部改为红枣园，甚至以库尔勒香梨闻名的巴州也强调红枣的重要性，结果出现了若羌红枣、且末红枣等。到2013年，农民出售红枣的价格降低到不足10元，才引起反思。

扶持。

在新疆的农产品中，药用农产品占据了相当一部分比重，但是原料形式出口的前景并不大，必须运用生物科技转变成加工产品才能得到更高的利用价值。新疆的优势特色农产品中的核桃、红枣、石榴、葡萄等都是中医和维吾尔医等特殊医药企业的主要药用原材料。如果把甘草、板蓝根等纳入农产品领域，新疆农业优势转变为生物科技产品的优势就会进一步放大。在具体操作中，由于新疆的医药行业竞争力较弱，且对其扶持力度并不大，技术进步非常滞后，科技创新能力不足等，上述原材料无法获得进一步的精深加工。

此外，类似的情况还有：新疆的玫瑰花多以茶叶形式销售，而法国的玫瑰花以植物精油和名贵香水的形式销售；新疆的甘草仅以甘草片形式销售，而美国的甘草片以提炼成甘草黄酮高价销售；新疆的辣椒变成大盘鸡的佐料和辣椒酱以美味的形式销售，但是国外的辣椒以辣椒色素方式，取代苏丹红销售到全球，身价倍增；新疆的番茄制品以粗加工方式变成大桶装番茄酱出口到欧洲希腊，希腊人从中分离出番茄素高价销售，剩余部分标准化制作成快餐佐料出口到其他国家。上述情况证明，由于技术进步不足、科技创新力度不大，新疆的农产品既不能够延伸产业链，更不能够实现外向型加工销售，使得整个新疆外向型农业处于劣势地位。

4.2 新疆外向型农业发展的因素影响机理分析

4.2.1 主导因素的影响机理分析

由于产品出口与贸易条件有关，贸易条件的改善与同一产品在不同空间内的绝对价格有关，价格与构成价格的成本因素有关，只要分析出了成本因素的构成就能够容易地看出影响机理。

1）本书分析过程中的假设条件

（1）新疆农产品的价格按照成本加成法确定，即：

$$P = (1 + X\%) * C$$

其中，P 为价格；C 为成本。

（2）将所有的农产品看成一种产品，一个价格水平，只要贸易条件改善，新疆的外向型农业就会得到发展，即：

$$P_{ab} = \left(P_a \middle/ P_b \right)$$

其中，P_a 为国内价格；P_b 为国外价格。当 $P_{ab} \sim 0$ 时为贸易条件的无穷改善。

（3）成本包含要素成本、运输成本和国际交易过程中产生的交易成本，即：

$$C = C_f + C_t + C_{tr}$$

其中，C_f 为要素成本；C_{tr} 为运输成本；C_t 为交易成本。

（4）交易成本包括运输安排中的制度因素造成的谈判过程、进入国际市场的谈判过程以及内部制度安排造成的讨价还价过程的成本等，即：

$$C_t = CT_1 + CT_2 + CT_3$$

（5）外向型农业发展对农民和相关主体的利益来自总量利润，而不是单位利润。单位利润将会降低对外贸易出口量，不利于外向型农业的快速发展。

（6）要素成本主要包括资本成本、劳动力成本、土地成本等，即：

$$C_f = C_k + C_l + C_{la}$$

其中，C_f 为要素成本；C_k 为资本成本；C_l 为土地成本；C_{la} 为劳动力成本。

本书认为，资本成本与资本供应量有关，劳动力成本与劳动工资率有关，土地供应量与制度因素有关。

（7）运输成本随着运输方式的变化而发生变化，本书假设航空运输成本高于汽车运输成本，汽车运输成本高于铁路运输成本，但在时间价值上则相反。本书假设时间价值都一样。

（8）外向型农业的发展依赖于规模化经营效益，即规模的扩大将会进一步提高规模效益。在农业生产中，农业成本随着农业生产规模的扩大，表现出平均成本先下降后上升的特点。这就是说，规模经济到规模不经济的过程随着要素投入量之间的比例关系的变化而发生变化，比例失调，将会进入规模不经济阶段，即：

$$(C_k/C_l):(C_k/C_{la}):(C_l/C_{la}) = TE$$

这说明，这三者之间的比例关系是规模经济发挥作用的技术条件。在总成本中，要素成本的大小与技术固定比例呈正向关系，即技术比例保持不变成本处于最佳状态，如果技术比例一旦失调，成本会上升，即：

$$(DQ/DC_k)>1，\ (DQ/DC_l)>1，\ (DQ/DC_{la})>1$$

其中，DQ 表示产量的增加；DC_k 表示资本要素投入量的增加，DC_l 和 DC_{la} 分别表示土地和劳动力投入量的增加。由于在技术比例不变的情况下，成本处于最佳状态，产出量稳定增加所带来的效应表现为投入要素的规模收益。规模收益一旦使生产处于规模经济状态，追加少量投入将会带来产出量的大幅度增长，因而在贸易条件不变的情况下，可出口的产品量增加。如果需求不变，总投资量减少，即：

$$TI = I_0 + DI$$

其中，I_0 为原有规模投资；DI 为追加投资。由于追加投资表现为企业的实际追加成本，因而：

$$TC = C + DC$$

其中，TC 为总成本；C 为原有规模成本；DC 为追加投资产生的追加成本。

根据要素的边际收益原则，DC 趋向于 0 时，$TC \sim C$，即包括追加投资在内的总投资变化量也表现为 $TI \sim I_0$，但是，

$$TQ = Q_0 + DQ$$

其中，TQ 为总产出量；Q_0 为原产储量规模；DQ 为追加投资产生的产出量。

由于 $(DQ/DC_k)>1$，$(DQ/DC_l)>1$，$(DQ/DC_{la})>1$，而 DQ 趋向于更大，因而，TQ 变得更大。

2）新疆外向型农业发展的正向主导因素的影响机理分析

在上述假设条件下，结合本书前面的实证分析，对新疆外向型农业的正向主导因素影响机理做一个深层次的分析。

（1）国际经贸合作的影响机理。国际经贸合作水平的提高为新疆外向型农业占领国际市场节约了交易成本。经贸合作关系的稳定可以提供稳定预期，由于预期的稳定性，投资农业将会消除投资心理中的市场不景气的政策因素，进一步降低因这一制度安排产生的交易成本至最低状态，从而降低总成本。这样一来，成本加成法计算的价格水平下降，从而使得新疆的贸易条件得到改善，外向型农业中农产品的出口得以稳定增长，进而加快了外向型农业的整体发展。

（2）规模化经营的影响机理。体现规模效应的关键在于农业主要投入要素土地的供应上规模。目前整体来看，新疆农业种植面积规模已经达到最高水平，单位农户经营规模虽然不佳，但是总量规模表现出了规模经济的特点。这一系数大于1，说明处于规模经济递增阶段。同时要注意，从要素产出率角度的分析说明单位农户内部经营表现出了内部规模不经济的现象，即资本贡献率持续下滑，劳动贡献率保持稳定上升。这主要是因为单位农户经营中土地和资本、土地和劳动力之间的比例严重失调，微观生产主体内部不经济现象大量存在。

（3）消费者偏好的影响机理。偏好的稳定性对成本的影响并不大，但是偏好的稳定性对于同类价格水平上的选择起到关键性的影响作用。目前，新疆的农产品与中亚国家农产品在价格竞争中处于相当水平，这种情况说明，新疆农产品已经能够获得中亚国家相当一部分消费者的首选决策，已经为新疆农产品进入上述国家提供了稳定的预期。

（4）产业援疆的影响机理。产业援疆的影响机理来自两个方面：一方面，产业化经营为新疆外向型农业的发展提供了一个稳定的预期。产业资本投入到农产品加工领域，说明农户生产经营过程中有了目标市场和稳定的销售渠道，这就进一步明确了农户生产经营中的国内优势领域。而规模化经营则进一步巩固了成本优势，进而影响产品的绝对价格，最终改变贸易条件。另一方面，农业产业资本能够使优势农业资源就地加工，形成更高的附加值，进入周边国家市场，解决分散农业经营者面临的各种技术性贸易壁垒，从而间接降低交易成本，进而改变绝对价格，改善贸易条件，提高新疆农产品的国际竞争力，促进外向型农业的发展。

4.2.2 主要制约因素的影响机理分析

1）体制因素的影响机理

通过前述研究可以发现，实际上体制因素是新疆发展外向型农业的最核心的阻碍因素。体制确定了生产什么、生产多少、如何生产和为谁生产的问题。目前新疆的农业政策统得很死，至少是地方政府对农户生产的变相干预很多。

一方面，面临快速提高农民收入的约束，地方政府行为总是以短期利益为重，没有长远的决策能力，尤其体现在农业生产组织中的变化无常，农户并没有按照市场法则组织生产。虽然承包地和开发地的决策行使权有所差别，承包地受干预程度高于开发地，但是具体决策者往往是以承包地为主的农户角度去进行决策，定价机制也是对开发地和承包地同样有效，结果变相改变了开发地农户的决策行为、组织行为等。

另一方面，体制问题还导致新疆农产品价格按照国内价格信号来应对国际市场。国内价格信号不能够准确反映国际市场上的贸易条件，导致新疆农户在生产决策中对贸易条件的灵敏度降低。再者，价格信号的失真，导致新疆农业产业化企业决策行为的失算，生产出的深加工产品的国际市场竞争力大打折扣，不能够以国际市场环境为目标进行决策，最终对新疆外向型农业发展的带动作用弱化。

2）目标定位的影响机理

新疆农业中外向型农业发展领域的总体发展目标不清晰，导致政府引导的外向型农业发展定位出现问题，甚至错误。这种定位上的错误进一步导致具体农业生产领域的决策失误。根据谷贱伤农的原理，农业领域的决策失误将会导致连续几年无法挽回的损失。

一方面，农户在组织生产时会失去方向。正如目前的棉花生产和销售当中的情况，农户所瞄准的销售目标就是政府收购。一旦政府收购价格下跌，农户就会不知所措。另一方面，农业加工型企业组织生产时也会失去方向。由于农业深加工企业以农产品为主要原料，如果政府行为变化无常，对原料价格不能够形成稳定预期，就会影响农产品加工企业的生产决策，从而降低竞争力，无法带动农业发展。

此外，目标不清楚还会导致无法获知农业领域的扶持资金到底是否对外向型农业的发展有效。目前，新疆农牧业扶持资金主要瞄准区内市场的稳定性，比如牛羊肉生产基地建设、三个千万亩生产基地建设等，但是没有一个是以外向型农业作为出发点而进行扶持的，因而政府出台的农业发展政策对外向型农业的发展到底是否起到带动作用并不清楚，更不用说带动作用的大小。

3）贸易便利化措施的影响机理

贸易便利化实际上是通过减少出口环节中的额外成本、出口路径上的交易成本等方式来影响贸易条件的。目前新疆农产品由于贸易便利化安排中的众多矛盾产生的额外成本较高。

一方面，许多农产品获得出口所需的相应资质所需时间较长，不能够及时供应，导致违约损失；另一方面，水果蔬菜等产品属于鲜活商品，保质期短，容易变质变味，面临的风险成本加大。此外，不能够及时供应或过季节供应等因素带来的预期利润减少，导致流通企业亏损。上述亏损在实际交易中全部被纳入不确定的成本核算中，使得原本具有很强国际市场竞争力的新疆农产品价格因人为因素上涨，贸易条件因贸易便利化措施不得力而人为恶化，导致新疆外向型农业发展滞后。

4）科技创新的影响机理

科技创新和技术进步对新疆外向型农业的带动作用不仅在于通过提高大宗农产品产量来改善贸易条件，更重要的是通过开发延伸产业链，形成新的产品市场，持续带动以外向型农产品加工业为目标的新疆外向型农业的发展。

根据前面的分析，如果新疆农业加工企业的技术进步或科技创新能力提高，新疆所产的所有农产品都有可能成为进一步深加工的对象，农业加工企业可以依靠原料地优势，获得更高的效益。但问题在于，当前不论是外向型农产品加工企业还是外向型农产品流通企业都没有得到技术进步或科技创新方面的差别化政策扶持。在没有适当的政策扶持情况下，通过国内市场来获得较低的利润也是上述企业的明智选择。

4.3 新疆外向型农业发展的影响因素实绩

4.3.1 国外需求的变化对新疆外向型农业发展的影响实绩

1) 农产品国外需求总体结构发生变化，国别需求更加集中

从新疆农产品出口现状看，本书第 2 章对新疆农产品出口贸易以及结构分析给出了十分明显的信号。一是国外对新疆农产品的进口需求逐步转向水果和蔬菜，其他粮食产品和特色产品的需求量逐渐缩小，近几年来，蔬菜和水果的出口量在总出口中所占比重持续稳定在 30%以上，稳居新疆农产品出口额的首位。二是新疆农产品的国别需求主要来自哈萨克斯坦、吉尔吉斯斯坦、俄罗斯和乌兹别克斯坦。其中仅哈萨克斯坦和吉尔吉斯斯坦两国的需求量就占到总需求量的 75.48%。如果考虑俄罗斯和乌兹别克斯坦两国，总需求量的 99%来自上述 4 个国家。所以，以上国家中，尤其是哈萨克斯坦和吉尔吉斯斯坦的需求量的变化对新疆外向型农产品发展的影响是决定性的。

2) 农产品国外需求的收入弹性性质更加明显，贸易条件逐步恶化

从弹性角度来看，虽然对于国内交易或个体消费者而言，农产品是没有价格弹性的产品，其需求量并不会因为价格的变化而发生大量的变动，但是在国际竞争中，贸易条件的改善或恶化可能会导致出口格局的新变化。贸易条件一般通过相对价格比率来衡量，不同国家农产品绝对价格基础上产生的相对价格可能会对不同国家生产的同类产品产生较大的冲击。

最近几年中国农产品产出量稳定增长，粮食产品无论单产水平还是总产量水平都远高于其他国家，但是国内生产成本的高涨导致中国农产品贸易条件的恶化，中国农产品出口总量以及市场占有率并不高。

3) 农产品国外需求受到国外内部结构调整冲击

国外需求的变化，尤其是哈萨克斯坦和吉尔吉斯斯坦的需求变化，除与相对价格所确定的贸易条件有关以外，还跟上述国家的内部供给能力、产品结构的变化以及收入水平、偏好等有关。从当前的情况来看，

哈萨克斯坦、吉尔吉斯斯坦的劳动力成本比较高。就目前的工资性支出水平来看，哈萨克斯坦 2013 年的农民平均工资水平为新疆农民平均工资水平的 1.5 倍左右，农民人均收入水平为新疆农民人均收入水平的 1.3 倍左右。因此，哈萨克斯坦在开展劳动密集程度较高的农产品贸易中总是处于劣势地位，相对而言新疆在此领域处于优势地位。吉尔吉斯斯坦由于农业生产规模化经营能力弱，无法大量生产蔬菜和瓜果，不可能形成更高的相对价格优势。唯独乌兹别克斯坦因劳动力资源相对丰富、土地资源和气候资源适合于生产蔬菜和水果产品，可能会对新疆蔬菜和水果产品形成竞争优势。从偏好角度来看，中亚国家对粮食产品和大米产品的消费偏好比较固定，对新疆出口的农产品需求量产生比较固定的需求预期，而且随着收入水平的提高，对高质量大米的需求量将会大增。

4.3.2 区内生产要素供给对新疆外向型农业的影响实绩

从供给层面来看，外向型农业发展的前提是农业产出量的增长。有剩余才有可供出口的贸易品。不考虑新疆外向型农业结构因素，仅从新疆农业生产总量变化角度以及总量变化中的要素投入及产出率角度可说明新疆外向型农业发展的要素供给影响实绩。

1）农业土地要素——耕地效率分析

（1）新疆农业耕地播种面积增速与产值增速表现出正相关关系，但是单位产值提高速度不高。2015 年，新疆农作物播种面积为 9 189.09 万亩，年增长率为 4.1%。但是从投入产出率角度看，一方面，播种面积对粮食的产出贡献率不大。2015 年粮食播种面积 3 548.33 万亩，年增长率为 1.1%，相比于同期产值 4.7%的增长率而言，单位产出率处于下滑之势。如果把粮食产量增长率简单地看作是粮食播种面积增长带动的，则粮食播种面积每增长 1%，带动的相应增产额度为 1.15%。但是考虑到生产中的固定资产投资、技术投资和人力资本的贡献率，播种面积增长所带动的粮食增产的贡献率正在下滑。另一方面，2015 年棉花播种面积为 2 273.11 千公顷，增长 16.2%，但是产出率增加 31.4%，播种面积对产出率的贡献率较大；油料播种面积 218.33 千公顷，下降

0.8%，相应的产出率也下降了 2.4%。

（2）种植业土地要素投入表现出了较好的农产品结构调整特点。进入 21 世纪后，新疆农业不再追求粗放式经营，要求集约化经营，同时对于农业内部的种植业结构也进行了适当的调整，逐步改变了重棉花而忽略粮食和其他作物的局面。图 4-5 十分直观地说明了这一变化。1990—2008 年，棉花种植面积逐年增加，尤其是 2006—2008 年，棉花种植面积曾一度超过粮食播种面积。粮食播种面积在这一阶段内始终处于下滑趋势，2008 年后才开始出现缓慢上升或稳定规模的趋势。但是反观新疆农作物种植业总面积，这一数值一直处于上升趋势，尤其是进入 2004 年后，种植业总面积增长速度超过粮食和棉花种植面积，表现出了此消彼长的特点。这一方面是新疆农业开垦白热化的结果，另一方面也得益于农业种植业结构的不断合理化，不仅把粮食作为主要产品，而且也迅速提升了其他种植业规模。

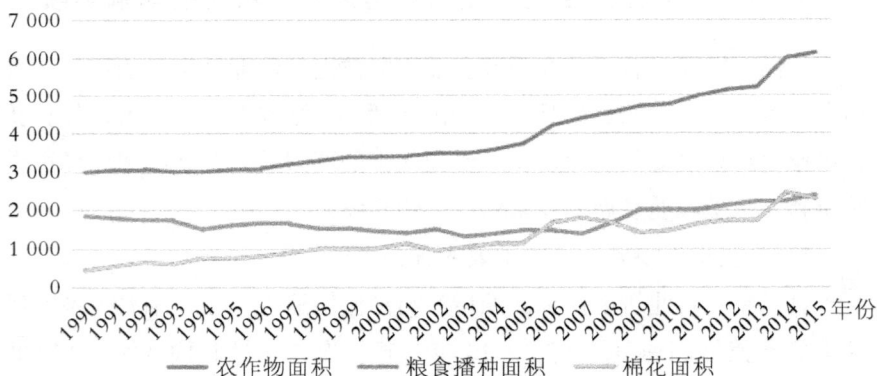

图 4-5　新疆主要种植业面积变动比较图

2）新疆农业发展的技术要素效率分析

农业发展中的技术要素效率主要体现在农业现代化进程中的固定资产投资以及机械化程度的提高。目前，新疆农业现代化水平逐步提高，技术投资结构出现了新的变化。根据新疆农业统计数据，2015 年年末农业机械总动力为 2 483.49 万千瓦，增长率为 12.1%。拥有大中型拖拉机 47.06 万台，增长率为 39.1%。相比之下，小型拖拉机 28.10 万台，上升了 0.8%。这组数据说明农业规模化经营环境中的技术投资结构发生了较大变化。农村用电量 104.07 亿千瓦时，年增长率为 7.8%，比 1999 年的 23.44 亿千瓦时多出了 80.63 亿千瓦时。这表明新疆农业机械动力装备水平得到了大幅提高。农机结构向大中型方向发展，随着新疆开垦规模化、集中化趋势的显性化，农机化作业领域不断拓宽。

3）农业发展中的劳动力要素效率分析

新疆农业就业人数总量规模仍然较大，单位劳动产出率处于逐年上升趋势，如图 4-6 所示。对 1995—2015 年的相关数据进行分析发现，1995—2015 年，新疆第一产业就业人数总体呈现上升趋势，相比于 1995 年，2015 年第一产业就业人数增加了 35.7%，与此同时，新疆农业产值从 1995 年的 240.71 亿元增加到 2015 的 1 559.08 亿元，增长了 5.48 倍，产值的增长幅度远远大于就业人数的增长。从这一角度看，新疆农业劳动生产率有明显提高。按照不变价格推算，单位劳动产出率从 1978 年的 39.46 元增加到了 2015 年的 2 959.4 元，增长了近 74 倍。

4）新疆农业发展中的资本要素效率分析

新疆农业发展中单位资本产出率逐年下滑。1978 年单位资本产出率为 1 111.12 元，到了 2015 年这一数值下降到 323.01 元。单位资本产出率是一个边际分析的概念，1978 年由于新疆农业固定资产投资甚少，主要依靠劳动力来推动，因而资本产出率表现出异常高的数值，但是随着资本投入量的加大，且资本投入速度远远超过农业劳动力增长速度，导致单位资本边际产出率下滑，劳动力的边际产出率增长，如图 4-6 所示。

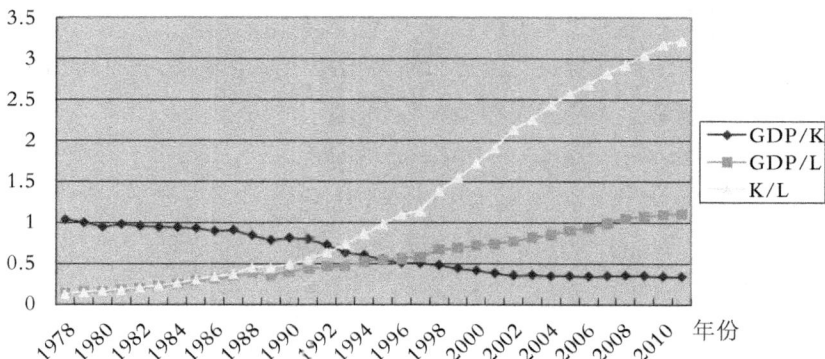

图 4-6　新疆单位资本和劳动产出率以及资本劳动比变化率

从另一个角度来看，从资本劳动比可以看出新疆农业技术进步的速度。新疆农业的技术进步率较高，人均资本拥有量提升速度较快。尤其在 1998 年后，新疆农业中的技术结构发生根本性变化，这一趋势十分明显。2011 年人均资本拥有量达到 864.78 元，比 1978 年的 35.55 元增长了近 24.32 倍，这也正是新疆农业产量的增长中劳动力贡献率较大的原因。

5）新疆农业要素贡献率分析

为了澄清资本、土地、劳动力以及技术对新疆农业产量的实际贡献程度，本书运用 1995—2015 年的历史数据，按照柯布-道格拉斯函数构造出新疆第一产业产值、资本、劳动力和土地之间的回归模型，并对此模型估计出来的参数进行检验后，得出了各要素对新疆农业产值的贡献程度。

本书采用的数据来自《新疆统计年鉴》所提供的相关数据。为了便于比较，本书对来自《新疆统计年鉴》所提供的数据，以 1995 年为基期进行调整并获得了 1995—2015 年的新疆第一产业产值数据。在《新疆统计年鉴》中农业产值、固定资产投资等均以亿元为单位，劳动力以万人为单位，土地播种面积以万亩为单位，为了避免出现概念上的混乱，对此进行了无量纲化处理，对处理后所获得的数据进行回归分析。此外，由于柯布-道格拉斯函数是一个非线性方程，因此为了既有说明性又简化计算，在数据处理过程中有必要进行取对数作线性变换。本书按照常规对此取自然对数，在无量纲化数据基础上形成新的数列进行分析，具体计算分析采用了 Eviews 统计软件包。

本书以对原始数据进行处理后所得出的结果为基础，获得农业总产值与各投入要素之间的回归模型方程如下：

$$GDP_n = -4.0508 + 0.3939K + 0.3784L + 0.5983La$$

T 值：（−5.710）（7.975）（2.178）（28.12）

P 值： 0.000 0.04 0.000 0.000

F 值：2 520.63，P 值：0.0000，D−W 值：2.224

其中，除了劳动力的 T 检验在 5%的概率下通过以外，其余都通过 1%的检验，说明不存在异方差现象。对整个模型的 F 检验说明，模型结构通过检验，拟合度判决中均达到了 $R^2=0.997$，模型拟合度较好。同时 D-W 值为 2.224，该模型通过杜宾瓦松检验，不存在自相关以及多重共线性现象。

从上述分析来看，新疆农业目前属于规模递增行业。劳动和资本对农业产值的贡献程度基本相当，资本的贡献率相对于劳动力而言高出 1 个百分点，新疆农业产值增长中土地，即播种面积的贡献率最大，达到 34.83%。这说明新疆的农业从某种程度上来说还是属于粗放型经济，主要依靠大量的土地开发、耕地面积的扩大、劳动力和资本的投入来支撑。新疆农业产量大幅度提升说明新疆已经具备了相当的农业生产力。新疆农业生产力中劳动的贡献率有逐年提高的趋势，说明新疆资本贡献率有所下滑，技术进步的作用有所显现但仍然不够突出。新疆的农业结构调整政策是有效的。尤其是特色农产品政策使新疆农业产量大幅度增加，这同时又说明新疆农业结构调整的空间比较大。

上述分析说明，新疆已经具备了大力发展外向型农业的技术条件、资本投入条件以及土地总量规模条件等。在这当中，新疆农业的技术进步效率不明显凸显了一个核心问题，即新疆要大力发展外向型农业，必须突破现有的体制和机制制约，尤其是在土地经营中的流转机制问题直接制约着新疆农业土地集约化经营、农业生产规模化经营和标准化经营等。这是新疆目前大力发展外向型农业、实现农业对外贸易快速增长的核心制约因素。

4.3.3 外向型农业结构变动因素分析

目前新疆农产品中以外向型出口为主要目标的战略规划内容很少见。本书在研究中查阅了大部分政府文件和农业发展规划，在总体规划中并没有具体定位外向型农业发展目标。但是国内其他地区农业发展规划中以外向型为主要目标的农业格局已经基本形成。如果不考虑因地理、气候条件自然形成的番茄和啤酒花，大部分新疆农产品的主要目标市场为区内和区外国内市场，也有少部分产品输送到国外去销售。出口产品在新疆农产品总量中所占比重很小，关于此问题前面的分析中已经提及，在此不再分析。

新疆要大力发展外向型农业，关键还在于明确需要发展的外向型农业领域和产品领域。特色产业是否能够出口，关键还在于是否能够满足国际市场的游戏规则。目前，新疆外向型农业的基本模式还停留在分散生产、分散收购和集中销售阶段，这种粗放的模式无法实现生产标准化，容易遭遇国际贸易中的标准化要求而带来的技术贸易壁垒、生产过程中的农药残留以及化肥使用过量导致的绿色贸易壁垒等。从实际情况来看，目前新疆出口到国外去的并不是新疆的特色农产品。例如，新疆棉花种植和产量在全国总量中均占有绝对优势，但其出口量并不高，本地产的棉织品出口量甚微；而另一种特色产品啤酒花的出口也控制在大公司手中，并不能够产生广泛带动效益。与此相反，蔬菜和各种水果产品是新疆农产品出口当中的热点产品。

另外，必须说明的是，新疆外向型农业结构发生变化的根本原因在于新疆农业生产组织决策中的政府行为。由于地方政府部门面临迅速提高农民收入的压力，因此对于农民的生产行为介入甚多。生产什么、生产多少这些问题原本由市场机制来决定的却游离于市场机制之外，而是由各个地区和县市政府领导工作报告中的计划和规划来确认。最典型的例子就是新疆农业领域中曾经出现过的棉花种植业盲目扩张、红枣种植风暴、喀什伽师瓜种植风暴、和田核桃种植风暴等。每一次风暴来袭，农民不得不全盘否定原有的生产领域和生产方式，然后完全倒向于一个领域。这就导致新疆农民在生产中并不能够形成特有的生产领域特色，农产品种植结构多变，在参与国际竞争方面表现出靠运气竞争的特点。

第5章 新疆特色农产品出口加工基地建设现状及存在的问题

　　农产品是指来源于农业的初级产品,即在农业活动中获得的植物、动物、微生物及其产品,通常可分为鲜活农产品和非鲜活农产品。鲜活农产品包括新鲜果蔬、鲜活水产品、活的禽畜等;非鲜活农产品包括禽畜、水产品、瓜果、蔬菜、蛋、奶、蜂等加工后的制成品。因此,本书界定的出口农产品应该包括对鲜活农产品的种植和养殖以及以此为基础的加工农产品。

　　农产品生产基地是由政府、企业、农村集体和农户联合投资,在自然条件和社会条件适宜的地方,根据农业产业化经营的要求、各地资源状况和市场要求,有规划、有重点地建立起来的农产品专业化区域。农产品出口基地是指产业特色鲜明,具备一定的出口规模和竞争优势,有较强的示范、带动和辐射能力,产业链和配套体系较为完善的产业集聚区。以此为依据,本书对农产品出口加工基地分为两大类型:农产品生产出口基地和加工出口基地。

　　农产品生产和加工出口基地在整合地区农业资源、实现贸易与产业互动以及提高出口竞争力等方面具有重要作用。中国农业部从 2003 年起实施的《优势农产品区域布局规划》推动了农产品出口生产基地的建设。大批生产基地的规模化、多样化以及统一化发展成为中国出口农产品生产的新特征。这些农产品出口生产基地面向国际市场，按照国际标准生产运作，在中国农产品出口中起着举足轻重的作用。通过加大扶持力度，大力改造和提升传统产业，积极培育和发展新兴产业，形成了茶叶、蚕桑、柑桔、板栗、杉木、竹笋等一大批具有一定规模的传统特色产业和蔬菜瓜果、花卉、特种养殖等新兴产业。如河北、河南的优质专用小麦加工和肉类加工，吉林的玉米加工和牛肉加工，黑龙江的优质大米和大豆加工，湖南、四川等省的水稻和饲料加工，内蒙古的乳品加工和羊绒加工，河北的皮革加工和羊毛加工，江苏、浙江等省的羽绒制品，浙江、福建、广东的水产品加工，山东、陕西的果品贮藏与加工，安徽、江西、福建、浙江等省的茶叶加工，新疆的棉花、葡萄和番茄加工等。目前中国苹果已出口到世界 90 多个国家和地区，其中陕西、山东两省鲜苹果出口量占全国苹果出口总量的 80%。

5.1 新疆建设特色农产品出口加工基地的意义

随着中国丝绸之路经济带战略的实施，新疆外向型农业发展将迎来继续加大向西开放的大好机遇。从总体上看，新疆特色农产品多是劳动密集型产品，具有较强竞争优势，大力发展特色农业是新疆农业扩大向西出口、促进贸易平衡的重要手段。加快推动优势区特色农产品出口生产基地建设，全面推行标准化生产，提高产品品质，做强做大优势区特色品牌产品，可以将特色资源优势转化为现实的出口竞争优势，扩大出口，优化出口结构，这对于提高农业整体竞争力、积极推动新疆向西开放具有重要意义。

5.1.1 新疆特色农产品出口加工基地建设是面向中亚的新疆特色农产品贸易与产业互动的有效载体

产业是外贸发展的基础，出口加工基地建设是推动新疆特色产业、比较优势产业通过参与国际市场竞争提高产业层次，将产业优势转化为出口优势；是贸易引领产业升级、产业支撑贸易发展的必然途径，也是建立贸易与产业互动机制的有效形式。建设出口生产加工基地有助于新疆根据自然资源优势和经济区位优势，围绕本地优势产品、特色产业发展农产品生产加工以及出口。优化资源，统筹规划，形成一批特色鲜明的农产品生产和加工产业带，带动和促进新疆农业优势产业带的形成和农业生产力的优化布局。大批的农产品基地的规模化生产，不仅降低了单位产品的生产成本，创造了品牌，而且推动了农业的产业结构调整，优化了农业资源。基地农产品实行集中连片的规模化生产，注重良种化建设，有利于打开市场，并使产品提质增效，使新疆农产品的比较优势得以充分发挥。实行农产品区域化和专业化生产，形成优势产区，是一些发达国家增强农业竞争力、扩大农产品出口的重要经验。如美国已经形成了有竞争力的专用小麦、专用玉米和柑橘产业带，法国形成了世界著名的酿酒葡萄优势产区。选择一些优势农产品，在一些最能够发挥自然资源和社会经济优势的地区，进行集中生产，能够达到较高的生产水平，形成较大的市场规模，降低生产成本，在较短的时间内提高中国农业的国际竞争力，对于有效抵御国外农产品冲击、扩大农产品出口、在国际竞争中争取主动权具有重大现实意义。

5.1.2 出口生产加工基地的建设是新疆发展特色现代农业的重要途径

新疆特色农产品生产还比较分散，区域化布局、专业化生产格局还未形成，地区比较优势未能充分发挥。一些传统农产品产区，由于规模小，产业链短，营销服务跟不上，竞争优势还不明显。因此，大力推进优势农产品区域布局，加快培育优势产区，把各地的资源和区位优势发挥出来，做大做强各具特色的主导产业和优势农产品，是进一步深化农业结构战略性调整的重大步骤，对于形成科学合理的农业生产力布局、提高农业整体素质和效益具有重要意义。

新疆传统农业是一家一户的小规模分散生产经营，集约化程度低，生产手段落后，农业基础设施薄弱，农业资源浪费，农业环境污染。出口加工基地在不改变农村土地承包制的前提下，由政府组织农民和有关加工企业，通过合同、协议等形式建立互利共赢的机制，实现生产基地的区域化布局、标准化生产、规范化管理、科学化种植养殖，全面提升综合管理水平；农产品加工企业发挥龙头带动作用，引导农民进行农产品结构调整，从而有效推进农业产业结构调整；作为改造传统农业的一种重要方式，出口加工基地建设有效整合了社会、行政、生产资源，既延伸了农业产业链，也实现了现代农业高产、优质、生态、安全的目标，提高了农业综合生产能力，扩大了出口，促进了农业结构调整和农业发展方式向集约化转变。

此外，超越国外的技术性壁垒以及各种检验检疫制度，从根源上解决问题必须加大对农业生产的科技投入，积极引进和推广新品种、新技术、新设施，加强对基地农户的技术培训，发展无公害农产品，实施农业标准化生产，而这些投入和研究单靠农户个体是很难做到的，只有发挥出口加工基地的集团优势才能效益和效果兼备。通过基地的规模效应，不仅有效地提高了农产品的科技含量，而且培植了一大批品牌农产品，使新疆传统优势产业获得新的生机。

5.1.3 出口生产加工基地是促进新疆农产品出口秩序改善、推动外贸转型升级的示范区

出口基地不仅是新疆传统优势农产品加快转型升级的试验田，也是特色潜力农产品开拓国际市场、抢占中亚市场的主阵地，在带动新疆出口产品结构优化、推进对外贸易转型升级方面有积极的示范带动作用。农产品出口基地集团化、规模化的生产和出口，使得传统的小而多、乱而杂的边境贸易和旅游购物贸易方式带来的弊病得到有效缓解。出口加工基地的规范化出口方式使得出口贸易行为逐步规范化，减少了自相残杀、血本削价的恶性竞争行为。比如塔城地区一直是新疆农产品出口的主要集中地，随着农产品出口加工基地建设，出口品种的多元化、时间的均衡性，塔城农产品的出口方向更加多样和合理，基地在出口方向以及出口品种的指导上起了相当大的作用。

5.1.4 出口生产加工基地是培育新疆跨国经营企业的重要途径

2014年，由自治区农业产业发展局认定的农产品产业化龙头企业有257家（其中农业产业化国家重点龙头企业33家），实现销售收入708.9亿元，实现利润32.9亿元。销售收入1亿元以上龙头企业223家，销售收入10亿元以上企业23家。农产品加工转化率、农牧产品加工增值率分别达到40%和48%。通过对具有较强辐射和带动作用的龙头企业进行重点扶持，引导它们建成了一批特色优势突出、规模化程度较高的农产品生产基地，加强自主创新，培育自主品牌，"走出去"建立营销网络，从而增强企业国际竞争力。

5.1.5 出口加工基地建设促进商会、协会等行业组织发展，发挥其出口市场调研，出口贸易争端协调、协商，以及出口服务等作用

商会、协会等行业组织在促进农产品出口方面作用巨大。通过建设出口加工基地形成产业集群，从而发展中介组织，反映和收集企业的要求和问题，组织制定行业标准和技术规范，协调行业内企业之间的关系。这些中介组织可以民间组织的角色与国外有关部门交涉和协商，开展有关贸易问题的对策研究和协调，同时为地方政府有关部门提供决策依据，为行业会员提供优良服务。

5.1.6 利用农产品出口基地的龙头企业开展跨国经营和促销，形成国际营销网络

通过有针对性地组织基地内企业参加亚欧博览会、广交会、境外农产品展销会、世博会、区域性国际农产品交易会，推广新疆具有比较优势和特色的产品，扩大品牌影响力；对于基地内的中小企业，在开拓国际市场时借助政府给予的资金扶持，积极参加国际专业展览和新市场、新产品的推销活动；鼓励有条件的企业"走出去"，利用多种资本运营方式，开拓国际市场。

5.1.7 有利于提高新疆农业生产和管理水平，加快农业现代化进程，增加农民收入

　　加快新疆农业现代化的进程，区域化布局、专业化生产、产业化经营是农业现代化的重要标志，也是推进农业现代化的有效途径。在特色优势产区扩大特色农产品出口，能够最大限度地优化新疆的资源配置，挖掘资源潜力，释放和形成新的生产力，加快培育优势产区，发展优势农产品，扩大市场份额，带动加工、贮藏、运输、营销等相关产业的发展，可以开辟农民就业渠道，形成新的收入增长点，促进优势产区率先实现农业现代化。近年来，新疆通过优势产区生产基地的示范和带动，2014 年，全区 94 家企业的 139 个产品通过了无公害产品认证，55 家企业的 101 个产品通过了绿色食品认证，65 家企业的 77 个产品通过有机食品认证，204 家企业的 292 个产品通过 QS 认证，通过 HACCP 体系认证的企业 82 家，ISO 体系认证的企业 174 家。品牌战略稳步推进，市场竞争力不断增强，2014 年，新疆农业产业化重点龙头企业拥有中国名牌 13 个，新疆名牌 49 个，中国驰名商标 9 个，新疆著名商标 33 个，新疆农业名牌 58 个，地理标志 26 件。品牌建设不但带动了产业升级，拓宽了市场，而且提高了农民的收入水平。

5.2 新疆特色农产品出口生产加工基地建设现状

　　农产品出口加工基地的形式多种多样，目前中国政府并未有统一的出口加工基地的规范化名称以及规范化的标准。学术研究上提出出口加工基地这一说法主要是针对出口农产品产业化、集群化、区域化和规模化的地域集中分布这一特点而言。据此，就新疆而言，研究出口加工基地首先要以初具规模的现有出口基地为基础，通过研究现有出口加工基地的建设现状，然后在此基础上探讨如何扩大和促进基地的建设与发展。根据本项目成员数据资料收集和实地调研，我们认为，新疆目前比较规范的出口加工基地主要有这样一些形式：出口示范基地、出口质量安全示范区，以及出口备案基地和农业示范园区等，这些出口加工基地

的共同特征是政府主导（自治区政府或者地州政府主导），基本实现了特色农产品规模化出口，初步构建了出口产品的规范化质量标准和体系，产业化经营比较显著，以及受出口相关部门备案管理。

5.2.1 新疆特色农产品出口示范基地建设现状分析①

从 2012 年起，新疆商务厅牵头与农业厅等 7 个厅（局）共同开展了自治区农产品出口示范基地的创建工作，2012 年认定了"库尔勒香梨出口示范基地"等 6 个首批自治区出口示范基地，在此基础上，2013年又认定了"吐鲁番葡萄干出口示范基地"等 6 个第二批自治区农产品出口示范基地。目前新疆农产品出口示范基地共 12 家（见表 5-1），对全区农产品出口基地建设工作起到良好的示范带动作用。专项资金的投入极大地调动了基地建设主体的积极性。经过两年多的建设发展，农产品示范基地出口规模持续扩大，品牌建设和国际认证工作进展良好，国际市场开拓能力逐步增强。各基地种殖（养殖）面积不断扩大，技术革新和产业升级迈上新台阶，积极拓展营销网络、进行农产品精深加工、健全并完善出口商品质量安全体系建设，提升了新疆农产品的出口质量和市场竞争力，为新疆农产品巩固中亚市场、进一步拓展新兴国际市场打下了坚实的基础。据海关统计，2013 年首批 6 个农产品出口示范基地出口总额达到 4 071 万美元，同比增长 13%。2014 年自治区农产品出口总额 9.02 亿美元，同比上升 6.8%。

5.2.2 新疆出口食品农产品质量安全示范区建设发展现状分析

出口食品农产品质量安全示范区建设工作是国家质检系统立足中国食品农产品生产现状，主动应对国际市场挑战，积极转变工作思路，为促进中国食品农产品扩大出口探索出来的成功经验。示范区建设就是在一定行政辖区内，以出口食品农产品符合国际市场准入标准为目标，整合行政管理和检测资源，加强区域内环境、水源、水域、农业投入品等综合管理，构筑"源头备案、过程监督、抽查检验"三道防线，对农业

---

① 此标题内的数据为研究时入新疆各厅局零散获得，资料成书时难以进一步更新，特此说明。

表 5-1　　　　　　　　　新疆农产品出口示范基地一览

时间	基地名称
2012年	乌鲁木齐禽肉出口示范基地
	特克斯八卦红水果出口示范基地
	奎屯特色农产品出口示范基地
	库尔勒香梨出口示范基地
	塔城蔬果出口示范基地
	乌鲁木齐特色果蔬罐头出口示范基地
2013年	乌鲁木齐市肠衣加工出口示范基地
	乌什县番茄出口示范基地
	和硕县加工番茄出口示范基地
	吐鲁番市葡萄干出口示范基地
	泽普县特色果蔬出口示范基地
	新源县孕马尿出口示范基地

资料来源：根据新疆维吾尔自治区商务厅提供的相关资料整理得出。

生产和食品农产品质量安全实施全程监控，以保障质量安全。目前，包括山东省在内的 26 个省区共建立了 108 个出口食品农产品示范区，涉及蔬菜、茶叶、水果、果汁、水产、畜禽、肉蛋等七大类主要出口产品。在示范区内，通过加强对农业投入品生产、经营、使用的统一管理，对良好农业技术规范的培训推广，出口食品农产品质量安全水平得到大幅提升，一批富有地方特色的优势食品农产品在国际市场的竞争优势进一步增强。

近年来，新疆检验检疫部门按照国家质检总局关于出口食品农产品质量安全示范区建设的总体要求，积极借鉴兄弟省区的先进经验，结合新疆食品农产品种植生产加工的实际特点，建立起一批具有新疆地方特色的出口食品农产品质量安全示范区，大力促进了新疆特色食品农产品出口。在综合了区域规划、生产规模、出口情况、管理水平、质量状况、发展趋势、社会影响等方面条件的基础上，选取了出口番茄酱、杏酱、蔬菜、香梨、红枣、核桃、葡萄等生产加工相对集中的巴州、塔城、伊犁、喀什、农十四师（和田）、农五师（博州）等地的特色农产品生产基地作为出口食品农产品示范区管理的重点区域，推行示范区建设试点。2011 年初，"新疆库尔勒出口番茄酱、杏酱种植基地示范区"入围国家质检总局首批公布的 25 家重点推进出口食品农产品质量安全典型示范区后，2011 年 10 月"新疆伊宁市出口蔬菜示范区"入围第二批 30 家出口农产品质量安全典型示范区。截至 2015 年，新疆共有国家质检总局授予的国家级"出口食品农产品质量安全示范区"6 个（见表 5-2），合计面积约为 65 万亩，示范区内种植出口的主要品种涉及红枣、核桃、葡萄、杏、苹果、梨、新鲜蔬菜等，每年出口数量超过 10 万吨，货值超过 1.8 亿美元。伊犁、塔城地区的出口大棚蔬菜"示范区"建设和巴州的番茄酱、杏酱、香梨"示范区"建设都已初具规模，"示范区"内出口食品农产品的数量大幅增加，带动农民增收效果显著，部分地区出口果蔬的收入已占到农民收入的 40%以上。

表 5-2　　　　截止到 2015 年新疆农产品质量安全示范区一览

序号	示范区名称	主要产品	所属地区	面积
1	新疆生产建设兵团第十四师二二四团出口红枣质量安全示范区	红枣	新疆生产建设兵团第十四师二二四团	13.4 万亩
2	新疆生产建设兵团第五师出口葡萄质量安全示范区	鲜食葡萄（红地球、弗雷、克瑞森、夏黑）	新疆生产建设兵团第五师	6 万亩
3	轮台县出口杏酱质量安全示范区	杏	新疆维吾尔自治区轮台县	25 万亩
4	塔城市出口食品农产品质量安全示范区	水果、蔬菜	新疆维吾尔自治区塔城市	绿色蔬菜 5.51 万亩，设施蔬菜 1.45 万亩
5	新疆建设兵团农九师团结农场出口食品农产品质量安全示范区	大棚果蔬、糖料、制酱番茄	新疆维吾尔自治区塔城市额敏县农九师团结农场	1 万亩甜菜，1 万亩制酱番茄
6	泽普县出口水果质量安全示范区	红枣等	新疆维吾尔自治区泽普县	14 648 亩

资料来源：根据新疆维吾尔自治区进出境检疫检验局提供的内部资料整理得出。

5.2.3 新疆现代农业示范园区建设发展现状[①]

新疆现代农业示范园区大体可以分为三类，即国家现代农业示范区、国家（自治区）农业科技园区、农业产业化园区。目前国家及自治区已经认定的各类现代农业示范园区共52个，其中地方37个，兵团15个（2015年数据）。此外，全疆各地州县市也以各种方式积极组建现代农业示范园区，且大多以农业科技园区或农业产业园区冠名，特别是在2009年启动全国19个省区对口援疆战略以来，多数援建省区都以工业园或农业科技示范园的形式扶持受援县市，形成了一批现代农业示范园区，如霍城县的江苏工业园区、疏勒县的齐鲁工业园、浙江省援建的阿克苏现代农业园区、北京市援建的墨玉县高效农业示范园等。据初步统计，全疆87个县市中由当地政府主导或对口援疆省区援建的现代农业示范园区约30个，但这些园区未经国家或自治区相关部门认定。基本情况如表5-3所示。

表5-3　　**2015年新疆现代化农业示范园区的基本情况**

农业园区类别	数量	分布情况
国家级现代农业示范区	6个	地方4个，兵团2个，北疆3个，南疆3个
农业科技园区	20个	地方8个，兵团12个，北疆13个，南疆5个，东疆2个
农业产业化园区	26个	地方25个，兵团1个，北疆12个，东疆3个，南疆11个
对口援建农业示范园区	30个	未经认定

资料来源：根据新疆维吾尔自治区农业厅网站相关资料整理得出。

1）初具规模

近年来新疆各地都非常重视农业园区的建设，积极发展现代农业和当地优势特色农业，现代农业示范园区建设的进程明显加快。

以第一批被认定的呼图壁县国家现代农业示范区为例，示范区重点

---

① 此标题内的数据为研究时从新疆各厅局零散获得，资料成书时难以进一步更新，特此说明。

围绕创建优质特色高产示范田、畜禽规模化养殖区、苗木花卉物流集散中心、农副产品精深加工以及农业新型经营主体培育等领域，目前已建成为新疆现代农业生产与新型农业产业培育的样板区、农业科技成果和现代农业装备应用展示区、农业功能拓展的先行区和农民接受新知识、新技术的培训基地，引领天山北坡乃至全疆现代农业快速发展的国家级现代农业示范区。

伊宁县现代农业园区已形成了技术集成、示范培训核心区和专业化生产示范区的现代农业示范园区。核心区内设"九大中心，一个基地"，构成"现代农业技术集成示范园"，即粮食、油料、蔬菜等 3 个作物品种及技术集成中心，现代节水灌溉、现代设施农业、特色林果苗木、现代畜牧业等 4 个技术集成中心，院校合作特色作物技术、农业企业合作产业等 2 个开发中心及 1 个农民和技术人员培训实践基地。专业化生产示范区包括优质小麦、玉米和甜菜等 3 个高产示范区，优质大豆、优质蔬菜、芳香植物、特色林果等 4 个生产示范区，瓜菜种植现代农业、高效养殖等 2 个示范区及 1 个苗木花卉生产交易集散基地。截至 2012 年年底，核心区建成七种类型高标准温室 14 座，园区内建成 3 个标准县级农业科技示范园，10 个 500 亩以上集中连片的乡级农业示范园。全县新品种、新技术、新模式、新机械的推广速度大大加快。招商功能逐步显现，如大北农集团根据伊宁县良好的光热水土资源和投资环境、地缘优势，在示范园内投资 1.5 亿元建成一大型制种玉米加工厂，并承包了 2 400 亩流转耕地。

2）农业科技投入力度加大，农业示范园区的辐射带动作用加强

截至 2012 年，呼图壁县已打造万亩机采棉示范园、万亩制种玉米示范园、滴灌辣椒示范园、食用菌生产加工示范园、农产品保鲜合作示范园等 10 个现代农业示范园建设。高效节水覆盖率达到 69%，成为全疆 8 个高效节水示范县之一；农业综合机械化率达到 85%，其中棉花机采率达到 13%；农业产业化经营组织 2 516 家，其中农产品加工企业达到 186 家，农民合作社 323 家，协会 7 家，辐射带动农牧民 2 万余户。示范区内无公害、绿色、有机农产品认定面积分别达到 57.8 万亩、11.08 万亩和 0.9 万亩，产品分别达到 14 个、10 个和 22 个。

　　昌吉国家农业科技园区已建成国家级、自治区级、州级技术研发平台 10 个；建成昌吉国家农业科技园区博士后工作站、麦趣尔集团博士后工作站等；建成玉米、棉花等各类技术研发服务机构 20 个，累计研发、引进、推广新品种、新技术 178 项。制定农业标准体系 3 个，农产品质量安全抽样监测合格率达到 100%。新引进示范了 GPS 自动导航耕作技术，填补了新疆精准农业发展的一项空白。利用闭锁式植物工厂管理技术、云台视频等现代农业新技术，展现了现代农业的最新科技成果，对新疆现代农业发展起到了积极的示范、引领作用。依托园区内 40 家示范农场，建成了 20 家节水滴灌小麦高产示范基地、3 家现代畜牧业生产基地、10 家机采棉花高产示范基地、4 家加工番茄全程机械化高产示范基地、5 家全程机械化高产示范基地和绿色蔬菜生产示范基地、3 家苗木生示范基地，形成了主导产业清晰、特色鲜明，产品具有较强竞争力的现代农场格局。

　　疏勒县通过打造喀什地区"一市二县"菜篮子工程建设，已建成设施大棚 6 000 座，露地蔬菜 10 万亩。全县农民经济合作组织已达到 53 个，农民协会 42 个，农民专业合作组织 11 个。全县经过自治区认定的无公害农产品生产基地 14 个，规模达到 19 万亩以上。

　　3）积极引进、扶持发展龙头企业，农产品加工业集聚能力不断提高

　　通过农业产业化龙头企业、合作经营组织的引进和培育，带动了示范园产业持续发展和经营组织快速增收。呼图壁县建成果蔬保鲜库容量 15 万吨左右，年交易量达到 20 万吨以上；以创建全国奶业 30 强基地县为目标，年内牲畜饲养总量达到 180 万头只；花卉苗木种植规模达到 10.4 万亩，年出圃苗木 1.6 亿株，被国家林业局授予西部唯一的"国家级苗木交易市场"。

　　昌吉国家农业科技园区构建了昌吉中央商务区、现代科技孵化园、新疆农业博览园、现代农业示范园的"一区四园"发展格局，引进各类企业 395 家，其中农产品加工企业 32 家。例如，引进的新疆永华生物科技开发有限公司是目前全疆唯一的一家集科研、养殖、培养、销售为一体的大型菌类生产企业，以杏鲍菇等珍稀食用菌为主业，充分利用了

新疆丰富的农作物下脚料，使其变废为宝，同时还研发再利用技术，生产有机肥，实现了循环农业的有效开发利用。

疏勒县园区共引进各类农产品企业 87 家，其中农产品龙头企业 9 家，获得 QS 认证企业 10 家，带动基地建设面积达到 30 万亩以上，收购农产品产量突破 50 万吨。园区先后引进新疆香妃湖花卉庄园有限责任公司等一批龙头企业；通过企业改制和扶优扶强，组建了新棉集团疏勒县分公司等一批农产品加工企业，延长了农产品产业链。同时，疏勒县利用其在喀什地区和中亚的独特区位条件，正积极打造集花卉、苗木、蔬菜和休闲观光于一体的香妃湖花卉庄园，计划投资 16 亿元，目前已建成 9 500 平方米智能温室。

4）土地流转形式多样，土地经营体制机制不断创新

改变土地分散经营模式，实现土地规模化、集约化经营是现代农业示范区建设的前提条件。呼图壁县积极探索了生产资料合作联营种植模式、"牛托所"生产经营模式、"三社手拉手"工程和草畜联营合作生产模式，这些体制机制的创新发展，为示范区发展注入了新的活力和可持续发展的动力。伊宁县通过土地流转，实现农民人均收入的增加。截至 2012 年年底，全县共有 15 个乡镇（场）进行了土地流转，流转农户 1 046 户，流转劳动力达 2 208 人，实现转移后的劳动力二次增收 1 176 万元。农民将土地流转后，一部分转到示范园做农业产业工人，一部分转到第二、三产业从事餐饮、运输、养殖或进厂务工，园区内务工的农民平均年收入达到 8 000 元。疏勒县以每年 7 月小麦 400 千克收购价作为给农民土地流转后的土地补偿。

5.2.4　新疆出口食品农产品备案基地发展现状分析

根据《食品安全法》和《国务院关于加强食品等产品安全监管的特别规定》的要求，以及国家质检总局的相关规定，出口食品生产企业和出口食品原料种植、养殖场应当向国家出入境检验检疫部门备案，目的是规范出口食品生产和食品原料种植、养殖场的行为，将食品的监管工作延伸到生产领域，鼓励出口食品生产企业提高管理水平和食品质量，从源头上把好质量关，提高出口食品的质量。实行出口食品、农产品种

植、养殖基地备案制度是检验检疫一项重要的监督管理模式。基地备案是企业出口食品、农产品的必备条件，只有来自备案基地的食品、农产品才能出口。截至 2014 年，在新疆检验检疫机关共注册登记出口水果果园 644 个，60.3 万亩；登记备案出口蔬菜基地 125 个，19.9 万亩；登记备案其他农产品种植基地 8 个，7.9 万亩；登记备案出口畜禽养殖基地 46 个。注册登记出口水果包装厂 101 家，获得备案登记证书的出口食品生产企业 264 家，获得出口产品质量许可证危险品包装生产企业 17 家。备案品种包括哈密瓜、甜瓜、马铃薯、洋葱、大蒜、卷心菜、胡萝卜、番茄、黄瓜、辣椒、红花、打瓜子、孜然、啤酒花、大麦等，产品销往哈萨克斯坦、吉尔吉斯斯坦、塔吉克斯坦、巴基斯坦、日本、俄罗斯、泰国、新加坡、越南、马来西亚、印度尼西亚、伊朗等国家和地区。

5.3 新疆特色农产品出口生产加工基地建设存在的问题

总体来说，新疆农产品出口加工基地建设取得了较大成效，但由于出口市场不稳定、流通组织和产地市场不发达、技术和信息缺乏、组织化程度低等问题的存在，基地建设还存在着一些突出难题和政策性障碍。

5.3.1 基地建设的规模小，基地的示范性有待提高

从国内外基地发展经验看，目前在一些经济发达、农产品基地建设起步较早的地方，思想认识、发展思路、品牌和市场意识等方面都已经形成良性循环，并且基地规模扩大，主导产业明显。而新疆由于经济欠发达、基地建设起步比较迟，基地示范带动性不强，尚处于逐步展开试验的摸索阶段，真正形成规模化生产和区域化布局的基地还不多，连片种植的基地规模偏小，且以大路货为主，档次相对低，国际品牌缺失，产业发展雷同，产品缺乏竞争力。农产品基地建设存在以行政区划为依托的现象，地区分割严重，物资和信息等呈单一流向，经济辐射作用较

弱；同时，一些地方的基地不是根据市场需求来建设，而是盲目发展，容易产生产业同构的现象。新疆特色农产品出口加工基地建设，不同程度地存在重复建设、布局不合理以及缺少资金、人才、技术支持等问题，此外，特色农产品的种植地区离加工基地的路途较远，而鲜果的保质期又较短，影响了出口加工基地的产品质量。

5.3.2 农产品深度开发和加工滞后，基地建设产业化水平有待提高

1）农产品出口龙头企业规模偏小，农产品深加工严重滞后

规模偏小，技术落后，导致加工增值能力低，带动辐射能力不够强。大中型加工企业匮乏，目前新疆农产品加工龙头企业普遍存在投资规模小、深加工能力严重不足等问题，成为制约农产品生产加工基地快速发展的瓶颈。2013年，自治区农业产业化经营组织达到9 300个，固定资产达到1 153亿元。但从总体上看，自治区农业产业化龙头企业大多数规模小，层次偏低，辐射带动能力不强，市场竞争力弱。新疆33家国家级农业产业化重点龙头企业中年产值在10亿元以上的只有23家，龙头企业规模和实力与全国平均水平有一定差距，与国内一些省区差距较大，与国外差距更大。规模偏小、实力不强，直接影响了抵御市场风险的能力，同时也导致农业产业化链条短，产品附加值比较低等问题，农产品加工转化率虽然达到40%，但二次以上深加工仅占10%左右。

2）农产品出口加工业缺乏品牌优势

新疆的特色农产品在全国市场上占有绝对优势，尤其是吐鲁番葡萄干、库尔勒香梨、阿克苏苹果等享誉国内外，但在加工领域没有形成自己的品牌，产品加工质量、外观包装和市场安全等方面相对落后。新疆用于加工的林果产品总量约占林果产品总产量的15%，已经形成一定加工规模的只有葡萄、杏两个品种，林果业总产值与果品加工业产值之比为1：0.2，而国外发达国家一般在1：2～1：4，中国东部地区为1：1.05，中部地区为1：0.5，西部地区为1：0.4。

另外，对品牌建设的投入不足，导致新疆品牌建设滞后。截至2013年，新疆农业产业化宣点龙头企业拥有新疆及国家名牌产品或著

名（驰名）商标 104 个，与发达省区有较大的差距。如 2011 年江苏就有 671 家龙头企业获得省以上名牌产品或著名（驰名）商标，2 164 家龙头企业通过 ISO9000、GAP、GMP 等质量体系认证，差距非常明显。

3）农民组织化程度不高，企业与农户关系还不够紧密

相当一部分农业企业与基地农户之间的关系是松散型的，没有形成紧密的经济利益共同体，签订的产销合同不能如约履行。由于当前农产品大都以鲜活形式推向市场，企业和农户对订单履行守约的意识淡薄，因此，当市场价格高于订单价格时，企业就收不到订单产品，而当市场价格低时，企业又不能按订单价格收，使订单不能发挥应有的作用。在市场价格好的时候龙头企业相互抬价争原料，价格不好的时候龙头企业相互压级压价，合同订单难以严格履行，这不仅挫伤了农户生产积极性，也影响了产业持续健康发展。龙头企业与农户之间的利益联结机制不完善，龙头企业的带动作用尚未真正显现出来，多数龙头企业与农户之间处于松散、半松散型合同订单关系或随行就市的买卖关系，要全面建立起"利益共享，风险共担"的利益联结机制，还需要做大量的工作。

4）科技支撑力不强，出口特色农产品科技含量不高

随着农业结构战略性调整的逐步深入，农产品基地建设对种子、技术和服务的要求越来越高。但从目前的情况来看，一是新疆农业科研综合实力薄弱，对高新技术品种的研究跟不上结构调整和农业经济发展的步伐；引进多，吸收消化形成自主知识产权的成果少。二是农业科技创新的投入资金不足和农业科技成果推广经费缺乏，经费来源渠道单一，来源不稳，使农技推广工作受到影响。三是由于缺少一定的环境氛围和社会保障待遇，人才培育和吸引机制不健全，企业人力资源与研发投入不足。龙头企业普遍存在人力资源瓶颈，且研发投入不足。2013 年，新疆农业产业化企业拥有专业技术人员 3.4 万人，占从业人员总量的 3%。新疆农业产业化龙头企业普遍存在人才储备不足、层次不高、支撑作用不强的现象，高层次员工流动性大，缺乏高水平的管理人员和懂技术的人才及企业管理者，加之龙头企业科技投入不高，造成企业技术

创新不够，影响了企业的持续发展能力。

5.3.3 基地建设的扶持政策没有完全到位

由于种种原因，一些优惠措施没有及时落实到位，有些政策尚待进一步完善。

1）土地流转问题

目前，各地特别是经济发达地区都在积极探索土地流转机制，但因缺乏有效的法律和政策依托，土地的合理流转受到制约。一方面，农民害怕在土地流转过程中被强势群体侵犯其合法权益或期盼土地增值而不愿流转；另一方面，工商企业或大户害怕农民反悔而不愿对集中的土地进行长期的、战略性的规划和建设，制约了对土地的有效利用。同时，集中土地需要同许多农户打交道，业主怕、农户担心，可变因素多，这也制约了规模基地的发展。

2）农业信贷问题

农产品基地建设需要大量的资金支持，但农户和龙头企业的融资环境较差，特色农产品出口加工基地建设遇到资金困难。新疆地处少数民族边远地区，财政收入缺口较大，经济基础薄弱，难以拿出较多的资金支持林果业的精深加工发展、科技支撑和市场开拓。新疆特色农产品出口加工基地在建设中用于科技改良、引进和培训的费用少，致使改善生产条件有困难、基地设施更新有难度，生产能力得不到有效的发挥。农业贷款困难依然比较普遍，一些农业新产品的发展和农产品的加工转化项目苦于缺乏资金而不能实施。许多地方金融机构"嫌贫爱富"，追求利益最大化，对农业贷款不积极；国有银行面向农户和龙头企业的金融业务收缩，商业银行存大于贷，邮政储蓄只存不贷，农村资金大量流向城市。同时，面对日趋商业化的银行、信用社，农户和龙头企业小额流动资金贷款难的问题越来越突出。而且，农村普遍存在较为严重的信用危机，担保体系没有建立，农户和龙头企业寻求有效抵押和有效担保难，农村信用社不敢轻易放贷，而且贷款手续多，数额小，这就进一步加大了农业投入的困难，对规模种养经营户的影响更大。在农产品基地建设中，由于基地本身不能抵押，要落实贷款担保更难。另外，有些基地尤其是兵团团场的基地，投入的主体和所有者是政府部门，承担风险的也是政府部门，缺乏完善的多元投入和风险承担机制，一定程度上影响了基地建设的进一步发展。

5.3.4 出口农产品缺少竞争优势，市场风险较大

1）农产品收购价格波动，出口难以稳定

由于新疆出口农产品档次总体较低，占领的主要是周边国家果蔬的低端市场，市场对商品的价格较敏感。近年来，中国出口农产品收购价格普遍上涨，使其在国外市场丧失最重要的价格竞争优势。本书作者通过对塔城的实地调研了解到：目前东哈州乌斯季卡缅诺戈尔斯克市及哈萨克斯坦部分地区开始大力发展设施农业，部分产品开始投放市场。而塔城地区农产品长途拉运和灰色通关，增加了产品成本。乌斯季卡缅诺戈尔斯克市从乌兹别克斯坦、巴基斯坦等其他国家进口蔬菜较多，且果蔬质量较好，给塔城地区果蔬出口造成较大压力。此外，由于中亚国家市场经济发展不稳定，海关政策变动频繁，双方没有形成有较强约束力的协议，我方出口产品数量尚未形成大的规模，难以形成稳定持续的供求机制，农产品出口企业的风险成本比较大。

2）主要出口口岸运力不足，运输工具限重

自 2010 年 7 月 1 日起，哈萨克斯坦要求果蔬出口的运输车辆一律使用冷藏车，但新疆各口岸冷藏车普遍缺乏，同时哈萨克斯坦、吉尔吉斯斯坦等国对公路运输车辆实行限重，客观上造成运输费用节节攀升，导致农产品出口成本大幅增加（本书作者实地调查塔城、阿勒泰口岸获得信息）。

3）规模化和集约化程度不高

新疆农产品出口过程中普遍存在的分散种植、零散收购、散户签约、个体运输等客观情况，使农产品出口的种植、收购、物流运输模式缺少规模化、集约化优势，造成效率降低、成本增加。海关根据报关企业、经营单位和商品等报关信息实施风险管理有一定局限性，对农产品出口企业实施分类管理存在较大难度。新疆各级地方政府、联检机构为促进农产品出口陆续出台多项优惠政策，但各部门、各单位出台优惠政

策多从自身工作角度出发，缺乏系统性，造成部分政策难以落实到位。例如，新疆各口岸出口农产品来源复杂，很多系经营者从个体商贩处收购来的果蔬，由于缺少规模化经营、不符合检验检疫条件，质检机关难以对上述货物出具通关单。由于缺少通关单，经营者在向海关申报时，通常采取伪报瞒报等方式，即将无法出具通关单的货物申报成可正常申领通关单的货物。上述果蔬收购渠道的客观存在和短期内难以改变，是造成果蔬类出口产品伪报瞒报居高不下、一直难以规范的源头。

4) 出口农产品附加值低，难以拓展高端市场

一是新疆农产品出口中，初级产品和低档次产品多，高品质、高附加值和高科技含量的产品少。区内经营农产品出口的企业多、规模小，多为个体行为，没有形成规模化。包括种植、收购、运输、仓储等，存在资源分散、小打小闹、竞争无序等情况。整个生产链条的组织化、产业化程度低，农产品出口获利主要集中于物流、销售等环节，缺少系统、完善的产业链支撑，尤其是产品的保鲜、加工与包装发展滞后，拉动作用和促进就业方面的成效不明显。根据调研，新疆出口的水果蔬菜档次低，缺少成熟的品牌和知名度，大部分占领的是中亚国家农贸市场等低端市场，在大型超市、购物中心等高端、高利润市场占有份额很少。同时在农产品生产过程中，高毒、高残留的农药使用量较大，在外方提高进口农产品的检测标准后，因质量、标准问题的退运事件频发。

二是农产品销售网络不健全。虽然部分农产品贸易企业与哈萨克斯坦一些企业建立了长期稳定的供销合作关系，但这些企业在哈萨克斯坦市场的销售网点建设较滞后，无法直接进入哈萨克斯坦批发市场和零售市场，对农产品市场的结构性需求和价格变动应变能力较差，相应营销策略不到位。哈萨克斯坦批发商或农产品流通企业因缺乏流动资金，在农产品贸易中无法按时支付全部货款，对部分产品以赊账的方式进行交易，增加了产品资金回收的风险，不利于农产品贸易稳步健康发展。因此，要进一步加强地产农产品出口基地建设规模，增加出口基地基础设施资金和技术投入，为出口企业提供更多质量上乘、品种较多的农产品，形成规模出口。

小结：基地的规模化、产业化以及标准化发展成为中国农产品出口

基地的特征。这些农产品出口生产基地面向国际市场，按照国际标准生产运作，在中国农产品出口中起着举足轻重的作用。新疆近年来积极发展特色农产品出口加工基地建设，初步形成了自治区农产品出口示范基地、出口农产品质量安全示范基地以及出口食品农产品备案基地和现代农业示范园区等出口生产加工基地形式。本章我们梳理了各种类型的出口加工基地发展现状，探讨了出口加工基地对新疆外向型经济发展的意义，并从总体上对出口生产加工基地存在的问题进行分析。我们认为，一方面，出口加工基地在促进新疆面向中亚及周边国家的农产品出口扩大、提高农民收入和就业率、提升新疆现代化农业产业化水平起到了巨大的促进作用；另一方面，新疆特色农产品出口加工基地建设过程中存在着基地规模小，示范带动作用不强；基地产业化水平较低，深加工程度不够；龙头企业数量规模小，竞争力不强；政府促进力度不高，政策扶持措施不到位；科技支撑力度不够，农产品科技含量低；市场风险大，海外销售网络不健全，缺乏面向国际市场的品牌化战略等问题。这些问题若无法及时得到有效解决，将制约出口加工基地的规模化发展，从而对新疆外向型农业发展及农产品出口产生极大的制约。

第6章 新疆外向型农业及出口加工基地建设的模式

本书认为，新疆外向型农业国际竞争力提升的关键在于新疆外向型农业发展模式的转变。而新疆农业发展模式的转变要完成两个任务：一是解决单门独户搞生产的小农经济与市场经济的矛盾，即与市场对接的问题；二是由传统小农型的农业转变为现代化农业，即实现规模化、专业化和产业化，而外向型农业基地化是实现农业生产方式转变的重要途径。

6.1 新疆外向型农业发展的模式选择

6.1.1 基于体制层面的大农业生产模式

在市场经济体制改革中，势单力薄的单个农户经营如何应对多变的国际国内市场风险是农业发展要考虑的关键问题。因此，土地的适度规模经营成为必要。一方面，我们需要提高土地的集约化经营水平，获得土地经营的规模效益；另一方面，中国各地普遍存在人多地少的情况，北美发达国家的大规模农场经营不易实现。目前，针对中国的实际情况，发展农民专业合作社有利于土地的适度规模经营，既能够维护农民权益，又可提高实际收入。

由前面章节的研究可知，制度因素是当前新疆外向型农业发展当中最主要的障碍因素之一。目前的问题在于新疆农业体制缺乏以长期利益为主导的决策系统，使得农业生产及农户行为均缺乏市场性。在实际中，承包土地的农户非常容易受到体制内决策的干预，土地流转也缺乏具体可操作的内容。

鉴于这种情况，本书认为，从体制层面而言，应该加快土地流转制度的具体化，鼓励农民把承包土地作价入股，形成大农业生产模式，不仅实现土地的适度规模经营，还能实现农产品的标准化生产，同时解决新疆农产品外贸当中的各种贸易资质问题。为此在现有的主要面向内部市场的农民专业合作社基础上，形成以"入股+证券化+股份合作制"为主的外向型农业生产合作社新模式。

这里的大农业模式主要是相对于单个农户的分散经营而言的土地规模化经营方式的转变，具体来说，就是鼓励农户参与土地股份合作社，它是以承包土地作价出资入股，进行自主经营或委托经营的合作经济组织，是农民承包土地流转机制具体化的做法。土地股份合作社要开展经营活动，只要符合土地利用总体规划，不改变原有土地性质和用途，明确土地承包权益人，合理确定股权价值，工商部门就可依法进行注册登记，土地股份合作社的注册资本全部由入股社员的土地承包经营权构成。

土地股份合作社成立后，将土地统一承包给种养能手，农户不仅能从中获得土地收益分红，参与种植生产劳动的农民还能够获得雇佣收入，这样农民的总收入会远远高于过去各家单干的形式，大大提高了农民的经济收入。同时，由于土地在一定程度上实现了集中经营，可以在这种规模化经营下整合土地、劳动和资本多种要素的组织优势，促进土地资源与组织资源的有效结合。

当前，这种土地股份合作社在其他地区已有实践，是以规模化的生产经营为基本出发点，结合本书的内容，如将这一基本出发点与外向型农业发展的目标相结合，则可以形成以生产新疆特色优势农产品为主，面向周边诸国的外向型农业生产合作社的新模式。当然，合作社不可能孤立地带来农业经营的规模效益，为有效保护农民土地权益，还需政府转变职能定位，规范对合作社的扶持行为，并加强有效的制度供给保证农民专业合作社规范运作和长效发展。

6.1.2 基于科技创新层面的新型扶持政策模式

科技创新和技术进步能够极大地扩展新疆农产品深加工的范围，一大批曾经只能以原材料形式出口的农产品都将获得高附加值，产业链得以延伸。而科技创新和技术进步在很大程度上有赖于差别化政策及专项资金的扶持，目前，新疆外向型农产品企业并没有获得相关的扶持，而企业的自我创新能力普遍很弱，上述科技创新和技术进步的效益并未显现，更谈不上持续带动以外向型农产品加工业为目标的新疆外向型农业的发展。

针对这种情况，在新疆外向型农业发展中应该专门设立以外向型农业带动作用为主要考核依据的科技创新和技术进步（技术引进）扶持资金，差别于其他科技扶持资金，为了实现具体效果，加大考核力度和惩罚力度，形成"专项扶持+过程惩罚性考核+结果再奖励"的新型扶持政策模式。

对于外向型农业科技专项扶持资金，一是在农产品的种植生产环节，以所建立的外向型农业生产合作社为单位，以实现农产品的标准化生产和提高农产品的产值产量为目标拨付农业技术进步的专项扶持资金。在以往的分散经营中，农业科技扶持资金的使用很难归落于具体的农户，且科技成果的推广也有一定难度，在外向型农业生产合作社实现了适度规模化经营后，农业科技专项扶持资金可以归位于合作社，根据合作社对于土地集约经营的情况进行的合理估算，有针对性、有具体目标地投入科技资金，不仅能够体现资金的专门性，而且资金的使用过程易于监督，并对结果进行考核。在资金申请之初即可设立预期目标，如果使用得当、达到甚至超过预期目标的，可进行奖励；相反，对于资金使用效率低下，或者说没有达到预期目标的，可以进行适度惩罚。

二是在农产品的生产加工环节，以外向型农业示范园区为切入点，在园区内选择发展潜力较好并具备一定科技创新基础的农产品加工企业，给其拨付专项的科技创新扶持资金，培育外向型农产品加工的科技示范企业。由于专项资金到位，因此建立资金使用的追踪体系，实现扶持资金使用的全程监控并进行绩效考核，亦即前述的"专项扶持+过程惩罚性考核+结果再奖励"的扶持政策模式。

在推进外向型农业的科技创新和技术进步中，除了以专项扶持资金为主要的手段之外，还应该辅以必要的金融、税收等方面的优惠政策。

6.1.3　基于政府干预层面的双目标双线推进发展模式

2011 年的数据显示，在新疆农业总产值当中，农产品的出口额占比不足 5%，也就是说，新疆农产品当中用于出口的比重非常小，而绝大部分都用于国内销售。随着新疆农业发展的国际环境不断变化，各种优势条件和机遇条件的集聚，如果能够克服劣势，正确处理化解挑战，新疆外向型农业发展应该能够处于上升通道，从而为新疆农业发展起到持续性的带动作用，实现增加农民收入的目标。国内市场与国际市场都存在各种风险，通常国际市场的风险更多、更大，但由于新疆农产品对国内市场的依赖更为严重，因此放大了国内市场的风险，国际市场对于新疆农产品的影响并不非常明显，从长远来看，新疆农业无法回避国际市场，农产品在国际市场上的份额将会增加。

通过前面章节的分析可知，要充分利用新疆所处的时间和空间优势，利用国际国内良好的贸易发展环境，应对各种挑战，发展外向型农业是新疆农业未来的重要出路之一。发展外向型农业的核心目标就是要提高农业经济效益，增加农民收入，这与当前政府发展农业的目标相一致，因此应该将外向型农业发展纳入政府的农民增收方案当中。

由于外向型农业发展具有不同于普通农业发展的特殊性，因此应单独制订外向型农业发展计划，确定明晰的发展目标，确定重点发展的领域，确定具体的政策扶持体系。这种做法符合利用两种资源、两个市场的整体布局，发展目标上采用"双目标双线推进"发展模式，即一条线瞄准国内市场，另一条线瞄准国际市场，两条腿走路，合理布局国际国内两个市场，避免长短腿现象。这样既可以分散由国际国内市场中存在的各种不确定性所带来的农业风险，也能够培养出新型农民和符合市场经济条件的生产主体。

6.2 农产品出口加工基地模式的范例及经验借鉴

在外向型农业生产基地建设的过程中，中国对于出口食品农产品集中的地区，探索实施区域化管理，开展出口食品农产品质量安全示范区建设，取得了初步成效。2007 年，国家质检总局会同农业部、商务部决定在山东安丘市进行出口食品安全示范区管理的试点探索，现已推广到包括山东省在内的 26 个省区。福建、陕西、广东、辽宁、湖北、湖南、云南、河南、新疆、河北、江苏、黑龙江等省区也结合当地实际在示范区建设方面做了大量有益的探索，取得了显著的成效。目前，全国 26 个省区共建立了 108 个出口食品农产品示范区，涉及蔬菜、茶叶、水果、果汁、水产、畜禽、肉蛋等七大类主要出口产品。在示范区内，通过加强对农业投入品生产、经营、使用的统一管理，对良好农业技术规范的培训推广，出口食品农产品质量安全水平得到大幅提升，一批富有地方特色的优势食品农产品出口加工基地发展起来，使得中国农产品在国际市场的竞争优势进一步增强。本书通过将典型农产品出口生产加工基地"安丘模式"的成功经验与新疆塔城农产品出口加工基地的发展模式进行对比，总结问题，借鉴经验，力图在新疆范围内对出口加工基地的"塔城模式"进行优化和推广，使得新疆特色农产品出口加工基地发展获得更高效益。

6.2.1 山东农产品出口加工基地建设的范例及经验借鉴

山东是农业大省和食品农产品出口大省，出口量连续 8 年位居全国第一，占全国食品农产品出口的 1/3 和山东外贸出口总额的 1/4，2008 年已达 137.4 亿美元。农产品出口生产和加工基地在山东省各地普遍推行，涌现出一些好的典型经验和不同的发展模式。山东从 2007 年开始在安丘市进行出口食品安全区域化管理的试点探索，通过管理机制和生产经营模式的创新,实现了土地的连片成方和综合管理的集约化,以农产品质量安全区域化管理为核心,全面推进出口农产品质量安全示范区建设,加快农业生产标准化、基地规模化、龙头外向化、产品品牌化步伐,在农产品加工出口方面取得了一定成绩。

1)安丘模式:标准化基地+产业化经营

安丘位于山东半岛中部,面积 1 760 平方千米,耕地面积 130 万亩,人口 95 万。安丘已有近 20 年的蔬菜加工出口历史,是山东省重要的出口蔬菜生产基地,被誉为"中国蔬菜出口第一县"。2008 年安丘市规划建设了 2.7 万亩成方连片的蔬菜出口创汇优势产业带,1 万亩设施农业基地。全市在已建成姜、蒜、大葱等 6 个"中国特产之乡"的基础上,初步形成了大姜、大葱、芦笋、大蒜、马铃薯、西甜瓜等优势农产品生产和出口基地。目前,全市已建成生姜、大葱、芦笋、草莓等 4 处国家级农业标准化生产示范区,先后承接了 1.3 万亩省级"无农药残毒放心菜"基地和"全国园艺产品出口示范区"建设,组织实施了山东省出口农产品绿卡行动计划,被确定为全省 4 个放心菜基地县之一和首批供港蔬菜备案基地。

2008 年山东省出口农产品质量安全示范区建设现场会在安丘召开,该市做法被概括为"安丘模式"。2009 年国家质检总局在潍坊召开了以推广"安丘模式"为主要内容的全国出口食品农产品质量安全示范区建设经验交流会,将"安丘模式"推向全国。目前,安丘市农产品品牌达到 55 个,获有机、绿色、无公害农产品认证的农产品品牌 41 个、产品 243 个。安丘大姜、柘山花生、安丘大葱、石埠子樱桃等 7 个产品被认定为国家地理标志产品。全市有农产品加工企业 431 家,在检验检疫部门备案的出口企业 167 家,潍坊市级以上龙头企业 86 家,出口产品主要有保鲜、速冻、腌渍、脱水、罐头和熟食制品等 6 大类、200 多个品种,年加工能力 250 万吨,销往日韩、欧美等 50 多个国家和地区,年出口创汇 2.5 亿美元。

2)"安丘模式"的主要成功经验

"安丘模式"的主要经验在于,通过积极建设标准化种植基地,实行"公司+合作社+基地"的模式,逐渐形成了区域化布局、专业化生产、一体化经营、企业化管理的现代农业产业化经营格局，具体表现为如下特点：生产管理标准化、出口基地规模化、龙头企业外向化、产品品牌化。

（1）标准化、产业化农产品出口生产基地建设的核心。

安丘市推行标准化生产，对所有标准化基地实行统一生产资料供应、统一技术指导、统一组织生产、统一质量检测、统一收购销售的"五统一"管理模式；通过实施农业标准化管理、生产、销售一体化产业体系，构筑农产品生产基地；着力推进 GAP、GMP、HACCP 等质量体系建设，设立标准的生产流程和标准化生产示范基地，建立质量追溯系统等。安丘市严格按照良好农业操作规范（GAP）进行生产，通过"龙头企业+合作社+基地+农户"等形式，实现规模化种植，发展蔬菜、瓜果、粮油、桑蚕等标准化种植基地 85 万亩、养殖基地 877 个，创建农产品安全生产示范园区 34 处，建成"三品一标"认证产品基地 38.5 万亩。安丘市参照美国、日本、欧盟等地的农业操作规范，研究制定了生姜、大蒜、草莓等 33 个出口农产品生产技术操作规程和 200 多个生产标准，用世界上最严的出口标准种植管理、加工销售农产品。安丘市还主动参与制定了《初级农产品质量安全区域化管理体系要求》国家标准，制定、修订了种植养殖基地管理、收获储存、包装运输、生产加工标准等各类标准 269 项，形成了与国际标准接轨的农业标准化体系，将"安丘标准"变成了"国际标准"。

（2）因地制宜，构建农产品生产出口加工基地产业化经营模式。

一是企业带动。鼓励企业通过租赁、承包的形式，获得土地使用权，建立自主经营、管理的生产基地，既保障农户收入，也有利于企业按照良好农业规范进行标准化生产，保证出口产品质量，增强农产品市场竞争力。安丘市已有企业标准化生产基地 71 个，面积 20 余万亩。

二是发挥专业化合作组织作用。按照"企业+基地+农户"的模式，积极发展农村专业化合作组织，利用农村专业合作组织上联龙头企业，下联农户的桥梁纽带作用，通过鼓励合作社从农民手中流转出土地建立农产品生产基地，并进行生产资料的购买，农产品的统一加工、贮藏、销售，将分散的农户生产纳入统一的标准化生产，保证农产品质量，增强农产品市场竞争力，提高农产品出口价格，实现农户与企业的共赢。目前，安丘市已发展专业化合作组织 1 330 家，其中种植合作社 960 家，入社农户 33 000 余户，流转土地 5 万余亩。

三是鼓励发展订单农业。积极引导企业与农户、农业合作组织建立购销合同，通过企业向农户提供优质种源、种植技术和农业化学投入品等方式，带动优质农产品生产基地发展。全市合同种植面积达 50 万亩，占作物总面积的 62%。农民拿着订单组织生产，种"合同菜""合同果"，养"合同鸡""合同兔"，按合同规定生产市场所需要的农产品，然后把收获的农产品按合同规定的价格交售给农产品加工企业和收购商，经加工增值后的农产品则分别进入国际和国内市场，从而真正实现了按市场需求组织农业生产。全市各类合作经济服务组织已经发展到 450 多个，主要包括合作社、专业协会、村集体合作经济组织三种类型。这些合作组织既联农户又联加工企业和市场，统一为农民提供物料、种苗、技术服务，统一与加工企业签订销售合同，全方位为农民提供服务。合作社的参与和组织，提高了农民的组织化程度，使农业产业化经营链条中的各个环节的联结更加紧密有效，使农民可以分享到农业一体化经营所带来的平均利润，提高了农民的收入。

（3）因地制宜，积极培育主导产业，基地生产专业化特征明显。

围绕农产品的生产、加工、销售，形成了专业户、专业村、专业乡、专业合作经济组织和专业批发市场五位一体的发展格局，农业生产经营专业化的特征日益突出，具有区域特色的大姜、大蒜、大葱、芦笋、圆葱、菠菜、芋头等主导产品和支柱产业迅速发展起来。安丘市有 48 种农产品在国家工商行政管理总局注册了商标，有 18 种农产品获得了国家绿色食品标志使用权，全市建成 36 个"中国特产之乡"。

（4）龙头企业引领带动外向型基地发展。

鑫盛食品有限公司就是这样的一家龙头企业。鑫盛食品有限公司瞅准时机，开工建设了安丘市盛大农产品交易市场，为当地农产品初加工和贸易提供了一个大的交流平台。该交易市场依托公司配置的农产品质量检测设备，为市场内入驻的小型农产品加工出口企业提供服务，为安丘市葱、姜、蒜等大宗农产品质量安全保驾护航，维护了家庭农场、小规模种植基地、合作社的合法权益。公司于 2013 年秋天成功举办了盛大农产 2013"中国葱姜之乡"（中国·安丘）姜王挑战赛。

安丘市奥源食品有限公司联合潍坊东和食品有限公司、潍坊富大食品有限公司、安丘市太平洋食品有限公司、安丘市鑫龙食品有限公司、安丘市振大食品有限公司共同成立了一个联合实验室，为合资公司的入股方提供出口农产品质量检测，有效地发挥了集群化的优势，避免了重复建设的负担。

按照"扶优、扶大、扶强"的原则和集群化、园区化发展的思路，安丘市对带动农业和农村发展有利的涉农企业，从资金、技术、土地、人才等方面予以重点扶持，培育起了一批带动能力强、辐射范围广、产业集中度高的农业龙头企业。安丘市有 1 078 家农产品加工企业，年加工能力 185 万吨，有 37 家农产品加工企业获得了农产品进出口经营权（2012 年报道）。产品种类既有汁、粉、罐头等深加工产品，又有冷冻产品，更多的是保鲜产品，直接进入国内外超市。在全市 1 078 家农产品加工企业中，国有、集体、私营、中外合资、外商独资、股份制等多种所有制形态都有，其中 931 家是个体私营，占全部加工企业的 86%。这些不同经济成分的加工企业之间的良性竞争，推动了农产品加工业的发展，乡乡镇镇都有农产品加工企业，形成了千家万户搞加工、龙头企业群体化、多种形式拓市场的局面。像山东鲁丰集团这样规模较大的农产品加工企业，在有"中国蔬菜出口第一县"美誉的安丘有 400 多家，出口农产品达 6 大类 600 多个品种。目前，该市的鲁丰集团、万鑫食品、润康食品等 60 多家龙头企业获得了国际上通用的美国零售销售协会认证、日本有机产品认证和全球良好农业操作认证，搭上了产品出口国外的直通车。其中，有 10 家农业龙头企业"走出去"到日本、韩国、南亚、东南亚等国家和地区设点办厂。安丘市从当地实际出发，根据自己的资源优势和产业特点，战略性地选择了以蔬菜、肉食鸡加工为主的农副产品加工业作为主导产业，积极支持和推动以农副产品加工出口为龙头的农业产业化经营，带动了一方经济的发展，其成功之处，就在于没有照搬外地的经验，而是紧密结合当地的实际，走自己的路。

（5）政府有效地支持和推动，整合推进公共服务平台建设。

安丘市在实施农业产业化过程中，政府所起的作用是显而易见的，在制定产业化战略、确立主导产业、组织协调各方面力量、维护市场秩序、优化投资环境等方面发挥了不可替代的作用。安丘经验充分说明，政府在农业产业化过程中的基本责任是支持、引导、协调、规范和服务。建设出口企业公共服务平台，通过整合企业生产加工、质量检测、科技研发、仓储物流等资源，为企业提供优惠便捷的服务，中小企业能以较低成本共享优质资源，满足企业发展的共性需求，引导产业合理布局，形成产业集群，提升产业集群的国际竞争力。安丘市投资 2.3 亿元新建的农产品质量安全监管中心，以中国安丘出口农产品信息网建设为载体，整合企业生产加工、质量检测、科技研发、仓储物流等资源，为企业提供优惠便捷的服务，在监管中心设立安丘出口农产品信息服务平台，设企业展台、信息中心、远程视频室、农药电子交易中心等。农产品质量追溯系统、农业专家服务系统、农业投入品监管系统等研发成功并投入使用。在潍坊海关的大力支持下，在鲁丰集团成立了海关预录处，检验检疫机关在安丘市农安办进行出口基地备案，为当地中小出口企业提供海关"绿色通道"服务，方便了企业报关和备案业务，促进了安丘市出口企业发展。2013 年安丘市农产品出口创汇 3 亿美元，同比增长 11%。

6.2.2 新疆特色农产品出口加工基地建设范例——塔城蔬菜出口示范基地

位于新疆塔城的巴克图口岸毗邻对方半径 1 000 千米内有哈萨克斯坦和俄罗斯的近 10 个工业城市，总人口在 500 万以上，果蔬需求主要依赖进口，市场潜力巨大，巴克图口岸是新疆离城市最近的陆路口岸，出口鲜活农副产品通关便利。近年来，塔城市认真落实新疆维吾尔自治区外向型农业的发展战略决策，依托沿边经济带和巴克图口岸的地缘优势，将绿色农副产品出口作为加快外向型经济发展的突破口，从 2005 年至今确定了 6 个核心示范种植园区蔬菜基地建设，辐射带动塔额公路沿线的乡（镇）场及周边团场，外向型设施蔬菜基地建设取得了明显成效，出口食品农产品贸易发展迅速，出口果蔬备案基地逐年扩大，果蔬出口量逐年增长，出口种类也由过去的单一品种向多元化方向发展。目前塔城市种植绿色蔬菜 4.86 万亩，特色林果面积达 3.73 万亩，设施蔬菜总面积达 1.4 万亩，累计通过基地备案面积 2.68 万亩。2012 年国家质检总局考核通过 90 个国家级出口食品农产品质量安全示范区，其中塔城地区就有两个；同时塔城也是自治区首批果蔬出口示范基地和国家级绿色农业示范区。作为新疆农产品出口示范基地的典型，近几年塔城累计出口果蔬 50 多万吨，占新疆出口果蔬的一半以上。

1）塔城特色农产品出口加工基地建设及运行现状

至 2014 年，塔城地区完成设施蔬菜出口基地备案 2 136 亩，GAP 认证 5 000 亩，有机认证 500 亩，全市蔬菜种植面积 5.1 万亩，共建成日光温室 6 500 座，拱棚 500 座，用于出口生产的温室达 3 000 余座，其中设施蔬菜面积 1.4 万亩，露地蔬菜面积 3.7 万亩，建成保鲜库 5 座，储藏能力达到 7.7 万立方米。设施农业主要以种植水果黄瓜、彩椒、番茄等出口蔬菜为主，带动 6 800 户农民致富。2012 年，塔城地区蔬菜生产总量 65 万吨（其中露地蔬菜生产量 48 万吨，设施蔬菜生产量 17 万吨），巴克图口岸出口农产品 6.2 万吨，连续 4 年蔬菜出口量居全疆第一，塔城出口农产品加工基地领跑全疆的态势已然形成。

2）塔城农产品出口加工基地建设的主要成绩

（1）规模化、规范化和标准化建设出口加工基地。

基地规模化：2013 年，出口示范基地完成设施蔬菜出口基地备案 2 136 亩，GAP 认证 5 000 亩，有机认证 500 亩，全市蔬菜种植面积 5.1 万亩，共建成日光温室 6 500 座，拱棚 500 座，用于出口生产的温室达 3 000 余座，其中设施蔬菜面积 1.4 万亩，露地蔬菜面积 3.7 万亩，基地设施农业标准化示范园区 8 个，通过良好农业操作规范（GAP）认证面积 1.05 万亩，申请有机认证 500 亩、新疆无公害农产品认证 16 个，完成"克鲜"等农产品品牌在国内和哈萨克斯坦商标注册。新疆塔城外向型农业产业化龙头企业已发展到 48 家，其中生产企业 12 家，外贸流通企业 20 家；全区果蔬保鲜企业 16 家，储藏能力 6.8 万吨，拥有保鲜库近 100 座，库容面积达 25 万平方米①。

基地产品标准化：加快农产品标准体系建设。加强了农业标准生产管理、农产品质量安全检测体系建设和品牌农产品质量标准体系建设，推行品牌农产品标准化生产，做到产前、产中、产后各环节标准化管理。作为国家级出口食品农产品质量安全示范区做到了"六个 100%"，即 100%标准化管理、100%产品订单生产、100%测土配方施肥、100%病虫害统防统治、100%商品化处理和 100%品牌化销售。塔城市为地产蔬菜注册了"巴克图"系列公用蔬菜商标；蔬菜基地全部通过了国家良好农业规范（GAP）认证，示范区种植的设施农产品质量达到了欧盟标准。

基地管理规范化：在基地建设发展迅速和企业壮大的同时，新疆塔城专业化服务提高了农产品质量。2013 年，新疆塔城地区投资 1 000 多万元建设地区农产品质量安全检验监测中心。塔城市成立了设施农业农资配送中心，建立了农药进货、销售、使用全程的追溯系统，出口的食品农产品质量安全有保证，设施产品 100%达到无公害农产品质量标准，农产品质量安全抽查抽检合格率达到 100%。完成了自治区级 0.7 万亩设施农业标准化建设项目，制定了地方设施农业生产标准规程 17 个，现已通过验收。现全市农业标准化生产面积达 38 883 亩。现全市通过绿色农产品认证农产品有 4 个（储绿面粉一等、二等，储绿玉米糁一等、二等），4 个绿色基地认证（小麦、玉米、打瓜、马铃薯）、5 个绿色商标使用企业（塔域牌打瓜籽、盆地之光牌玉米粉、玉米糁及权素牌氨基酸胶囊、片）正在申报中。特别是在 2011 年 10 月 18 日召开的第二届新疆农产品北京交易会上，塔域牌打瓜籽，盆地之光牌玉米粉、玉米糁获得农产品金奖②。

（2）大力实施农产品出口加工基地的品牌战略。

加快品牌资源的整合、提升，加大地理标识认证力度，积极打造"巴克图""储绿""塔域""盆地之光"等地方知名品牌。塔城地区共有 6 家企业获得新疆农业名牌产品称号，共有新疆农产品著名商标 10 个；5 家企业生产的 6 个产品获得新疆名牌产品称号；6 家企业共 13 个

---

① 此处数据来自作者对塔城蔬菜基地的调研而收集的一手数据，后期难以更新。
② 此处数据来自作者对塔城蔬菜基地的调研而收集的一手数据，后期难以更新。

农产品获得新疆绿色农产品称号。此外，裕民县红花协会注册的裕民县无刺红花获得新疆农产品地理标志登记保护。

（3）政府积极搭建基地农产品外销平台。

政策沟通方面：塔城地方政府与口岸毗邻哈萨克斯坦政府加强沟通，充分发挥塔城东哈州办事处的作用，加强对哈萨克斯坦政治、经济、文化的研究工作，为两国间的合作交流提供政策保障。

贸易畅通方面：塔城市以建设塔西国际商贸物流园为目标，加大塔城西部商业综合体、塔城古镇商业综合体、塔城市华宝国际农贸交易中心、塔城昌南国际商贸城的建设力度，正努力打造向西开放的商业前沿阵地和物流集散地。

信息沟通方面：塔城连续多年举办"中亚-新疆塔城蔬菜旅游文化节暨塔城进出口商品交易会"和"哈萨克斯坦东哈州-中国新疆塔城地区农产品展销会"，成为巴克图口岸农产品出口的助推器。自2006年起，地区连续多年在哈萨克斯坦东哈州成功举办农产品展销会，并于2010年升格为新疆级展会。2010年以来，连续4年在塔城市举办"新疆塔城蔬菜旅游文化节暨中亚-新疆塔城商品进出口交易会"，这一系列措施，推动了塔城外向型农业的快速发展，展会期间，多项合作项目签约，其中，中哈两国企业就果蔬、百货、大型机械等9个合作项目达成合作协议，签约金额达4.2亿美元。在中国-亚欧博览会期间，塔城连续举办了"巴克图论坛"，沟通了"绿色通道"、跨境道路、加大投资等方面的意向和政策。

（4）农产品贸易便利化措施得当。

2013年12月22日巴克图-巴克特口岸农产品快速通关"绿色通道"开通，为了保证农产品快速通关，巴克图口岸对果蔬企业实行24小时"预约报关"，口岸专门设置了"果蔬出口专用报关窗口"，还派专人优先办理非工作时间和节假日预约报关及提前报关业务，给予"提前申报，货到验放"的便利措施，并对企业预约申请在非海关监管场所查验的实施"上门监管"，特殊情况进入蔬菜生产基地直接验放，建立了从存放、装卸、运输到出境环节的快捷通道。此外，中国银行独家推出了人民币对哈萨克斯坦坚戈挂牌交易；2014年起在塔城巴克图口岸，实现了人民币与坚戈自由兑换，标志着中哈贸易从此进入了双边本币结算的新时期。目前，该地区正在将塔城市、小白杨市作为推进跨境贸易人民币结算便利化及人民币在东哈州跨境使用、哈萨克斯坦坚戈在塔城跨境使用的"试验田"。

（5）创新农产品出口加工基地经营模式。

通过"公司+基地+农户"的生产模式和统一规划、统一栽培、统一服务、统一指导、统一销售的基地管理模式实现了设施蔬菜的规模化发展、产业化经营。与此同时，新疆塔城市积极探索实行土地合理流转的土地管理模式。塔城市实施"基地—口岸—采购商"一体化的农业出口战略，通过联合内地的农业大县、大市和大省，为它们提供量身定制的农业出口服务；同时借助口岸优势，与中亚五国和俄罗斯建立更紧密的采购信息上的无障碍对接，获取更多国际农业信息，通过信息服务来帮助国内农业基地有序地生产和加工。

3）塔城农产品出口示范基地建设发展存在的主要问题——基于与安丘模式的比较

（1）基地建设的标准化程度不高。

按照标准化组织生产是提高农产品品质的根本所在，是农产品冲破"绿色壁垒"、走向国际市场的唯一出路。塔城农产品出口加工基地规模小，严重制约了它的标准化生产，虽然政府部门非常重视基地质量安全问题，派遣农技人员对农户进行技术培训，采取措施对农药和化肥零售商店进行监管。但是，如果无法通过很好的激励机制来引导农民标准化生产，政府部门虽然可以采用"运动式"的方法控制农药和化肥的使用，可是难以打"持久战"。因此，如果不建立良好的制度，把安全生产同市场需求有机地结合起来，由市场来拉动安全生产，监管工作就会逐渐地松弛下来，流于形式。

（2）基地生产要素发展程度低。

大量研究表明，建立产业发展强大而持久的竞争优势，必须发展专业生产要素。从安丘蔬菜产业发展的分析中可以发现，要想具备独特的竞争优势，人力资源、科技教育资源、品牌等专业生产要素的发展更为重要。不管是人力资源、科技教育资源还是基础设施、品牌建设等基地生产要素，塔城都远远落后于山东安丘。塔城大多数农产品出口企业的资金实力、技术研发能力等不够强劲，产品的科技含量低，初级产品出口多，产品附加值不高，竞争力不强。相当一部分企业是进行农产品的初级加工，实行的是贴牌生产。这种状况的存在，使得农产品出口受国外市场的制约比较大，在对外贸易中处于被动地位，企业及产业发展受到限制。

（3）龙头加工企业少，规模小，带动力不强。

塔城出口农产品加工企业发展很快，现在已经有上百家农产品出口企业。企业数量众多，但是水平参差不齐，呈现出群岭多而高峰少的特点。也就是说，绝大部分的农产品出口企业属于中小规模，而规模大、带动力强的农产品出口企业并不多。调查发现，许多农产品出口企业急功近利，只求短期盈利、快速上项目，注重眼前的利益而缺少长远的打算，致使出现了加工规模、加工档次、加工设施起点低，管理水平落后等问题，和国际上的企业相比难以形成强有力的竞争优势，甚至处于劣势。而山东安丘已培植了10多家大型农产品加工企业，总资产达到8亿元，农产品加工能力达到80多万吨。与安丘相比，塔城显然在这个方面的差距很大。这种差距也就造成了塔城没有形成龙头企业引领的安丘基地建设模式，因为龙头加工企业一般都要拥有比较雄厚的资本、技术、人才优势，掌握着比较充分的市场信息，内联农户，外联市场，是最强有力的市场主体和产业化经营主体。塔城基本没有大型的加工企业，因此未能像山东安丘那样走出一条由龙头企业带动的"农业农场化、农民职工化、生产基地化、产品标准化、流通现代化"新路。

（4）相关配套产业发展缓慢，产业链短。

农产品基地建设的基本要求就是实现农工贸一体化，产供销一条龙，降低交易成本，发展规模经济，达到推动区域经济发展的目的。塔城基地的上游产业如化肥、建材、塑料薄膜等，下游产业如加工、包装、商标、品牌宣传等发展缓慢，这就不仅严重制约了塔城蔬菜基地的高效率、低成本发展，降低了蔬菜的竞争力，而且造成塔城农产品出口产业产业链短，附加值低，从而影响了对区域经济发展的带动作用。

（5）政府对农产品基地建设的扶持力度不够。

与山东安丘相比，不管是对龙头企业的引进、资金、信贷、科技，还是组织市场、开拓流通领域、加大品牌宣传等，塔城都远远落后于山东安丘。这里也有客观原因，塔城地区年财政收入低，政府没有足够的财力来扶持农产品基地建设，从而造成恶性循环，差距会越来越大。

4）塔城农产品出口加工基地建设和发展对策

（1）加快农产品基地建设，扩大标准化备案基地规模。

目前塔城地区农产品在哈萨克斯坦东哈州及周边地区有了一定的市场份额，但还远远不够。应积极开展市场调研，分析中亚国家的蔬菜市场需求状况、蔬菜的供给方式和供给渠道以及中亚各国消费者对中国蔬菜的认知程度、消费偏好和消费能力，预测中亚各国蔬菜的市场需求潜力，并寻求中国对中亚国家出口蔬菜的最优路径，根据需求扩大农产品种植规模，尽快形成规模优势，增加农产品出口品种，降低出口品种过于集中的风险。扩大反季节蔬菜的种植规模，实现季节性蔬菜和设施蔬菜出口的相互补充。通过实施标准化生产和全程质量控制，推动出口示范基地企业根据出口目标市场的质量标准和技术要求开展相关认证和注册，建立质量监控体系和质量可追溯体系，加强农业规范认证区的产地环境监测，规范农业投入品的管理和使用，加快建立生产基地农产品生产记录档案和质量可追溯体系，全面推进无公害农产品的认证工作，提高出口农产品质量安全管理水平。

（2）突出地域资源优势，优先支持地理标志产品和名牌产品。

对产品实施原产地标志，是与国际接轨的需要，不仅能够为企业和产品带来名牌效应，提高知名度，提高产品档次和附加值，而且能够打破技术壁垒等贸易保护主义措施的限制，扩大出口。受哈萨克斯坦一些批发商市场保护策略的影响，哈萨克斯坦一些消费者对塔城物美价廉的农产品的认识还不够。要按照国际惯例做好基地备案、区域化管理、农产品产地标志认证、地产农产品品牌培育等工作，充分利用绿色和高质量农产品来增加农民收入，占领市场。近年来东哈州政府代表团来塔城地区考察，对塔城农产品基地建设给予了高度评价，表示了哈萨克斯坦政府进一步加强与塔城地区合作的意愿。要继续与哈萨克斯坦政府加强合作，充分利用当地广播、电视、报纸等各种宣传媒体，做好宣传工作，使两国政府、企业和消费者加深对塔城农产品展销会的认识，使更多国外企业、消费者了解塔城及塔城价廉物美的农产品，提高农产品的知名度。推动有条件的企业在境外注册商标，加强广告宣传，提高新疆农产品的国际知名度。要突出抓好农产品品牌建设和宣传，推动无公害农产品、绿色食品、有机农产品和地理标志农产品的评选认定。

（3）培育具备产业集群优势的外向型龙头企业。

要以塔城农产品出口基地为依托，以疆内大农业资源为后盾，以内地农产品出口为支撑，引导有较强服务能力和中长期发展潜力的企业进入外向型农业领域，充分发挥其在资金、技术、人才、管理等方面的优势，提高企业开拓国外市场的能力，延伸农产品出口产业链，开发农业资源，培育大型农业生产龙头企业。积极培育新疆农产品出口龙头企业，在税收、信贷、基础设施建设等方面给予扶持，尽快形成一批具有较强国际市场开拓能力的重点企业，优先支持农业产业化龙头企业走出国门，以骨干龙头企业为核心，带动同类产品企业的联合与合作，构筑龙头企业集群；建设特色农产品出口基地，建设高标准百亩连片、千亩连片示范点，并逐步建成万亩连片的外向型农业产业带，形成地域优势和规模优势，依靠规模与领市场。开展农业产业化经营，大力提高农产品精制加工和深加工比重，延长外向型农业产业链，使农业产品外贸以原料和初级加工品为主的局面得到有效改善。大力发展"外贸企业+基地+农户""外贸企业+农民专业合作社+农户"的产业化经营模式，积极促成外贸企业与农户建立稳固的利益联结机制，鼓励和引导农民以股份制或订单的形式与外贸企业形成利益联结体，从而提高外向型农业的产业化水平和综合效益。

（4）建立贸易平台和境外营销网络。

进一步提高农产品展销会的档次，要按照展销会定位、性质以及市场需求和塔城地区产品市场供应情况组织企业及外国客商参展。农展会不能仅局限在展销、洽谈上，更要通过东哈州外经贸、农业主管部门，积极组织双方企业面对面接触洽谈，提高农展会的水平档次。同时，和哈萨克斯坦达成定期会晤机制，签订协议，确保建立长期稳定的供求关系，推动农产品走出国门。积极支持出口企业和行业协会到境外参展促销，通过亚欧博览会、上海合作组织等平台向中亚拓展市场，增加新疆农产品在其他国家市场的占有份额，为新疆与世界各国的合作提供一个信息交流、商品成交、项目洽谈的良好场所，创造便利的贸易和投资条件；发展网上交易和代理、连锁、配送、批发等新的营销方式；建立出口农产品信息发布平台，采集、整理和分析目标市场农产品供应、需求和价格信息，及时为企业和农户提供信息服务。

（5）提升农产品出口的金融服务水平。

政府应加大对出口农产品的扶持力度，设立专项资金，同时积极争取中央有关部门专项资金的援助支持，增加各级财政投入力度，提高农民的种植积极性，加大对金融支持外向型农业建设的激励机制，充分调动农村金融机构支持建设的积极性，要利用财政补贴、税收优惠、奖励等政策，引导银行加大对外向型农业的温室大棚、节水灌溉等基本农业设施建设和中小外向型企业的信贷支持力度。人民银行要发挥货币政策的窗口指导作用，利用再贷款、再贴现的资金引导功能，增加外向型农业的资金支持。引导金融机构适当放宽贷款条件，合理确定贷款期限，增加贷款额度，从信贷规模中安排一定比例资金用于支持外向型农业发展和外向型农产品加工基地建设；鼓励金融机构积极创新金融工具，积极开拓卖方信贷、进出口押汇、进出口保函、远期结售汇等多种形式的表内外融资业务，扩大外贸企业融资渠道，探索采取由经济组织、行业协会牵头组成的农户大额贷款联保，组织农户联保、耕地流转权（农户的自有耕地，或者3年以上承包地的流转权）抵押、以协会会员的股金作保证金向金融机构抵押等方法，为农户大额贷款投放提供担保，加强政银企合作；完善银企项目对接机制，对重点建设项目优先纳入贷款营销范围，优先予以调查评估、信贷支持等。

（6）改善农产品通关便利化环境。

加强塔城与哈萨克斯坦的口岸、海关、检验检疫等部门配合，在进出口企业备案、进出口商品配额许可证、经营资质、加工贸易审批等业务上，给予重点倾斜。自治区政府与中央相关部门对接，尽快促成中哈两国及中国与其他中亚国家的农业经贸机制，形成规范有序的贸易环境，妥善解决农产品出口"灰色通关"等一揽子问题；充分利用WTO "绿箱政策"加大农产品出口政策的支持力度；制定落实鲜活农产品"绿色通道"通行优惠政策，减免有关收费，开辟果蔬出口专用通道，确保鲜活农产品流通顺畅。

小结：充分利用丰富的特色农业资源优势，挖掘资源的开发潜力，面向国际市场，以全面实现优势资源转换战略、建立具有特色和国际市场竞争力的特色农业产业体系为目标，构建以特色农产品出口生产加工基地建设为基础，以特色农产品加工产业链建设为核心的外向型农业生产模式和体系，是安丘模式和塔城模式的共同之处，也同时说明了建设特色农产品出口加工基地在发展外向型农业产业化过程中的重大作用和战略意义。本节通过对比两个特色农产品出口加工基地建设和发展，重点探讨了塔城农产品出口加工基地在建设发展过程中存在的问题，同时结合安丘模式的成功经验提出了塔城农产品出口加工基地的建设和发展的主要对策，为新疆布局建设特色农产品生产和加工基地提供了发展思路，即在建设和优化出口加工基地的过程中，要突出以下方面的建设：合理布局出口加工基地，突出区域优势，形成合理互补分工；在基地建设过程中，要注重国际市场营销网络的构建、特色农产品品牌的树立、产业化龙头企业的培植和服务平台的建设，逐步建立起面向国际市场的特色农业产业群，形成特色农业强大的竞争优势。

6.3　新疆农产品出口加工基地建设模式选择

近年来，自治区着力发展特色农产品出口加工基地，尤其是2012年自治区商务厅研究制定了《自治区农产品出口示范基地建设实施办法》，提出充分发挥新疆得天独厚的地理优势和资源优势，以哈萨克斯坦、吉尔吉斯斯坦、塔吉克斯坦、巴基斯坦、土库曼斯坦为中心目标市场，不断扩大农业对外交流合作领域，以伊犁、塔城、阿勒泰、喀什、巴州、吐鲁番为发展重点，建设一批以国际市场为导向，具有比较优势和区域特色的农产品出口示范基地。到2015年，计划建成100个农产品出口示范基地。

为适应新疆外向型农业发展的需要，本书认为新疆加大建设出口加工基地必须在以下三方面加大力度：

其一，明确新疆优势特色农产品的种类。应调动发挥政府机构、科研院校、社会组织、龙头企业等各方面力量，深入全疆各地调查研究，根据特色物种分布情况和国内外市场需求，划定适宜发展区域，制定长远发展规划。

其二，规划统筹农产品生产和加工基地的布局。拥有特色农产品资源的新疆各个地州、县、团场要结合当地资源特点和农产品特色，因地制宜，科学规划，把基地建设与当地主导产业紧密结合起来，依托区域内资源优势和交通口岸优势，按照区域化布局、专业化生产、标准化管理、产业化经营的发展思路，走集约化经营、标准化管理、品牌化营销之路，加快发展地域特色出口基地。基地建设要科学规划，合理布局，确定种植规模，明确品种和生产布局。

其三，政府出台政策，引导出口生产加工基地构建适宜的发展模式。本书课题组通过大量参阅国家农业部，自治区农业厅、商务厅，自治区海关以及自治区出入境检验检疫局相关材料、规划以及文件，并结合调研数据资料，本着增加课题应用性的原则，提出了新疆特色农产品生产和出口加工基地的产业选择和区域布局，在此基础上，借鉴安丘模式和塔城模式的发展思路和经验，提出构建新疆特色农产品出口加工基地的模式。

6.3.1 新疆农产品出口加工基地的产品选择

1）新疆特色农产品的选择依据

从资源和市场这两个基点出发，坚持"按比较优势布局"和"按市场需求布局"兼顾的总体思路，在区域内以出口加工基地为载体，形成相互关联、互为依托的出口农产品生产加工产业群。因此，课题组认为新疆各地州在特色农产品种类选择上主要考虑三个因素：

一是突出新疆的品质特色：产品品质独特，功能特殊，有一定认知度。

二是衡量生产规模基础优势：特色农产品在当地具有一定的生产规模，产业可延伸性强，有进行市场开发的价值与潜力。

三是估量出口市场前景：面向国际市场，具有一定的出口规模，现实市场竞争优势明显或具有潜在市场需求。

2）特色农产品生产加工基地建设布局选择的依据

（1）中国农业部《特色农产品区域布局规划（2013—2020）》。

在中国农业部 2014 年 4 月发布的《特色农产品区域布局规划（2013—2020）》中，提出了全国重点发展 10 类 144 种特色农产品，规划了一批特色农产品的优势区，并细化到县。这对新疆指导各地充分利用资源比较优势，发展特色农业，引导特色农产品向最适宜区集中，加快培育优势产区，形成农业区域专业分工具有重大应用意义。在规划中，农业部确定了特色蔬菜、特色果品、特色粮油、特色饮料、特色花卉、特色纤维、道地中药材、特色草食畜、特色猪禽蜂、特色水产 10 类为特色农产品，重点予以扶持建设。在 10 类特色农产品中，新疆无特色饮料类、特色花卉类以及特色水产类。而规划中具体的 114 种特色农产品中，新疆列入 28 种（见表 6-1 和表 6-2）。鉴于农业部的规划在区位和资源优势上以及生产带优势上具有权威和战略意义，因此我们在选取新疆特色农产品种类以及农产品区域布局时，基本将这些特色农产品作为新疆选择出口加工基地特色农产品的主要产品。

但是，农业部规划在新疆特色农产品选择中存在一定局限，那就是这些农产品种类的选择更加注重的是国内外市场需求以及兼顾全国各省区之间规模上的衡量。实际上，新疆的主要出口市场为中亚、俄罗斯及周边国家，导致新疆一些尚未形成比较大的生产和出口规模的农产品在面向这些地区的出口中具有明显的比较优势潜力。比较典型的例子是花卉，近年来面向中亚的花卉出口迅速增加，新疆构建面向中亚的特色花卉出口基地潜力巨大，然而，在国家农业部规划中，花卉产品并未列入新疆的特色农产品中，主要原因是目前新疆花卉培育和生产的规模与云南、四川等地无法相提并论。因此，本书亦将考虑上述因素，进一步定义新疆特色潜力农产品。

表 6-1　　**新疆入选特色农产品区域布局规划（2013—2020）的农产品**

特色产品类别	新疆入选特色产品
1. 特色蔬菜	辣椒
2. 特色果品	葡萄，梨，杏，石榴，核桃，枣
3. 特色粮油	芸豆，啤酒大麦，高粱，绿豆，啤酒花，芝麻，胡麻，向日葵
4. 特色饮料	0
5. 特色花卉	0
6. 特色纤维	亚麻
7. 道地中药材	枸杞，甘草
8. 特色草食畜	牦牛，绒山羊，细毛羊
9. 特色猪禽蜂	鸡，鸽，蜂产品
10. 特色水产品	0

资料来源：根据农业部《特色农产品区域布局规划（2013—2020）》整理得出。

表 6-2　　**新疆特色农产品的县域和团场分布**

特色农产品	种类	区域布局
1. 特色蔬菜	辣椒	焉耆县、和静县、和硕县、博湖县、拜城县、莎车县、沙湾县、农二师
2. 特色果品	葡萄	吐鲁番市、鄯善县、哈密市、昌吉市、呼图壁县、玛纳斯县、博乐市、焉耆县、新和县、阿图什市、石河子市、五家渠市、农二师、农四师、农五师、农六师、农八师、农十二师、农十三师、直属222团
	梨	库尔勒市、轮台县、尉犁县、阿克苏市、温宿县、库车县、沙雅县、新和县、阿瓦提县、农一师、农二师
	杏	托克逊县、哈密市、轮台县、和硕县、库车县、沙雅县、新和县、拜城县、乌什县、柯坪县、阿图什市、阿克陶县、疏附县、英吉沙县、泽普县、莎车县、叶城县、麦盖提县、岳普湖县、伽师县、巴楚县、墨玉县、皮山县、洛浦县、策勒县、于田县、伊宁县、察布查尔县、霍城县、巩留县、尼勒克县
	石榴	吐鲁番市、喀什市、疏附县、莎车县、叶城县、伽师县、皮山县、策勒县
	核桃	阿克苏市、温宿县、泽普县、叶城县、和田县、墨玉县、农三师、农十四师224团
	枣	托克逊县、哈密市、若羌县、且末县、阿克苏市、温宿县、库车县、沙雅县、新和县、阿瓦提县、疏附县、疏勒县、泽普县、麦盖提县、岳普湖县、伽师县、巴楚县、和田县、皮山县、策勒县、于田县、民丰县、农一师、农二师、农三师、农十三师、农十四师224团、农十四师皮山县农场

续表

特色农产品	种类	区域布局
3. 特色粮油	芸豆	奇台县、木垒县、阿勒泰市、布尔津县、富蕴县、福海县、哈巴河县
	啤酒大麦	乌鲁木齐县、巴里坤县、伊吾县、昌吉市、奇台县、吉木萨尔县、木垒县、昭苏县、特克斯县、尼勒克县、塔城市、额敏县、农四师76团、农九师165团、农十三师红山农场、74团、77团
	高粱	和静县、伊宁市
	绿豆	泽普县、莎车县、叶城县、察布查尔县
	啤酒花	昌吉市、呼图壁县、拜城县、塔城市、沙湾县、福海县、直属222团
	胡麻	木垒县、温宿县、拜城县、乌什县、阿合奇县、疏附县、泽普县、莎车县、和田县、洛浦县、策勒县、于田县、察布查尔县、霍城县、巩留县、新源县、昭苏县、特克斯县、尼勒克县
	芝麻	阿克苏市、青河县
	向日葵	乌鲁木齐县、昌吉市、阜康市、呼图壁县、玛纳斯县、奇台县、吉木萨尔县、博乐市、温泉县、焉耆县、博湖县、叶城县、伊宁县、察布查尔县、霍城县、巩留县、新源县、昭苏县、特克斯县、塔城市、乌苏市、额敏县、沙湾县、阿勒泰市、布尔津县、富蕴县、福海县、哈巴河县、吉木乃县、农四师、农六师、农七师、农九师、农十师、直属222团
4. 特色饮料		
5. 特色花卉		
6. 特色纤维	亚麻	拜城县、伊宁县、巩留县、新源县、昭苏县、特克斯县、尼勒克县
7. 道地中药材	枸杞	精河县
	甘草	昌吉市、和硕县、沙雅县、乌什县、阿瓦提县、泽普县、莎车县、伽师县、和田市、和田县、墨玉县、策勒县、巩留县、新源县、塔城市、富蕴县、福海县、农三师、直属222团
8. 特色草食畜	牦牛	和静县、和硕县
	绒山羊	昌吉市、阜康市、呼图壁县、玛纳斯县、奇台县、博乐市、温泉县、博湖县、温宿县、拜城县、察布查尔县、霍城县、巩留县、新源县、特克斯县、塔城市、乌苏市、额敏县、沙湾县、农一师、农四师、农五师、农六师、农七师、农八师、农九师
	细毛羊	博乐市、尉犁县、温宿县、库车县、沙雅县、拜城县、乌什县、柯坪县、阿合奇县、额敏县、托里县、和布克赛尔县、青河县

特色农产品	种类	区域布局
9. 特色猪禽蜂	鸡	乌鲁木齐县、克拉玛依区、昌吉市、博乐市、精河县、喀什市、疏勒县、英吉沙县、泽普县、莎车县、巴楚县、额敏县、沙湾县、托里县、裕民县、和布克赛尔县、阿勒泰市、福海县
	鸽	新和县、莎车县
	蜂产品	阿克苏市、阿瓦提县、莎车县、和田市、伊宁市、奎屯市、伊宁县、察布查尔县、霍城县、巩留县、新源县、昭苏县、特克斯县、尼勒克县、阿勒泰市
10. 特色水产品		

资料来源：根据农业部《特色农产品区域布局规划（2013—2020）》整理得出。

（2）《自治区农产品出口示范基地创建实施办法》。

自治区为充分发挥新疆特色农业资源和区位优势，切实加强农产品出口示范基地建设，增强出口农产品国际市场竞争力，进一步扩大农产品出口规模，2012 年开始，自治区商务厅会同自治区农业厅、林业厅、畜牧厅、质量技术监督局、出入境检验检疫局共同起草了《自治区农产品出口示范基地创建实施办法》。办法中提出自治区农产品出口示范基地建设的重点产品如表 6-3 所示。

表 6-3　　　　　　　农产品出口示范基地建设的重点产品

类别	重点产品
蔬菜类	马铃薯、洋葱、西红柿、黄瓜、辣椒、胡萝卜等
干鲜瓜果类	香梨、哈密瓜、葡萄、葡萄干、苹果、沙棘、石榴、枸杞、小浆果、核桃、红枣、巴旦木、杏、杏干（脯）、果汁（浆）、瓜子（打瓜）等
畜禽类	活畜、畜肉及其制品、肠衣、奶制品、禽蛋、禽肉、动物油脂、孕马尿结合雌激素原料及其产品等
其他特色类	棉花、加工番茄、蜂蜜、葵仁、加工辣椒、啤酒花、豆、红花、孜然、植物芳香制品等

资料来源：根据《农产品出口示范基地创建实施办法》的相关内容整理得出。

3）特色农产品生产和加工基地的产品选择与布局

以上述规划和第 2 章的统计数据分析与实证分析结论为基础，课题组多次与自治区专家访谈，并先后两次去新疆塔城、阿勒泰、喀什的农产品出口生产加工基地访谈，收集出口加工基地企业、农户及政府部门的相关意见和建议，在结合新疆区位优势、考虑面向中亚市场目标之下，统筹新疆特色农产品生产集中区的比较优势以及新疆各类园区和示范区的布局，本书提出在全疆范围内重点建设五大类特色农产品生产和加工基地，并对出口生产和加工基地的区域分布做了大致归纳。

（1）特色蔬菜及设施蔬菜出口生产加工基地布局。

特色农产品主要为马铃薯、洋葱、西红柿、黄瓜、辣椒、胡萝卜等；反季节蔬菜以番茄、黄瓜、辣椒等为主，集中力量重点开拓和发展中亚市场。

重点在吐鲁番地区、昌吉州、乌鲁木齐、塔额盆地、伊犁河谷、南疆地区培植发展现代设施农业产业聚集区。目标市场包括哈萨克斯坦、吉尔吉斯斯坦、乌兹别克斯坦、塔吉克斯坦，辐射俄罗斯。在昌吉州、沙湾县、乌苏市发展甜瓜、加工辣椒；在昌吉州的昌吉市、玛纳斯县、呼图壁县、吉木萨尔县以及塔城地区的乌苏市、沙湾县发展加工番茄；在奇台县发展打瓜；设施农业主要布局在兵团的农四师、农六师、农八师。

（2）特色林果出口加工基地。

特色林果以香梨、哈密瓜、葡萄、葡萄干、苹果、石榴、小浆果、核桃、红枣、巴旦木、杏、杏干（脯）、果汁（浆）、瓜子（打瓜）等为主，出口发展方向以中亚市场为重点，辐射西亚、南亚和东欧市场。目标市场为哈萨克斯坦、吉尔吉斯斯坦、巴基斯坦和俄罗斯，以及土耳其、伊朗、阿富汗等市场。加快建设环塔里木盆地优势林果主产区，稳步建设吐哈盆地、天山北坡和伊犁河谷优质特色林果产业带。

依托哈密大枣开发中心组建龙头企业，以良种枣苗的繁育供应、技术服务及大枣的购销为基本手段，促进哈密大枣基地建设，实现哈密大枣的产业化经营；在吐鲁番地区建设以早熟和设施为主的四季供应优质哈密瓜基地，在哈密地区、昌吉州、巴州建设中熟甜瓜基地，在哈密地区、喀什地区、阿勒泰地区建设晚熟甜瓜基地，对库尔勒香梨种植基地进行改造，严格控制盲目发展和低水平建设；以沙依东园艺场为龙头企业，建设和完善香梨收购、保鲜、促销体系，实现库尔勒香梨产业化经营，以和田石榴酒厂为龙头，积极发展石榴产业化经营，以和田、喀什等地为基地，发展薄皮核桃产业化经营；葡萄优势开发区域在呼图壁县、玛纳斯县、昌吉市、阜康市、精河县、伊宁市、伊宁县以及兵团的农四师、农五师、农六师、农八师；以吐鲁番、阿图什、新和等地为基地，发展食用葡萄产业化经营；以玛纳斯县为基地，继续发展酿酒葡萄产业；以南疆喀什等地为基地，发展巴旦木产业化经营，以库车、英吉沙等地为基地，发展杏产业化经营；以阿克苏为基地，发展红富士苹果产业化经营等。

（3）特色畜禽产品出口加工基地。

特色畜禽产品以牛肉、羊肉、禽肉和鲜鸡蛋为主，发展肠衣、奶制品、禽蛋、禽肉、动物油脂、孕马尿结合雌激素原料及其产品等；发展方向与目标市场以中亚市场为主，在不断加大对吉尔吉斯斯坦出口的基础上，积极开拓哈萨克斯坦、乌兹别克斯坦，拓展辐射俄罗斯市场，加大对巴基斯坦的鲜鸡蛋出口。在南疆铁路沿线、天山北坡、伊犁河流域、额尔齐斯河流域、塔额盆地加快建设优质牛羊肉产业带；在伊犁州直、博州、昌吉州、巴州、塔城地区、阿克苏地区重点建设细羊毛产业带；在乌鲁木齐市、昌吉州、伊犁州直、博州、巴州、阿克苏地区、喀什地区、和田地区建设优质肉禽产业区和禽蛋产业区。

（4）特色农产品出口深加工基地。

有选择地优先扶持棉纺、葡萄酒、加工番茄、胡萝卜汁、乳制品、石榴汁（酒）、红花油及中药材加工等加工业的发展，形成一批具有特色的企业集团，积极开拓国际市场，以哈萨克斯坦、乌兹别克斯坦、吉尔吉斯斯坦、塔吉克斯坦和俄罗斯为主要目标市场，以西亚的土耳其和南亚的印度为潜在市场，加大市场开拓力度。重点发展北疆准噶尔盆地南缘和南疆焉耆盆地两大优势区域。准噶尔盆地南缘区包括昌吉州的昌吉市、玛纳斯县、呼图壁县、吉木萨尔县以及塔城地区的乌苏市、沙湾县等地。焉耆盆地种植区包括巴州的博湖县、焉耆县、和静县等地。积极推进拜城县、乌什县等新产区发展。把乌鲁木齐至乌苏和克拉玛依的天山北坡经济带建成若干特色农业产业化示范区和高技术加工业区，把特色农产品加工业主要集中在自治区及各地州所在城市和县城中心镇，形成规模化加工基地。

（5）特色经济作物出口加工基地。

特色经济作物包括花卉、枸杞、加工辣椒、啤酒花、豆、红花、孜然、植物芳香制品等，目标市场以周边国家和地区为主，利用航空口岸，积极开拓哈萨克斯坦、吉尔吉斯斯坦、乌兹别克斯坦、塔吉克斯坦市场。在天山北坡、焉耆盆地、塔额盆地、伊犁河谷、阿勒泰地区重点建设枸杞、酿酒葡萄、打瓜、红花、色素辣椒、沙棘等区域特色农产品生产基地。籽用瓜：重点发展塔城地区的额敏县、塔城市，昌吉州的奇台县和阿勒泰地区的哈巴河县、福海县等地。加工辣椒：重点发展巴州、塔城、昌吉州、喀什地区、阿克苏地区的有关县市（场）。到2015年全区加工辣椒种植面积120万亩，总产鲜椒240万吨以上，加工率达到60%以上。加快引进和培育一批适合新疆气候特点的高产、优质、抗逆、具有观赏价值的用材林、生态林、特色经济林、观赏树木及花卉新品种。在天山北坡、伊犁河谷、克拉玛依市和南疆区域中心城市，规划建设自治区级苗木花卉良种基地，扶持建设一批现代化苗木采穗圃、繁育场，发展苗木花卉设施栽培，建设一批智能化温室花卉繁育、产业化示范区。红花优势开发区域在奇台县、吉木萨尔县和塔城地区以及兵团的农六师；中药材重点发展寸草、麻黄、大芸等，主要布局在吉木萨尔县、伊犁州、博州等；大蒜分布在吉木萨尔县；亚麻主要布局在奇台县、吉木萨尔县、伊宁县；花卉、啤酒花主要布局在昌吉市、玛纳斯县以及兵团的农六师；塔城地区建成以黑加仑、樱桃李等小浆果为主的产业带；霍城县以及兵团的农四师、农五师建成标准化鲜食葡萄生产基地；沿天山北坡经济区的昌吉市、呼图壁县、石河子市、玛纳斯县以及兵团的农八师等加快建设酿酒葡萄生产基地；加速建设精河县、乌苏市的枸杞商品基地；重点加强以伊犁、昌吉、塔城等产区为主的亚麻生产基地建设；芳香植物主要放在伊犁河谷的霍城县、伊宁市和伊宁县以及兵团的农四师、农五师；重点发展焉耆盆地、伊犁河谷、吐鲁番地区、喀什地区和阿克苏地区、和田地区部分县市薰衣草、玫瑰花、薄荷、安息小茴香（孜然）等香料作物生产基地。

6.3.2　新疆特色农产品出口基地的布局优化

本书认为，新疆特色农产品出口加工基地建设的布局思路应为：立足新疆口岸地缘优势，充分利用既有产业园区的区位优势和良好的基础设施等有利条件，以产业园区为载体，依托原料生产基地，培育产业集群，通过政策扶持，加强出口基地认证、备案和管理工作，建成一大批产业集聚度高、出口龙头企业带动作用突出、产品国际竞争力较强的出口基地。

1）基地布局选择的依据

遵循自然规律和经济规律，着眼"两个市场、两种资源"，充分发挥比较优势，实施扶优扶强的非均衡发展战略，在发挥市场配置资源的基础性作用的同时，加强宏观调控，实施政策倾斜，合理有效地配置农业生产要素，重点培育优势农产品和优势产区，做大做强一批具有国际竞争力的出口生产加工基地，形成合理的区域布局和专业分工。

（1）资源依托原则。

以充分突出区域特色和地方特色自然生态条件为依据来确定农产品的最适宜区或适宜区，具有生产传统、生产基础和技术条件，能够集中连片生产，农产品商品率较高，区域内商品总量在全国占有重要份额。

（2）市场导向原则。

综合考虑资源条件、生产基础、市场环境以及资金、技术等方面的因素，扬长避短，优先发展具有一定基础和竞争力的产品和产区，以中亚市场为重点，建立市场多元化发展的规模优势。

（3）依托口岸和园区原则。

集中布局在具有口岸优势的农业区和功能辐射区，充分发挥出口农产品生产、加工和贸易基地的规模化、产业化和标准化优势，建立出口农产品营销网络和体系。

（4）产业化开发原则。

注重整体开发和整体竞争力的提高，通过延伸产业链和产业化经营，建立完整的特色农产品产业链，提高特色农产品整体竞争力。发展优势农产品，要着眼于提高产业的竞争力，立足开发整个产业，打造名牌产品，构建优势产业群体，延伸产业链条，提高产业的整体素质和效益。

（5）科技支撑原则。

增强特色产品的品质优势和农产品加工的科技含量，培育核心竞争力。

2）新疆特色农产品出口加工基地类型

（1）依托口岸的特色鲜活农产品出口生产基地。

以新疆特色农产品生产集中区为基础，大力发展种植产业，促进鲜活农产品出口，主要包括应季蔬菜和反季蔬菜，特色瓜果和特色畜禽蛋产品以及特色花卉。这些出口加工基地要依托口岸，例如，霍尔果斯、吉木乃、巴克图三大口岸具有建立粮食和蔬菜特色种植业出口基地的优势。鉴于中亚5国中除哈萨克斯坦以外各国粮食都需要进口，北疆应在保证国家粮食安全的前提下，在伊犁州和阿勒泰地区充分利用霍尔果斯口岸、吉木乃口岸的优势，建立粮食和蔬菜特色种植业出口基地。塔城地区应利用巴克图口岸的优势，建立蔬菜种植业出口基地。随着出口市场的扩大，可带动北疆其他地州蔬菜、粮食高产区的蔬菜和粮食种植业出口基地的发展。应充分利用吐尔尕特和伊尔克什坦口岸优势，合理规划以杏、核桃、红枣、香梨、石榴、苹果、巴旦木等为主的特色林果业出口基地。特色鲜活农产品出口生产加工基地要深化农产品仓储物流体系建设，在主要口岸建成一批集储运、保鲜、分级包装、出口为一体的农产品物流集散地，提升口岸物流仓储水平和能力，推动把新疆建成中国向西开放的重要的农产品出口大通道，使新疆果蔬农产品出口贮藏保鲜率达到40%以上。在新疆建设一批外向型鲜活农产品批发交易中心、物流仓储基地和保鲜仓储区。在伊犁、博州、塔城、乌昌果品交易和消费中心地区及边境口岸兴建果蔬冷藏保鲜库。

（2）依托产地的特色农产品传统加工出口基地。

特色农产品、有机农产品和原产地标志注册农产品的出口有助于提高特色农产品的附加值，发展各种地方风味和特色产品的传统技术生产，是新疆特色农产品出口的新增长点。发展具有新疆地方和民族特点的特色农产品传统加工业，保持和发扬特色传统加工工艺，突出加工产品的独特品质和风味，拓展特色农产品市场空间。大力开发特色农产品的营养、保健和药用等多种功能，满足市场均衡化、多样化需求，最大限度地挖掘特色干果加工、特色清真肉食和食品以及传统工艺加工制作的增值潜力。

（3）依托园区的特色农产品精深加工出口基地。

新疆的农产品中，药用农产品占据了相当一部分比重，但是以原料形式出口的前景并不乐观，必须运用生物科技转变成加工产品才能得到更高的利用价值。新疆的优势特色农产品中的核桃、红枣、石榴、葡萄等都是中医和维吾尔医等特殊医药企业的主要药用原材料。如果把甘草、板蓝根等纳入农产品领域，新疆农业优势转变为生物科技产品的优势就会进一步被放大。由于新疆的医药行业竞争力较弱，且对其扶持力度并不大，技术进步非常滞后，科技创新能力不足等原因，上述原材料无法获得进一步的精深加工。由于技术进步不足、科技创新力度不大，新疆的农产品既不能够延伸产业链，更不能够实现外向型加工销售，使得整个新疆外向型农业处于劣势地位。

新疆拥有20个国家级产业聚集园区，包括喀什、霍尔果斯经济开发区和中哈霍尔果斯国际边境合作中心。随着经济的快速发展，近年来中亚各国对农产品的进口需求不断扩大，同时发展农业生产尤其是农产品加工的潜力巨大。新疆应依托各类园区，立足于现有加工业的技术改造，提高特色农产品的科技含量和精深加工能力，建设现代农业合作示范园区。特色农产品精深加工基地包括依托园区开展特色农产品出口加工基地、特色林果精深加工出口基地、畜产品出口加工基地，吸引大型国内外农产品加工企业进驻特殊经济开发区、保税区以及经济开发区等各类园区，积极发展面向中亚市场的适销对路农产品精深加工业。综合保税区、出口加工区、保税仓库等特殊区域有进口入区保税、出口入区退税、开展加工贸易等多项优惠措施。但从实际运行效果看，上述特殊监管区的作用主要集中于保税物流和产品初级加工，且商品种类中农产品所占的份额很小，说明在农产品加工方面，特殊监管区的作用尚未充分发挥。通过特殊监管区的优惠政策的充分应用，助推新疆农产品占领中亚市场，可包括以下几种模式：

①跨国公司+品牌+加工贸易模式。

依托资源优势，以各类外向型园区为平台，瞄准国内外农业高端市场，吸引一批实力强、品牌响的环保型特色企业和知名企业入园，争取一批科技含量高、能源消耗低、示范带动效应好的新兴产业项目投入，建设农产品加工贸易示范园区，构筑标准化生产、综合循环加工、高端食品生物制造三级加工产业体系和信息化物流配送体系，将园区打造为农产品精深加工中心、企业集群聚集中心、技术研发转化中心、贸易展示中心、仓储物流集散中心，形成完善的现代农产品加工及商贸物流产业体系。

②境外园区+加工贸易基地模式。

由于中亚的农业自然资源禀赋和市场需求，中国企业在中亚投资食品加工业、种植业和畜牧业具有十分广阔的前景，双方的农业投资合作存在着互利共赢性。一方面，中国企业走进中亚投资农业是符合中亚国家的利益的。例如，投资食品加工业和畜牧养殖业能够丰富并改善当地居民的物质生活水平；投资种植业，尤其是粮食和棉花的综合生产与开发，可以充分利用当地的土地资源，促进当地经济发展和农民增收。另一方面，中国企业走进中亚投资农业，有利于中国抢占中亚出口市场，并为长期发展做准备，实现扩大出口西亚、南亚、俄罗斯和欧洲市场的目标。在中亚投资农业，建立海外粮食、棉花等战略物资的生产基地，对于中国农业长期可持续发展具有十分重要的战略意义。境外出口加工基地可以是投资于中亚国家园区。目前新疆已经在境外建设了6个境外合作园区，其中中泰新丝路塔吉克斯坦农业纺织产业园将成为建设丝绸之路经济带早期收获项目之一，成为中塔双方共建丝绸之路经济带的有力支撑。产业园由新疆中泰（集团）有限责任公司控股，新疆泰昌实业有限责任公司、新疆利华股份有限公司参股的新疆中泰新丝路农业投资有限公司建设，产业园总投资13.9亿元人民币，项目包括20万亩棉花农业园、15万锭纺纱项目。首期15万亩棉花2015年播种，纺纱项目于2016年全面建成投产。新疆可以在"一带一路"向西开放战略格局下，以中亚合作为先导，加快落实建设中哈、中土、中塔农业示范园区，开展中塔农机推广示范合作、中吉农业技术合作项目等国家推动的"一带一路"建设优先推进项目，使其尽快成为"一带一路"早期收获的示范项目。

③农业产业援疆模式。

2011年，中央明确提出要加快产业兴疆步伐，中央企业和19个援疆省区国有企业启动实施了一大批重大项目。截至2013年，53家中央企业在疆计划投资项目685个，计划投资1.85万亿元，已完成投资5903亿元。19个援疆省区国有企业在疆计划投资项目103个，计划投资2047亿元，已完成投资355亿元。中央企业和19个援疆省区国有企业以其资金、人才、技术、管理和市场等优势带动了新疆的经济发展，目前，新疆范围内建立的援疆农业园区有30个。充分利用产业援疆的大好时机，从对口援疆省区引进先进的企业经营、管理和销售经验，引进资金，在已有的企业中选择基础好、潜力大的，进行进一步培育壮大。

6.3.3 新疆农产品出口加工基地运营模式的构建思路

新疆地域辽阔，各地州自然条件差异大，生产力水平参差不齐，建设特色农产品出口生产加工基地必须坚持从实际出发，按照各地特色优势出口产品的不同需要采取不同的建设模式。一家一户分散的小生产，不只是不利于高新技术的推广，不利于快速应对市场的变化，不利于产业结构的调整，更不可能大规模生产出口。如何将现代产业化的经营理念应用于基地区域化管理，本书认为，出口加工基地建设的关键核心路径是实现出口加工生产基地的产业化、规模化和标准化，而通过建立利益共享机制来提高农民的组织化程度，不仅解决农民与市场脱节的难题，并且给出口企业发展创造广阔前景，为实现基地生产规模化、基地运营产业化以及基地管理标准化打下基础。

本书通过实地调研及借鉴国内外外向型农业发展模式，提出在新疆建设三种农产品出口生产加工基地，即龙头企业化模式、农业合作社主导模式和现代化农场模式。

1）龙头企业化模式

支持农业产业化龙头企业通过兼并重组、收购、控股等方式，组建大型企业集团。培育壮大龙头企业，打造一批自主创新能力强、加工水平高、处于行业领先地位的大型龙头企业。引导龙头企业向优势产区集中，形成一批相互配套、功能互补、联系紧密的龙头企业集群，培育壮大区域主导产业，增强区域经济发展实力。

模式1：龙头企业自营模式。

可借鉴安丘模式。安丘市选取了山东鲁丰集团有限公司、潍坊鑫盛食品有限公司等4家有代表性的出口型企业作为实施主体，规划示范企业自属基地4 180亩，突出物理防控、检测水平、国际认证、争创品牌等方面特点，加快推进出口企业示范基地转型升级。通过项目实施，鲁丰集团凭借国家级龙头企业的实力与魅力，引领一批有订单无基地的农产品加工小企业和有基地无订单的合作社相互借鉴、抱团发展，共同完成农产品种植、加工、出口任务，有力地促进了安丘市农产品加工出口业的繁荣与稳定。

从新疆出口加工基地建设运营模式来看，企业拥有的自营基地普遍少，如2012年阿勒泰地区自治区级和地区级45家龙头企业中，有自营基地的企业13家，大多是养殖业。拥有农产品种植基地的企业只有6家，其中福海县三和食品有限责任公司仅有自营基地1 000亩。伊犁霍尔果斯基地有葡萄、苹果、桃子等品种，备案基地达10万亩，金亿国际公司基地占有10%的比例，该公司自己投资建立了冷库等设施。

模式2：加工龙头企业合同基地。

以农产品为原料的深加工企业带动农户，形成自有品牌的一体化经营模式。加工企业合同基地一般采用企业+基地+种植大户管理模式，"公司+基地+农户"的产业化经营模式就是通过基地的带动，把种植大户集中组织起来，进行蔬菜规模化生产。种植大户通过承包、租赁等形式，把分散的土地集中起来进行生产管理，而加工企业出口蔬菜需要有一定的基地规模，以便于加强出口农产品管理，这样加工企业与种植大户就形成一个产业链，形成了产品规模、产业规模和区域规模。具体做法是：加工企业与基地农户签订合同，合同条款中明确双方职责，明确要求，严格按加工企业要求的生产操作规程及标准进行生产；同时明确监管措施，合同按商检局要求标明基地名称、作物品种、种植面积、预计收购产量。在当地行政区划图基础上绘制基地图，应清楚标明各基地方位及周边主要标志物方位。根据商检局的统一要求，加工企业从大中院校、科研院所、农技部门聘请专职植保员，制订栽培计划。加工企业建立一套详细的管理制度，包括基地管理制度、植保员工作制度、基地农药化肥使用制度、仓储制度等一系列制度，确保基地农户严格按出口蔬菜栽培标准进行生产。加工企业还建立一套科学合理的组织机构，明确职责及主要负责人；包括基地管理、技术指导、农用化学品使用、监督生产、收购、加工、仓储、运输、销售等各个环节都能各司其职。加工企业定期对职工、主要技术人员、基地农户开展有关蔬菜安全生产知识的培训。加工企业对基地和农户进行统一管理，即统一供应种苗、统一供应农药化肥、统一技术规程、统一指导、统一监督管理、统一收购、统一加工、统一销售。收获时实行优惠价格并保证优先收购，农户按合同规定向企业交售符合收购标准的优质产品，由企业加工，出售制成品。这就形成了以农副产品加工企业为龙头，带动农户从事专业生产，将生产、加工、销售有机结合，实施一体化经营的运转模式。这种形式，有利于克服农民的分散经营与千变万化的大市场的矛盾，使分散的农民家庭经营与大市场之间找到了一种有效的连接方式；有利于在更大范围内和更高层次上实现农业资源的优化配置和生产要素的重新组合，提高农业的比较效益；有利于在家庭经营的基础上，逐步实现农业生产的专业化、标准化、商品化和社会化。

模式3：龙头外贸公司合同基地。

这一模式主要发展的是加工贸易、贴牌生产等。龙头外贸企业要在平等互利的基础上，与农户、农民专业合作社签订农产品购销合同，协商合理的收购价格，确定合同收购底价，形成稳定的购销关系；规范合同文本，明确双方权责关系。要加强对订单农业的监管与服务，强化企业与农户的诚信意识，切实履行合同约定。鼓励龙头企业采取承贷承还、信贷担保等方式，缓解生产基地农户资金困难；鼓励龙头企业资助订单农户参加农业保险；支持龙头企业与农户建立风险保障机制。

2）农业合作社主导模式

在中国现阶段，龙头企业在加强农产品基地建设中有着十分重要的作用。但由于龙头企业带动的"农业农场化、农民职工化、生产基地化、产品标准化、流通现代化"这种模式本身存在一定缺陷——农户与企业的主体地位不对称格局,要实现两者地位的对称,就要提高农民的地位,改变农户的弱势地位,那就需要大力发展代表农民利益的协会,实现农户与企业的主体地位的抗衡;另外,中西部经济欠发达地区,因各种因素,龙头企业发展缓慢,没有比较雄厚的资本和技术、人才优势,来直接参与并有效地组织农户参与农产品基地建设,成为最强有力的市场主体和农产品基地建设主导力量。建立协会则为企业进入农业领域降低了成本,企业只需跟协会签订合约,至于技术的推广、农户的组织等则由协会出面解决,这就有利于解决欠发达地区龙头企业发展缓慢、规模小、成本高的问题。中国农产品的出口主要依托加工企业和出口公司,自己做出口业务的合作社很少。而许多农业发达国家以合作社为依托进行农产品出口,例如,美国、荷兰、法国、丹麦等国家,合作社在组织农产品出口方面占有重要地位,在国际农产品市场上发挥着重要作用。2012 年,中国依法登记的农业专业合作社 73.06 万家,合作社已成为中国农村重要的现代农业经营主体。但是目前做出口业务的合作社数量有限,只在浙江、江苏、山东等省份有少部分合作社在做出口业务。

模式 1:部门领办型。

这是由政府有关部门发起创建的以"部门+合作社(协会)+农户"为合作模式的专业合作组织。其特点是:政府领导或部门领导兼任理事长,有关部门参加,以利用部门技术人才、场地、设备优势和管理经验,充分利用专业大户的销售网点优势,合作组织挂靠行政部门。山东和河北供销社领办的合作经济组织全部属于这种形式,大多数合作社理事长由乡镇供销社领导或乡镇领导担任,个别的合作经济组织理事长由农民能人担任。

模式 2:能人大户领办型。

这是农业大户参加,农民中的能人牵头而创建的以"能人大户+合作社(协会)+农户"为合作模式的合作组织。其特点是:多由政府牵线搭桥,依托能人大户的技术和管理经验及资金、销售网点优势,合作组织挂靠某一能人大户,这种类型在乡镇一级较多。

模式 3：农民自发型。

这是农业大户或农村能人围绕某一产业或产品，自发组建创办的以"合作社（协会）＋农户"为合作模式的合作组织。其特点是：利用各自的土地种植或养殖同一品种，采取以土地、劳力、资金入股的方式，按股份多少分红，实现决策民主化和利益、风险共享共担的紧密合作组织。这种合作经济组织完全体现出了"民建、民管、民受益"的办社原则，是今后合作组织发展的主导方向。但是，目前这种合作经济组织大多只是一种松散的、季节性的形式。

模式 4：龙头企业领办型。

引导龙头企业创办或领办各类专业合作组织，支持农民专业合作社和农户入股龙头企业，支持农民专业合作社兴办龙头企业，实现龙头企业与农民专业合作社深度融合。鼓励龙头企业采取股份分红、利润返还等形式，将加工、销售环节的部分收益让利给农户，共享农业产业化发展成果。

3）现代化农场模式

现代化农场模式的特征是通过一体化经营、社会化服务、企业化管理形成农产品规模化种植和产业化发展。按照区域化、专业化发展要求，推进一村一品、一乡一品、一县一品，打造区域性支柱产业，形成特色产业优势群体，加快形成产、加、销相互衔接的高效特色农业产业体系。在尊重农民意愿、保护农民权益的前提下，积极探索土地集约化经营的路子，采取租赁返包、招标承包、使用权拍卖等方式，依托龙头企业、技术能人、涉农部门等创办农业园区或者农场，鼓励农民以技术、资金等入股，激活各生产要素，集聚各类资本，大力发展种养加、贸工农、科研开发及观光旅游为一体的集约经营，形成特色鲜明的现代化农场。

6.4 农产品出口加工基地的管理思路及营销战略

6.4.1 新疆特色农产品出口加工基地建设管理思路

1）推动基地标准化生产与管理

新疆实行标准化生产和管理是提高农产品整体质量水平的前提。新疆特色农产品出口与产加工基地在建设和发展过程中，一定要循序渐进，规范管理，在整体规划统筹的基础上，完善出口生产加工基地的管理模式。首先在优势产区选择龙头企业带动能力强、产业发展基础好的重点县市，按照产业化的要求，建设一批标准化生产示范基地，主要建设小型农田水利设施、良种供应设施、技术服务体系、质量检测体系和机械化作业服务体系等，实现良种、成套技术规程、产品质量的标准化，发展"订单农业"，搞好产销衔接。加强标准化生产和管理技术的培训，推动标准入户。把标准化生产示范基地建设成为优势农产品的出口基地、龙头企业的原料供应基地和名牌产品的生产基地，创立产地品牌，增强市场竞争力。在管理上，通过政府政策支持，地方政府专门扶持，相关部门（农业部门、商务部门、海关、检疫检验部门等）制定标准化管理和监督方式实施。

（1）推动出口基地企业根据出口目标市场的质量标准和技术要求开展相关认证和注册，建立质量监控体系和质量可追溯体系，提高出口农产品质量安全管理水平。在出口备案基地中积极推行良好农业规范（GAP）标准化生产。加强对出口加工企业的卫生注册管理，建立质量可追溯体系，提高果蔬、花卉种植企业及加工企业通过 GAP、HACCP 等国际认证的比例，培育品牌产品，全面提升产品的国际竞争力。

（2）推动基地企业进一步加强农业基础设施建设，建立农产品生产标准体系，提高标准化生产普及率。建立统一的农产品生产操作规范，包括：病虫害监测预警和综合防治体系，使用的农药、化肥、动植物生长调节剂等化学投入品，饲料、饲料添加剂和兽药等投入品等。严格按照标准规范使用，实现粪污处理无害化或资源化利用。

（3）规范特色农产品评比管理工作，加强品牌宣传，争创"中国名牌"和"中国驰名商标"，发挥品牌效应，提高特色农产品市场认知度和美誉度。通过组织企业到境外参加产品展览和推介会等方式，支持特色农产品走出国门，拓展国际市场空间，广泛参与国际竞争。

2）推广农业技术，提高基地生产和管理水平

提高优势农产品竞争力的核心是提高科技含量。适应优势农产品和优势产区发展的需要，调整农业科研布局、技术推广方向和重点，整合

技术力量，在优势产区开展专业化服务。一是扶持一批专业性或综合性的骨干农业科研机构，完善科研设施，改善科研手段，针对关键技术进行科研攻关和开发，解决优势农产品发展的技术"瓶颈"。二是深化农技推广体系改革，创新推广机制和方式，面向优势农产品生产、加工、销售全过程，有针对性地推广一批成套技术。在林果优势产区重点推广一批加工、保鲜等产后商品化处理技术；在牛奶、牛羊肉优势产区，加快推广人工受精、胚胎移植和配方饲料等先进实用技术。三是在优势产区鼓励和扶持农机大户、联户和专业化农机服务组织的发展，提高优势农产品生产、加工和运销等环节的机械化水平。四是在优势产区选择一批重点县市优先建设完善以"绿色证书""青年农民培训工程"为主的农民技术培训教育体系，提高农民的科技素质。

3）加强市场信息服务体系建设，促进产销衔接

加强市场体系和信息服务设施建设是提高优势农产品竞争力的重要条件。一是在优势农产品集中产区建设一批现代化的产地批发市场，优先在柑橘、苹果、畜产品、水产品等鲜活农产品的优势产区，建设若干个区域性专业批发市场，完善市场交易、检测检验和信息服务等设施，增强服务功能，扩大辐射范围。根据条件和需要，在这些市场设立绿色食品、有机食品专门交易区。二是在有条件的优势产区实行产品拍卖、连锁经营、统一配送和电子商务等现代交易方式，建设相应的流通设施。三是选择优势产区的重点县市，优先建设和完善农业电视节目传输和接收设施，扩大覆盖范围，提高节目进村入户普及率。四是在优势产区选择若干重点县市优先建立网络信息服务平台，与农业信息网站联网运行，提高农产品信息服务水平。五是建立功能齐全、反应敏捷的优势农产品进出口预警系统，及时提供农产品生产和贸易信息。

4）实行全程质量监控，提高优势农产品质量安全水平

提高优势农产品质量安全水平是增强竞争力的关键。要重点在牛羊肉、牛奶、水产品及柑橘、苹果等鲜活农产品的优势产区，率先推行市场准入制度和产品质量追溯制度，加强对生产过程、生产投入品和产品质量的监测，全面提高优势农产品的质量安全水平。一是建设完善优势产区动植物疫病虫害防治体系，提高对危险性疫病虫害的防范和控制能

力；优先在优势产区建成若干片符合国际惯例的无规定动物疫病区、种植业非疫病生产区。二是在优势产区建设和完善一批农产品、农业投入品、农业环境质量、药物残留等综合性监督检测机构，建设若干个转基因产品安全检测与评价中心，提高检测水平和服务能力。三是加快制定和完善优势农产品的质量安全国家标准和行业标准，并在标准化生产示范基地推广。

5）发展农业产业化经营，增强龙头企业的辐射带动作用

扶持有条件的龙头企业在优势产区建设农产品生产、加工、出口基地，加强基地与农户、基地与企业之间的联合与合作。发挥龙头企业在引进、示范和推广新品种、新技术等方面的作用，不断进行技术创新。利用龙头企业开拓市场能力强、信息灵敏的优势，把市场信息、适用技术、管理经验及时传送给农户，组织开展农产品购销。支持龙头企业发展农产品精深加工业，延长产业链，促进优势农产品转化增值。积极发展多种形式的专业合作经济组织，提高农民的组织化程度，开展农业社会化服务。对农产品加工企业、批发市场、合作组织等各种类型的农业产业化经营龙头企业，只要有市场、有效益，能够增加农民收入，都要一视同仁，给予扶持。引导龙头企业与农民结成利益共享、风险共担的利益关系，增强带动作用。

6.4.2 新疆特色农产品出口加工基地建设的营销战略

特色农产品市场流通不畅，营销手段落后，产品分级包装、保鲜储运薄弱，成为影响产品顺畅销售和市场竞争力的重要因素。要搞好特色农产品产销衔接，提高农民组织化程度，促进特色农产品外销组织，实现产品增值和产业增效。

1）建设特色农产品专业市场

通过农民合作组织，建立特色农产品产地分级包装以及配套发展保鲜储运设施。按照统筹规划、合理布局的原则，建设特色农产品产地集散中心及交易区。在有条件的地区，针对不同产品特性，推行产品拍卖、连锁经营、统一配送和电子商务等现代交易方式，建立农产品物流体系。

2）建设特色农产品公共市场信息和交易平台

整合特色农业信息资源，健全农产品信息网络，建立公益性特色农产品信息平台，定期发布市场、生产、加工、科技和政策法规等相关信息，实现特色农产品生产、技术、供求等相关信息的共享，为企业和农户的经营活动提供服务。

3）推进特色农产品精品建设

整合现有特色农产品中的优质资源，培育发展一批优质、高端的精品，实现优质优价和满足中高端消费人群的消费，以高效益引导标准化生产，促进产业做大做强。积极开发浓缩菜汁、菜脯、婴儿蔬菜食品、大蒜素（油）等高附加值、高营养的深加工产品；生产加工芦笋、山药等国际市场流行的、公认具有药用保健价值的蔬菜，向中亚市场推广；提高鲜果的保鲜技术，加强市场营销，积极打开浓缩果汁的新市场；生产、加工各类食用菌、山野菜等国际市场流行的、公认具有药用保健价值的蔬菜；大力宣传推介有机水果和蔬菜；设法将食用菌、泡菜、豆制品、调味品等民族特有的传统食品打入中亚市场。

4）培育知名特色品牌

推动出口示范基地企业加大国际市场开拓力度，加强农产品出口促进工作，参加广交会、中国-亚欧博览会等国内、区内重要展会，参加哈萨克斯坦-中国商品展览会、哈萨克斯坦东部中国新疆农产品展洽会等各部门在主要出口目标市场举办的农产品展览、展销会和国际知名农业博览会；建立境外营销网络，整合现有品牌资源，培育辐射带动力强、经济效益高的名牌特色农产品；增强经营主体商标意识，推动有条件的企业在境外注册商标，加强广告宣传，提高新疆农产品的国际知名度。

小结：本章根据新疆特色农产品集中产区及农产品加工产能的布局，对特色农产品主产区和产能进行集中区统筹规划，提出建设蔬菜、特色林果产品、特色畜禽产品、特色经济作物以及特色深加工产品六大特色农产品出口加工基地。在考虑农产品资源丰富区域和加工产业基础较好以及出口成本的基础之上，提出推进农产品加工业集群发展战略思路，根据农产品资源布局，结合口岸区位优势、农产品加工业发展基础等，提出主要建设三种类型基地，即依托口岸的鲜活商品生产加工基地、依托产地的传统加工出口基地以及依托园区的农产品深加工基地。在出口生产加工基地的经营模式上提出了充分依靠地方政府和自治区有关部门的支持，以龙头企业、专业合作社以及现代农场为主体的三种主体发展模式，最后，本章对新疆特色农产品出口加工基地建设的管理思路和营销思路进行了进一步规划。

第7章　新疆外向型农业发展与农产品
出口加工基地建设的政策建议

　　2013 年 9 月 7 日，中国国家主席习近平出访哈萨克斯坦时在纳扎尔巴耶夫大学发表演讲，郑重提出了共同建设"丝绸之路经济带"的战略倡议。自此这条东牵亚太、西系欧洲，涉及区域总人口 30 亿，几乎占全世界人口的一半，市场规模和潜力独一无二，被认为是世界上"最长、最具有发展潜力"的经济大走廊，再次成为寄托多国厚望之地。新疆与中、西、南亚地区毗邻，处于"丝绸之路经济带"的中心地带，其重要的战略地位也越发凸显。"丝绸之路经济带"战略的提出，对于加强沿线各国的经济贸易，尤其是对新疆农产品国际市场的开拓具有重要意义。

　　推进新疆特色农产品出口加工基地的建设与发展是一项系统工程，需要各方面共同努力，采取综合措施。要在稳定党的农村基本政策、深化农产品流通体制改革和农村税费改革的基础上，对农产品出口加工基地实行政策倾斜，加大投资力度，加强基础设施建设，加快科技进步，培育市场经营主体，创造良好的发展环境。抓住国家支持新疆跨越式发展的机遇，发挥产业援疆机制作用，按照"优势互补、互利共赢、合作发展"的原则，大力实施"走出去"战略，立足新疆特殊的地缘区位优势、农业资源优势和特色农产品优势以及民族文化优势，依托援疆城市人才、资金、技术优势，发挥援疆省区企业在市场建设、物流体系建设、经营管理方式、开拓市场方面的优势，以携手推进向西开放为目标，以市场为导向，以加快外向型农业发展为主线，以实施外向型农业合作项目为载体，通过"贸易促进、投资跟进、技术带动、信息交流"多层次合作联动，共同开拓中亚、西亚、南亚乃至欧洲市场，提升新疆特色农产品的国际市场竞争力，拓展双方外向型经济发展空间，共同开创向西开放新局面。

7.1　新疆外向型农业发展的整体思路

从新疆当前所处国际贸易大环境来看，对新疆外向型农业发展的有利因素及良好机遇更多。正向的主导因素是新疆外向型农业的主要推动力，针对主要的制约因素，本书也给出了相应的发展模式，以下将从具体的做法入手，提出新疆外向型农业发展的对策。

7.1.1　加快农业制度创新，突破新疆外向型农业发展瓶颈

1）加快农村土地制度改革，推进农业专业合作社建设

由于新疆的农村土地比较分散，而且水利设施落后，单独进行种地的成本较高，回收时期较长，收入偏低。因此，为了形成规模经营，提高农业收入，农民逐渐开始加入农民合作社。截至 2013 年 6 月，全疆农民合作社总数达 10 008 个，比 2012 年年底增加 2 291 个，增长 29.7%。转入专业合作社的土地面积突破 2.2 万公顷，比上年同期增加 1.3 万公顷，增长 131.7%，占土地流转总面积的 7.4%，比上年同期上升 3.1 个百分点。据新疆 15 个地、州、市农村经营管理情况统计数据汇总分析，目前农村呈现土地流转规模日益扩大、农民的维权意识逐步提高、农民加入合作社的意愿较强、土地流转随意性较普遍等特点。

新疆农村土地流转规模和方式要与本地生产力发展水平、非农产业

发展程度和农村劳动力转移现状相适应，要探索适合本地区特点的农村土地流转及规模经营的有效途径和办法。可以借鉴内地省份，如江苏、黑龙江等省土地股份合作社、农机合作社作为土地流转载体的成功经验，做好相应的示范工作。鼓励引导各种专业合作组织逐渐成为承接土地流转的主体。

2）加快农业生产经营体制机制创新

要在提高农业生产组织化程度、完善利益联结机制、推进农业产业化发展、实现与社会化大市场的有效对接上下功夫。深入研究新疆农民专业合作组织发展面临的突出问题，以此为基础，制定出台扶持、引导、规范农民专业合作组织发展的政策法规，促进农民专业合作组织的快速发展。

7.1.2 加大与外向型农业相关的投入力度，完善多元投入机制

1）加大各级财政投入

建立健全新疆财政支持外向型农业发展的专项资金长效投入机制，提高财政专项支农资金宏观调控效率。要加大专项支农资金整合力度，规范专项资金的具体投向，实施资金全程使用的监管系统，提高支农资金的使用效益，并及时对专项资金的使用进行评估。

2）加强金融信贷支持

根据新疆农业发展的总体规划和新疆外向型农业发展的具体目标，金融机构涉农专项贷款应保持一定的增速。加大支持外向型农业的信贷投入力度，不仅保证在重点支持外向型大农业的支柱产业有足够的信贷数量，还可以针对所要贷款的外向型农业具体项目的发展潜力进行适度评估，给予一定程度的利率优惠。此外，这类涉农专项贷款的另一个重点投向领域应是农业的基础设施建设，确保外向型农业发展的基本条件。

3）引导民间社会投入

针对外向型农业发展所需，广泛开拓外向型农业资金的来源渠道，除了政府的专项资金扶持和金融机构的专项贷款以外，还可以制定优惠

政策，运用利益引导机制，吸收社会个人闲散资金，鼓励引导民营企业、农业生产组织、个人投资大农业建设，形成以民营投入为主、个人投入为辅的民间资金投入体系。

7.1.3 以科技创新为动力，拉动农产品加工龙头企业持续进步，推进新疆外向型农业发展

调查统计显示，企业科技创新投入资金构成中企业自筹资金投入占九成以上，政府补助投资经费不足 5%，也就是说，几乎所有龙头企业的科技创新投入都来自企业的自筹资金，政府投入仅占很小的部分。企业开展技术创新的形式以新产品自主创新为主，在农产品加工出口行业中，新疆企业也有相当一部分产品推陈出新，不断以优于周边国家同类产品技术水平的新产品面世，并在周边国家市场上占有一席之地。但是新疆农产品加工生产企业的总体研发情况并不乐观，新产品的技术含量偏低，更新速度慢，很少将原材料中最有价值的部分完全开发出来。

1）产、学、研结合，促进科研资源的有效利用，提升农业科技创新的整体实力

可以建立龙头企业与专业科研单位、大专院校合作，以课题、项目为纽带，共同开展科技创新活动。龙头企业以市场为导向、以应用性技术创新为主体；而研究机构以本专业的前沿科技发展趋势为导向、以原发知识性科技创新为主体。两者结合，既提升了龙头企业创新的科技含量和创新层次，又促进了研究机构科研资源的有效使用、科研成果的应用转化，增强了研究机构的市场意识，实现了科研资源的优势互补和科技资源的高效利用，进而提升农业科技创新的整体实力。

2）科研、开发与产业化融为一体，加快科技创新成果的转化步伐

在市场竞争中，技术进步已经成为拉动企业持续增长的主要因素，企业比以往任何阶段都更加重视科技在提升企业竞争力中的作用。龙头企业参与科技创新的最突出特点是科研立项以应用型为主、强调实用性。而企业技术创新的主要动力来自市场需求，因此，围绕企业主产品开发的新品种、新技术、新工艺、新材料一旦研制成功，则可以在第一时间内得以应用，转化为企业的现实生产力，为企业带来直接的经济效

益和市场份额的扩张，也明显加快了科技创新成果产业化的进程，有利于改变科研成果与市场需求相脱节、科技成果转化率低的局面。

3）建立原料生产基地，促进现代农业生产技术的普及

龙头企业与其他企业相比，最大的不同点在于它与农民生产者的内在联系，它肩负着引导基地生产的重任，这也是保证龙头企业自身利益所在。对于那些产品与原料质量关系密切的龙头企业，它们的科技创新活动也延伸到农业生产领域，直接带动了农业生产技术水平的提高和现代农业的发展步伐。目前，新疆已有一些企业为提高加工产品的质量，花费大量资金建设原材料生产基地，在这些生产基地中投入先进的农业生产技术，用以保证后期出口产品加工时能够获得优质原料。

4）有效发挥政府在提升龙头企业技术创新能力中的引导作用

市场竞争是推动企业科技创新的第一原动力，企业开展科技创新活动主要来自利润激励和竞争威胁，尤其是后者。经营实力强、产业影响力大的龙头企业在农业科技创新活动中发挥了积极作用。推进行业中的领军龙头企业成为科技型企业将是提升龙头企业在农业科技创新体系中作用的重要一环，建议对龙头企业享受国家税收、信贷等优惠获得的资金应当严格规定其使用用途，全部投入到科技创新中。

大量的实践及实证研究都表明，政府有必要促进建立起公共部门与私人部门有效分工与合作的科技创新体制。政府在对农业公共科技投资的分配中应当引入市场机制，科研课题同时面向公共和私人部门，采取招标竞争的方式分配科研项目。鼓励公共部门与企业联手合作，开展产学研创新活动，将公共部门科研整体实力强、科研手段设备先进，私人部门科研成果产业化、市场化开发能力强的潜在优势转化为现实优势，实现优势互补，提升科技创新资源的利用效率和优化配置，推进研究与开发、推广等科技创新各个环节的内在有效结合，加快科技成果的转化速度。

自治区政府要争取发展新疆外向型经济方面的相关政策。政府应当不断完善对企业自主创新活动的财税、金融政策和各项服务。在税收政策上，一是调整现行农产品加工增值税税率，实现农产品深加工和初加工相同的销项税税率。二是考虑到目前人民币汇率较高、农产品出口又

面临国外绿色壁垒冲击等因素，适度提高退税率，增强企业的经济实力。在资本市场上，一是充分利用地方性资本市场的融资手段来快速提升涉农企业的国际竞争力；二是地方政府争取为新疆外向型农业企业在"二板"市场快速上市提供各种便利，借鉴国外经验，积极发展农业科技创新风险投资基金，让风险投资在农业科技创新中发挥积极的作用，改变目前企业科技创新主要依靠自筹和国家计划贷款的局面。在提供技术中介服务方面，政府应当利用现代信息技术，加强科技成果转化服务平台的建设，定期举办农业科技成果展示交流会，建立高技术的市场转让机制，实现科技资源共享。

目前中国的知识产权保护体系已经基本建立起来，关键的问题是进一步规范市场秩序，加强对侵犯知识产权案件的打击，建立健全企业失信惩戒制度，完善企业诚信体系建设，使得知识产权保护体系有效地发挥作用。这也是企业开展科技创新活动的一个必要的前提条件。

7.1.4 培养一批复合型的农业专门人才

1）针对专业合作社成员，培养懂技术会营销的新农民

一是抓生产技术培训，围绕新疆特色优势农产品的生产开展各类专业培训，重点培训小麦、棉花以及主要林果作物高产栽培技术、现代畜牧养殖技术等实用知识，进一步提高农民应用新技术的本领；二是抓农机作业培训，结合推进农机化工程建设，依托农业职业院校等培训基地，大力开展新型农机操作手培训，提高农业作业标准和质量，以适应专业合作社的规模化种植生产；三是抓精细管理培训，转变农业经营理念，把工业产品生产流程植入农业，提高农产品生产管理的规范化水平；四是抓市场营销培训，大力开展市场流通知识培训，使农民掌握市场信息和现代流通手段，能够对国内市场及周边国家市场的基本情况有所了解，并对市场的变化有一定的认知，掌握初步的市场行情分析能力。

2）培养专业化的农业科技人才

一是合理优化人才结构，改革用人制度，调动人才积极性和创新性。引导农业科技人才合理流动和保持人才分布的动态平衡，在农业科

研单位根据组织机构内部功能与任务的需要，确定岗位，优化内部结构，保持活力和效率。各级农业科技单位根据所承担学科、专业研究任务和所处的位置，重新调整和配备好科技力量，优化人才专业结构。引进人才聘用制和新进人员试行试用制，使农业科技创新与单位的关系由原来的被动固定关系变成契约关系。要加大高层次人才的培养力度，加强学术交流和新知识、新技能传播。在科技成果转化取得的收益中，企业、科研机构或高等学校应提取一定比例，用于奖励项目完成人员和对产业化有贡献的人员。

二是加强人才的培养，提高人才队伍的整体素质。农业知识创新单位要根据本单位的农业知识创新任务，制订自己的知识创新人才培养计划和实施方案。通过引入竞争、激励机制加强对学科带头人的培养与选拔工作，明确责任，建立完善淘汰制，实现动态滚动式管理，以始终保持这一群体的领先水平。

加强技术创新人员知识培训，使他们能够及时掌握新技术。作为农业专业技术队伍建设的重要内容，在职人员的继续教育工作应采取多种形式，有计划地对专业技术人员进行新知识、新技能培训，完善农业专业人员的知识结构，提高其创新能力和专业技术水平。建立新的培训资格证书制度，保证个人在继续教育方面有受益机会，以及个人投资能得到社会的普遍承认。解决好越忙、越能干的人越没有机会学习，而年轻人想学习又得不到社会环境重视的问题。

三是改革分配制度，提高创新人才的收入水平。建立体现不同农业科技创新单位特点的工资分类管理制度，进一步扩大科技创新单位内部分配自主权。重实绩、重贡献，分配制度要向优秀人才和关键岗位倾斜。积极探索知识、技术管理等生产要素参与分配的实现形式。要按照能力强者多得、贡献大者多拿、职位重者多拿的原则调整收入分配制度。农业科技创新单位目前可考虑从三个部分构成创新人才的收入：一是基础工资，即与工龄、级别、学历等有关；二是职务工资，与本人所处的创新岗位有关；三是绩效津贴，与本人所承担农业科技创新任务，如课题、开发任务以及贡献有关。

7.1.5　充分利用产业援疆，推动新疆外向型农业产业化发展

产业援疆为新疆带来了跨越式发展的机遇，也为外向型农业发展起到了助推器的作用。在产业援疆政策的强力推动下，新疆资源优势转换为产业优势、经济优势成效显著，新疆经济增长的质量和效益明显提升，经济活力明显增强。

产业发展需要规模，在农户分散种植生产经营的情况下，农业产业化发展具有较大的难度，尤其是外向型农业的加工企业，要获得产量和质量都有保证的原料供应具有不确定性或者有较大难度，如果能够实现集中生产种植，原料的数量和品质都能够实现较为稳定的供给。结合之前提出的发展模式以及对策当中所提到的建立以承包土地入股分红的合作社，实现土地的规模化生产，在此基础上，可以实现一定程度的外向型农业产业化。按照外向型农业加工企业的发展情况，做好产业规划，进行援疆农业产业合作项目，主要针对新疆特色优势农产品的生产、加工和销售。以支援方的现场精细化管理、人员配备、高新技术结合具体的农业优势资源和农产品，培育完善的外向型农业产业体系，发挥规模效应，形成产业竞争力。

1）突出加强主体功能区建设，优化外向型农业区域布局

充分发挥比较优势和区位优势，引导各类生产要素向优势产区和产业带集聚，形成宏观布局合理、局部区域相对集中、县域微观特色突出、主导产业功能明显的优势农业产业聚集区，增强产业竞争力。

——粮食安全保障区。重点发展伊犁河谷、环塔里木盆地北线、塔额盆地、昌吉东部、博州西部粮食产业区和产业带，规划建设粮食生产基地县。

——棉花产业优势区。以建设阿克苏市、石河子市纺织工业基地为轴心，着重规划建设喀什地区至阿克苏地区、巴州棉花产业带和天山北坡棉花产业带。

——特色林果产业区。加快建设环塔里木盆地优势林果主产区，稳步建设吐哈盆地、天山北坡和伊犁河谷优质特色林果产业带。

——现代畜牧业生态区。在天山北坡、伊犁河谷、塔额盆地、焉耆

盆地、额尔齐斯河流域加快建设牛奶产业带；在南疆铁路沿线、天山北坡、伊犁河流域、额尔齐斯河流域、塔额盆地加快建设优质牛羊肉产业带；在伊犁州直、博州、昌吉州、巴州、塔城地区、阿克苏地区重点建设细羊毛产业带；在天山北坡、昌吉州东部、伊犁河谷、塔额盆地、焉耆盆地、库尔勒市至阿克苏市、喀什市、克拉玛依市建设优质生猪产业区；在乌鲁木齐市、昌吉州、伊犁州直、博州、巴州、阿克苏地区、喀什地区、和田地区建设优质肉禽产业区和禽蛋产业区。

——设施农业产业区。重点在吐鲁番地区、昌吉州、乌鲁木齐、塔额盆地、伊犁河谷、南疆地区培植发展现代设施农业产业聚集区。

——区域特色农产品产业区。在天山北坡、焉耆盆地、塔额盆地、伊犁河谷、阿勒泰地区重点建设加工番茄、枸杞、酿酒葡萄、打瓜、红花、色素辣椒、食用菌、沙棘等区域特色农产品生产基地，建设全疆各具特色的畜牧水产养殖示范基地，逐步形成特色优势产业区。

2）建立面向中亚市场的农产品加工示范基地、农业合作园区、出口加工基地

产业园区的建设应成为产业援疆的重要支点。新疆经济要发展，农业必须先行，而外向型农业发展是未来新疆农业发展和新疆外向型经济的重要环节，在这其中必须使相关企业成为市场经济的主体。要加快使这些企业成为市场经济的主体，必须加大产业援疆工作力度，提升新疆经济发展的内生力。

现阶段应以优势产区为依托，推进产业集群，建设适宜于实体进驻的园区，吸引新的工业投资，已成为普遍采用的区域发展方式。在新疆农业企业未来的发展道路上也要坚持走这条道路，要集中力量建设一批特色鲜明、产业关联度强、具有较大辐射带动能力的农业加工示范园区，善于运用国家目前的有利政策推动新疆企业取得质的飞跃。

从自治区层面对工业园的建设应有一个功能相对合理的总体规划，充分利用国家产业援疆的有利时机，发挥中央驻疆企业、内地援疆省市的作用，突出东西合作和与内地国有大型企业合作以及与驻地中央企业的合作。针对新疆农业资源优势转化过程中存在的不足，有些需要援疆省市加大技术支持力度，有些需要以市场为导向，实现农业企业间合

作，带动外向型农业的整体发展。

3）利用援疆的大好机会，建立具有很强带动性和辐射力的龙头企业

龙头企业的发展能够在发展外向型农业中有效促进农业产业结构的调整和优化，推动农业增效、农民增收。外向型农业的发展需要一批上规模、上档次的农业龙头企业导航引路。

农业龙头企业促进了农业规模化生产和集约化经营，凭借企业自身的生产加工和销售能力，能够大量消耗当地的特色优质农业原料，辐射带动种植农户，而农户的专业合作社规模化生产又能够保证为企业提供足量的优质原料，减少原料国际市场供求风险，同时大量提供社会就业岗位，成为发展农业和增加农民收入的一大亮点。

正是由于这种原因，一方面充分利用产业援疆的大好时机，从对口援疆省市引进先进的企业经营、管理和销售经验，引进资金，在已有的企业中选择基础好、潜力大的，进行进一步培育壮大；另一方面政府可以通过贷款贴息、政策奖励等方式，积极培育扶持参与外向型农业的龙头企业。

7.1.6 提高农产品国际竞争力，促进新疆开拓周边国家农产品市场

1）加强周边国家市场农产品需求信息收集和研判

一方面为政府制定外向型农业发展战略和规划提供可靠依据；另一方面引导新疆和国内的农业产业化企业调整市场策略和产品结构，稳步地开拓和进入中亚消费市场，与中亚国家农贸市场和农业企业建立稳定的常规性贸易合作关系。按照贸易互补、农业合作、互利互惠的原则，逐步扩大新疆和国内特色农产品在中亚国家的市场份额。建立并扩大新疆和国内龙头企业在中亚等国市场营销网络。不断扩大农产品贸易规模，针对中亚市场的消费需求特点和层次，最大限度地满足各国消费者的不同需要，不断提升新疆出口农产品在中亚市场的国际竞争力。

2）构建新疆农产品的外向型流通体系

"道路联通、贸易畅通"是丝绸之路经济带建设的基本框架性要求

和重要实施路径之一。新疆与中亚的农产品贸易也需要构建畅通高效的多元化流通渠道。新疆应利用丝绸之路经济带建设的新机遇加强国际铁路通道和国际公路通道建设，形成以乌鲁木齐为中心、南北疆铁路和跨境公路为依托，连接周边各国的高效便捷的现代化国际运输通道体系。

新疆要在主要口岸和边境县市加强外向型农贸产品集散地基础设施建设，尤其要大力发展保鲜库和冷链物流体系等。此外，依托乌鲁木齐机场和喀什机场的航空港，全面开辟和建设面向中亚各主要城市的高效率、低成本的新兴航空流通渠道，以提升新疆农产品出口的流通速度和运送能力，同时也能够应对公路口岸受季节性限制、无法全年通关的现实情况。

3）优化新疆鲜活农产品出口周边国家市场的通关环境

通关时间直接决定鲜活农产品的生命力和竞争力。在新疆各主要口岸的鲜活农产品出口环节，重视通关便利化工作。建议在农产品销售的旺季，当农产品出口企业提出特殊申请时，新疆口岸委、海关、边检、国检等相关部门应相互协调，及时批复和处理农产品出口企业提出的特殊申请，每天开辟或者每天在确定时段开辟专供农产品类车辆出口的通道，提高农产品出口通关的效率，真正发挥农产品绿色出口通道的作用，为农副产品出口创造高效便捷的通关环境。

4）注重农产品品牌建设，提升新疆农业产业化水平和农产品品质

新疆的气候适宜各类亚热带和温带瓜果的生长，新疆葡萄、哈密瓜、西瓜、香梨、南疆核桃、大枣，以及薰衣草等农产品品质极佳，许多产品获得了地理标志产品认证，但缺乏品牌意识，没有发展成世界知名品牌，难以提升其生产规模和商品价值。建议从以下几个方面培育新疆农产品的品牌意识和品牌价值：

首先，从政府层面制定新疆地理标志农产品品牌化生产体系规划，保证特色农产品保持原生态品质和规模化生产能力。新疆地理标志农产品品牌发展规划要参照国际先进的标准化生产体系和质量管理体系模式，以便在维持品质的同时，能够顺畅地打入国际主流消费市场。

其次，从产业功能区和商业约束政策等视角，实施原产地命名控制运作体系，采取严格的原产地生产和运营管理措施，加大对新疆地理标

志农产品原产地商标的市场保护力度。

再次，积极培育、引进和做大做强特色农业产业化龙头企业，引导其进行现代化的市场营销体系建设和流通体系建设，不断增强品牌战略意识，全面开拓国内外消费市场，稳步打造新疆特色林果业产品高度市场化运营渠道。基于新疆特色林果产品优良的品质和有限产量等特点，有针对性地定位和开拓专项的国际消费市场空间，实现精品产品的高附加值转化，以推动区域经济的集约发展和企业群体的专业化经营。

最后，深入挖掘和提升新疆特色林果业产品的品质内涵和非物质文化，构建系统的农业教育、科研、品牌推广体系，依托原产地产品国际博览会和权威媒体等多元载体，加大软性广告宣传力度，不断提升新疆特色农产品的知名度和美誉度，系统构建面向全国、面向世界的特色农产品品牌展示和普及体系，俾得新疆外向型农业发展形成稳定高效的国际市场驱动引力。

7.2 推进新疆与周边国家农业合作

山东农产品出口促进经验告诉我们，没有政府的有力推动和综合协调，出口加工基地建设是难以取得成效的。出口加工基地建设离不开政府的主导作用，也只有政府部门才能推得动、铺得开。

7.2.1 推动中国与周边国家农业领域的双边、多边合作

借丝绸之路经济带战略倡议逐步与沿线国家对接的东风，首先从国家层面尽早启动中国与周边国家农业合作、投资与贸易协定谈判，签订双边农业合作、贸易和投资框架协定，商定检疫对象目录和制定具体动植物产品检验检疫要求及实施细则，建立持续长效的农业经贸机制，形成规范有序的贸易环境。建议新疆加快促请国家有关部门建立和形成促进新疆农业向西开放的协调工作机制，尽快建立中国与中亚国家政府间农业领域高层对话工作机制，协商交流与解决共同关心的重大贸易政策和纠纷问题，努力争取新疆与中亚国家农业合作与农产品贸易的优惠政策，完善相关法律法规。

7.2.2　加强与周边国家海关及检验检疫部门及机构的合作

开展检验检疫证书互认工作，在口岸探索实施跨国间的"一站式"服务通关模式。加强与周边国家海关联络，重点加强与哈萨克斯坦海关的沟通和协调，建立和完善海关交流合作机制，加快促进新疆与中亚国家农产品贸易的"绿色大通道"建设。

7.2.3　加快新疆特色农产品出口信息平台建设

建立新疆特色农业信息网和新疆特色农产品跨境电商平台，跟踪周边国家及欧美国家和地区农产品技术标准、农产品贸易政策、关税制度、动植物检疫等规定与变动情况，收集、整理和发布中亚农业生产、农产品市场供给与需求信息，建立中国新疆与周边主要贸易伙伴国的农业和农产品信息共享平台，及时为生产者及出口企业提供信息服务，并及时扩大跨境电商的规模。

7.2.4　加强对周边国家农产品市场调查研究

加强对中亚国家农业生产和农产品贸易规则、技术标准、市场供给与需求等的调查和分析研究，采集中亚农业生产、技术、政策等的资料信息，掌握和摸清中亚农产品市场状况，提高新疆农产品出口的针对性。在突出新疆特色的同时，深入调研市场，确立好瓜果、营养食品、中药材、香料等特色农产品的中高端市场定位，针对各类产品有所不同的市场运行规律，建立健全市场营销体系。加快绿色通道建设，促进鲜活农产品通关便利化。

7.2.5　建立健全法律法规体系

借鉴国际先进管理经验，尽快制定特色农产品原产地保护方面的法律法规，保护提高特色产品的知名度，保证质量和特色。建立和完善特色农产品产地认证体系，实行原产地标识制度和产品质量追溯制度，引导促进优质特色农产品地理标志商标注册，制定地理标志产品生产技术规程和产品标准，规范地理标志使用和管理，维护原产地生产经营者的合法权益。加强生物多样性保护，建立濒危特色物种资源保护区和珍稀动植物品种繁育基地，实施严格保护制度，防止外来生物物种入侵，确保特色农产品发展的生态安全。

7.3 创新特色农产品出口加工基地的发展机制

积极鼓励和支持援疆省市企业在新疆建设出口导向性的农产品批发市场、面向周边市场的农业示范园园区、口岸农产品仓储设施、农产品精深加工基地等。同时，新疆需对农产品出口企业加大财政支持力度、加强信贷扶持服务、实施税收优惠政策，并在用地、用电、用水等方面给予优惠优先安排，对已有的中央和自治区鼓励农产品出口的财税政策，优先予以落实。

7.3.1 加强规划引导

加强调查研究，摸清实际情况，准确认识和把握特色农产品出口加工基地的布局与规划，推进特色农产品区域化布局，找准发展特色农产品的切入点，形成各具特色的发展模式，打造区域特色产业，加强对国有农场特色产品发展的指导，使其成为所在区域发展特色农产品的重要力量。在推进特色农产品区域化布局过程中，要充分尊重农民意愿，不搞强迫命令，不急于求成，坚持市场取向，依靠产业政策，加快引导和推动。

7.3.2 加大投入力度

利用国家农业部现有项目和资金渠道，进一步加大对特色农产品发展的倾斜支持力度，重点扶持特色农产品的良种繁育、新产品研发、技术创新、市场建设、原产地维护和生产示范等关键环节。各省（区、市）要加强沟通协调和工作宣传，引导各部门资金加大投入，广泛吸引金融资本、企业资本、社会资本支持当地特色农产品发展。整合各类涉农资金，严格项目监管，提高资金使用效率，及时发挥投资效益。加大国家投资力度，调整投资结构，集中必要的资金，有针对性地扶持优势农产品和优势产区。财政专项资金应进一步加大对优势农产品和优势产区重大成套技术推广的支持力度；积极引导社会资金，中央和地方财政应设立贴息资金，鼓励和引导社会资金到优势产区建基地、发展农业产业化经营。农业部现有的各项农业投资，也要加强整合，向优势农产品和优势产区倾斜。

7.3.3 创新发展机制

首先，完善特色农产品发展扶持政策。已经制定和实施的支农惠农政策，要尽可能把扶持区域特色产业、发展"一村一品"纳入其中，并逐步规范化。根据特色农产品的特点和发展实际需要，尽快制定相应的专项扶持政策。

其次，金融部门应进一步加大扶持产业化龙头企业的贷款力度，重点解决优势农产品收购、营销、加工的贷款，支持优势产区种植、养殖大户进行规模生产；建立特色农产品信贷保障机制，鼓励政府、企业和社会资金合作建立针对农户和中小企业的多种担保组织和基金，解决农户和中小企业的贷款难问题。积极探索建立政府引导、农民投保、企业参与、合作保险、市场运作的特色农产品保险机制，防范和化解特色农业发展的自然风险和市场风险。国家设立专项资金，支持开展农业保险，对水产品、牛奶、牛羊肉等风险较大的产品，率先在其优势产区进行试点。

最后，加强部门合作，提升口岸便利化水平。加强与农业、林业、畜牧、海关、出入境检验检疫等相关部门的沟通协作，共同从优良品种引进、农产品深加工技术升级、优先办理检验检疫和通关手续、减少抽检频次和抽样数量、降低口岸查验比例等方面提高农产品出口数量及质量。针对基地的不同情况，进一步加强人员培训，开展出口农产品质量安全体系认证及政策法规宣讲，推广国际化农产品质量安全管理模式。加大新疆与内地检验检疫机构的密切协作，实行"产地检验、口岸出单"和"口岸转检、属地报检"的检验检疫通关模式，简化中间验放环节，加快通关速度。在农产品主要出口口岸，实施和推广瓜果蔬菜出口专用报关窗口，优先办理接单、审单等报关手续，设置快速验放通道，做到鲜活农产品快速绿色通关。加强农产品进出口企业诚信建设，完善企业诚信评价体系，支持信用等级高的企业便利通关，推广"电子口岸"建设，提升国内口岸贸易便利化水平。

7.4 扶持壮大特色农产品生产出口加工基地的经营主体

发展新型农业经营主体，加快培育种养大户、家庭农场、农民合作社、农业产业化龙头企业等新型经营主体，推进特色农产品发展专业化生产、集约化经营和社会化服务。要根据新型经营主体的不同特性，加强分类指导，实行差别化扶持政策，因地制宜地界定各类主体的规范标准、登记办法，制定出台相应的倾斜政策。

7.4.1 龙头企业

新疆农产品出口加工基地建设的核心是基地的产业化建设。而产业化建设必须以龙头企业的培植为重点，确立"围绕市场发展龙头企业，围绕龙头企业发展特色农业"的发展战略，鼓励龙头企业依靠科技进步，大力发展新产品，全面实施精品和品牌战略，积极开拓国内外市场，形成一批特色农产品加工企业集团，全面提升新疆外向型特色农业综合实力。可通过财改、金融、外贸、税收和上市融资等政策，支持龙头企业上市，优先支持特色农业龙头企业，促其应用高新技术创建拥有竞争优势的企业集团，提高管理水平，带动基地向优质化、规模化方向发展。同时，打破部门、行业垄断和地区分割的局面，支持有实力的企业兼并、重组弱势企业，实现龙头企业的低成本扩张，并建立利益共享、风险共担的协调机制，引导龙头企业通过预付定金、利润返还、保护价收购、提出系列化服务等形式，保护基地和农民的利益，从而全面推进特色产品产业化经营。对出口加工基地内符合条件的农业产业化龙头企业，本着同等优先的原则，参与农业产业化经营国家重点龙头企业的认定，申报国家技改项目。

国家和自治区财政应设立专项资金，对从事特色农产品加工、销售的农业产业化龙头企业，参加国际展览、展销会，开展名牌产品的宣传等推介活动提供补贴，提高龙头企业及新疆名牌产品在国际市场的知名度和占有率。

支持农业产业化龙头企业在优势区建设特色农产品生产、加工和出口基地，充分发挥企业的引领带动作用，与农民建立稳定的产销关系。通过发展订单农业等多种形式，在农业产业化龙头企业、中介组织和农民合作组织（基地）之间建立稳定的利益联结机制，让农户更多分享加工销售收益。

7.4.2　专业经济合作组织

抓紧组建各类优势农产品行业协会，发挥其在产销衔接、技术服务和协调出口价格等方面的作用。加强对行业协会等中介组织的扶持，允许行业协会、专业合作经济组织申报国家有关项目。支持行业协会和出口企业积极应对国外歧视性反倾销、反补贴及其他限制性措施，维护和保障农民和企业的合法权益。支持行业协会和专业化组织加强对特色农产品的营销服务，大力开拓国际市场。着力扶持建立特色农产品农民合作组织，努力促进农民合作社规范化建设，不断增强农民合作社市场竞争能力，提高农民的市场主体地位。

7.4.3　现代农民

结合农牧业龙头企业人才培训、新型农民科技培训工程、新农村实用人才培训工程、致富技能培训工程等，不断扩大县乡原产地初加工技术培训覆盖面，努力把广大农户培养成为有较强市场意识、有较高生产技能、有一定管理能力的职业农民。

着力培育生产大户和农民专业合作社，发挥对农民的示范带动作用，提高农民组织化程度。加强农户的初加工专业人才职业教育和技能培训，创新职业教育技能培训方式，发挥农林院校、科研院所专家在干鲜果蔬产地初加工技术服务推广中的引领作用。鼓励、支持各类科技人员深入基层、深入农村，围绕产地初加工的生产管理，直接向农民传授实用实效、通俗易懂的技术。

7.5 结语

长期以来，农产品出口对带动农村就业、增加农民收入、优化农业产业结构、提高农产品国际竞争力、提升国内相关产业水平发挥了重要作用，对解决"三农"问题意义重大。一是增加农民收入。在当前国内大部分农产品供过于求的情况下，农产品出口效益普遍好于国内销售，在一些特色农产品优势产区，出口农产品已经成为当地农民收入的主要来源。二是带动农村就业。农产品出口带动了农业、制造业、其他服务业的发展，为这些部门创造了大量的就业岗位。据专家测算，每 1 万美元的农产品出口，能直接和间接创造约 20 个就业岗位。三是促进农业产业化、规模化发展。为了适应国际市场的"高标准，严要求"，各地发展外向型农业，形成了一些优势农产品生产和出口基地，如山东的蔬菜出口基地，云南的花卉、松茸出口基地，福建的烤鳗加工出口基地，陕西的苹果和果汁出口基地，新疆的番茄出口基地等，出口农产品基地在建设、品种、品质、包装、储运、品牌等方面标准不断优化。

从新疆与周边国家的外贸实际来看，新疆不仅要实现工业和服务业的突破，更要在农业领域推进外向型发展。因为从地产品贸易总量来看，地产农产品在整个地产品贸易中所占比重相当大，且从与周边国家和其他国家的农产品生产竞争力角度来看，新疆农产品具有特色优势和竞争优势。但是从发展实践来看，新疆的外向型农业优势并没有得到进一步开发或继续强化。相比而言，在具有优势和竞争力的农业领域实现外向型农业发展，推动农业产业化来走出具有新疆特色的外向型发展道路势在必行，也切实可行。

近年新疆农产品贸易发展表现出四大重要特征：

一是新疆农产品出口量虽然持续增长，但是农产品出口占新疆总出口额的比重低，新疆农产品出口贸易主要以边境小额贸易为主，贸易规模提升空间大。新疆出口的农产品结构主要集中在活动物及动物产品、水果和加工农产品上，而且大多是以原料型的初级产品和低级的初级加工品为主，此外，农产品化肥、农药使用超标，产地不清，质量无法追溯，农产品质量差制约着新疆农产品出口竞争力提升。

二是新疆农产品出口市场主要集中在哈萨克斯坦、吉尔吉斯斯坦以及俄罗斯这 3 个国家，对这 3 国的农产品出口占到新疆农产品总出口的 70% 以上，竞争的绝对优势比较显著。中亚市场正在成为发挥资源优势、提高产品市场竞争力的关键点。

三是从产业布局来看，新疆的乌昌地区、伊犁盆地、塔城盆地、阿勒泰地区、喀什地区、阿克苏地区已逐步形成一批特色农产品的生产、加工基地，农产品加工水平不断提高，从生产、加工、包装、运输到出口，已初步形成了相对成熟、完整的产业链。

四是出口模式发生变化。新疆口岸农产品出口已从少数外贸公司专营、品种来源内地发展为建立基地，形成贸工农一体化出口模式。由小型外贸公司收购经营逐渐向"公司+基地""公司+基地+农户"的多元化经营模式普及，出口企业质量安全意识明显提高。部分农产品出口企业已拥有自己的生产基地，实现了标准化生产，并逐步建立起科学、有效的质量监控体系，出口企业质量安全意识提高，突破技术壁垒效果显著。

通过对中亚国家市场潜力分析，我们认为中亚农产品出口市场潜力与这些国家的农产品供给能力、农产品产品结构的变化以及收入水平、偏好等有关。从市场规模看，随着中亚各国收入水平的提高和经济的快速增长，中亚农产品进口市场规模将会不断扩大是毋庸置疑的事实；而从生产能力和资源条件上看，中亚各国农产品自给率不高；从国内经济发展看，哈萨克斯坦、吉尔吉斯斯坦等国的劳动力成本比较高，农产品生产结构不合理且与新疆农产品生产存在着明显的互补性。新疆农产品的比较优势在面向中亚市场时将得到充分体现。从偏好角度来看，中亚国家与新疆在民族、文化、宗教上的相似性也带来巨大的贸易机遇。区域经济一体化和中亚经济的快速发展，为新疆利用自身的农业优势和产品优势参与中亚市场提供了契机和条件，也为新疆向西开放和利用大通道，拓展发展空间提供了可能和基础。新疆优势农业和具有竞争力的农产品，完全能够在中国向西开放中发挥重要的作用，成为中国和中亚地区进行经济往来和贸易交往的载体。建立面向国内外，特别是中亚地区的优势农产品出口生产和加工基地，应该作为中央实现西部大开发战略的重要举措，成为新疆不断拓展中亚市场、参与地区竞争、提升中国在这一地区影响力的战略要项，成为新疆和中亚地区实现优势互补、建立紧密联系的利益共同点所在。

出口基地是指产业特色鲜明，具备一定的出口规模和竞争优势，有较强的示范、带动和辐射能力，产业链和配套体系较为完善的产业集聚区。出口基地在整合资源、实现贸易与产业互动以及提高出口竞争力等方面起着重要作用。大批生产基地的规模化、产业化以及标准化发展成为中国出口农产品生产的新特征。这些农产品出口生产基地面向国际市场，按照国际标准生产运作，在中国农产品出口中起着举足轻重的作用。新疆近年来积极发展特色农产品出口加工基地建设，初步形成了自治区农产品出口示范基地、出口农产品质量安全示范基地以及出口食品农产品备案基地和现代农业示范园区等出口生产加工基地形式。本书梳理了新疆出口加工基地发展现状，探讨了出口加工基地对新疆外向型经济发展的意义，并从总体上对出口生产加工基地存在的问题进行分析。我们认为，一方面，出口加工基地对新疆面向中亚市场扩大出口规模、降低出口风险、提高农民收入和就业率、提升新疆农业产业化水平起到了巨大的促进作用。另一方面，新疆特色农产品出口加工基地建设过程中存在着以下问题：基地规模小，示范带动作用不强；基地产业化水平较低，深加工程度不够；龙头企业数量少、规模小，竞争力不强；政府促进力度不高，政策扶持措施不到位；科技支撑力度不够，农产品科技含量低；市场风险大，海外销售网络不健全，缺乏面向国际市场的品牌化战略。这些问题若无法及时得到有效解决，将制约出口加工基地的规模化发展，从而对新疆外向型农业发展及农产品出口产生极大的制约。

充分利用丰富的特色农业资源优势，挖掘资源的开发潜力，面向国际市场，以全面实现优势资源转换战略、建立具有特色和国际市场竞争力的特色农业产业体系为目标，构建以特色农产品出口生产加工基地建设为基础，以特色农产品加工产业链建设为核心的外向型农业生产模式和体系，是山东出口加工基地"安丘模式"和新疆出口加工基地"塔城模式"的共同之处。本书通过对比两个特色农产品出口加工基地建设和发展中的不足，指出在建设和优化出口加工基地的过程中，要突出以下方面：合理布局出口加工基地，突出区域优势，形成合理互补分工；在基地建设过程中，要注重国际市场营销网络的构建、特色农产品品牌的树立、产业化龙头企业的培植和服务平台的建设，逐步建立起面向国际市场的特色农业产业群，形成特色农业竞争优势。

如何布局规划以及建设和发展新疆特色农产品出口加工基地是本书的关键研究点。本书通过实地调研和大量参阅国家农业部，自治区农业厅、商务厅，自治区海关以及自治区出入境检验检疫局相关材料、规划以及文件，并以统计数据分析和实证分析结论为基础，在结合新疆区位优势、考虑面向中亚市场目标之下，根据新疆特色农产品集中产区及农产品加工产能的布局，对特色农产品主产区和产能进行集中区统筹规划，提出建设以蔬菜、特色林果产品、特色畜禽产品、特色经济作物以及特色深加工产品六大特色农产品出口加工基地。在考虑农产品资源丰富区域和加工产业基础较好以及出口成本的基础之上，提出推进新疆特色农产品加工业集群发展和基地建设的战略思路，根据农产品资源布局，结合口岸区位优势、农产品加工业发展基础等，提出主要建设三种类型基地，即依托口岸的鲜活商品生产加工基地、依托产地的传统加工出口基地以及依托园区的农产品深加工基地。在出口生产加工基地的经营模式上提出了充分依靠地方政府和自治区有关部门的支持，以龙头企业主导、专业合作社主导以及现代农场为主体的三种主体发展模式，在此基础上，课题组对新疆特色农产品出口加工基地建设的管理思路和营销思路进行了进一步规划。

推进新疆特色农产品出口加工基地的建设与发展是一项系统工程，需要各方面共同努力，采取综合措施。本书旨在讨论新疆发展外向型农业面临的核心问题，并对核心问题提出针对性的政策建议，因此，本书最后从政策研究视角就发展新疆外向型农业和建设特色农产品出口加工基地建设提出了加强中国与中亚区域经济与贸易合作、构建良好稳定的贸易发展环境、创新出口加工基地建设的扶持政策体系和管理体制，以及培育和扶持出口加工基地的经营主体的对策思路。

参考文献

[1] 董桂才. 中国农产品出口市场结构及其优化研究 [M]. 北京：经济科学出版社，2010.

[2] 李周，任常青. 农地改革、农民权益与集体经济：中国农业发展中的三大问题 [M]. 北京：中国社会科学出版社，2015.

[3] 张鑫. 对口支援政策下的产业援疆模式选择与实现路径 [J]. 石河子大学学报：哲学社会科学版，2014（2）.

[4] 苑鹏，刘玉萍，宫哲元. 龙头企业在农业科技创新中的作用及发挥政府的引导功能研究 [J]. 农村经济，2008（1）.

[5] 阿布都伟力·买合普拉，李婷，潘浩. 面向中亚的新疆外向型农业发展的思考与建议 [J]. 亚太经济，2014（5）.

[6] 哈尼克孜·吐拉克，喀斯木江·麦麦提依明. 新疆土地承包经营权流转制约因素及其对策 [J]. 新疆大学学报：哲学·人文社会科学版，2014（11）.

[7] 殷冀锋. 新一轮对口援疆进程中的产业园区发展建议 [J]. 中国经贸导刊，2013（11）.

[8] 李哲敏. 中国农业科技创新人才发展战略 [J]. 科学管理研究，2009（4）.

[9] 马边防. 基于现代化大农业维度的农业制度创新 [J]. 行政论坛，

2012（2）.

[10] 朱自安. 新疆建设国家级四大农产品基地前景分析 [J]. 干旱区地理，2009（5）.

[11] 杨明，李俊斌. 西部欠发达地区特色农产品发展现状及路径探微——基于达州特色农产品出口加工基地建设的实证研究 [J]. 江西农业学报，2011（3）.

[12] 闫文陆. 新疆喀什、霍尔果斯经济开发区成为中国向西开放窗口 [J]. 大陆桥视野，2011（11）.

[13] 谷星辉，高志刚. 新疆喀什地区外向型经济发展：优势、障碍与政策建议 [J]. 新疆财经，2010（3）.

[14] 赵英. 喀什经济开发的产业与政策选择 [J]. 西部论丛，2010（12）.

[15] 张晖. 提升我国农产品出口国际竞争力的对策研究 [J]. 农业经济，2016（4）.

[16] 陈海关，许龙，张同建. 原始创新模式下农业龙头企业出口竞争力培育机制研究 [J]. 商业经济研究，2015（5）.

[17] 师维军. 中（新疆）塔农业科技合作的机遇与挑战研究 [J]. 新疆农业科学，2015（7）.

[18] 李豫新，朱新鑫. 农业'走出去'背景下中国与中亚五国农业合作前景分析 [J]. 农业经济问题，2010（9）.

[19] 鞠劭芃，黄德林. "丝绸之路"经济带建设对中国新疆农业经济的影响——基于中国新疆和中亚5国一般均衡模型 [J]. 世界农业，2016（11）.

[20] 王野，孙东升. 新疆主要农作物比较优势分析——基于国内资源成本法 [J]. 新疆农业科学，2015（8）.

[21] 英犁，刘萍. 基于层次分析法的新疆特色林果产品综合评价研究 [J]. 林业经济，2015（8）.

[22] 程国强，朱满德. 中国农业实施全球战略的路径选择与政策框架 [J]. 改革，2012（1）.

[23] 刘英杰，马慧兰. 中国新疆农产品市场体系建设及进入中亚市场流通渠道与模式构建 [J]. 世界农业，2011（4）.

[24] 段素素. 吉木萨尔县深化农村综合产权制度改革促农增收 [N]. 昌吉日报（汉），2015-07-30.

[25] 钟欣，崔丽. 农业"走出去"要走得出走得稳 [N]. 农民日报，2015-03-09.

[26] 董少华. 新疆农产品阔步走出去 [N]. 新疆日报（汉），2012-02-17.

[27] 沈和，刘希泽，江海洋. 产权制度改革助推现代农业建设迈上新台阶

[N]．中国经济时报，2016-02-02．

[28] 孙加力．新疆外向型农业发展研究［D］乌鲁木齐：新疆农业大学，2009．

[29] FULPONI，LINDA．Regional trade agreements and agriculture［J］．OECD Food，Agriculture and Fisheries Papers，2015（79）．

[30] SHEARER，SCOTT P．WTO agreement to end export subsidies for agriculture［J］．National Hog Farmer，2015（1）．

后记

　　《新疆外向型农业发展及出口加工基地建设研究》从项目研究到书稿的形成，经由 4 年的努力，即将付梓。

　　经济发展从来不是一个单独的命题，新疆的经济发展不是单纯的地方经济问题，而是事关新疆乃至全国稳定大局的问题。其中，农业是新疆发展的根基，借由当前丝绸之路经济带建设的大环境，新疆需要牢牢把握机遇，不仅要融入向西开放当中，更要努力成为我国连接欧亚的核心区。因此，本书全面系统地研究了新疆外向型农业发展的环境条件、影响因素、发展模式和主要途径，提出了一些新的思路和见解，但由于作者的理论学识和研究方法的局限性，所做的研究还是远远不够的。

　　在研究过程中，我们遇到的主要困难在于数据收集方面。本书的一个特色是对当前新疆外向型农业发展和出口加工基地建设情况的全面系统研究，其中包含较多的定量分析和评价，因此需要大量的数据支持。在研究之初，我们进行了大量的实地调研，获取了一些重要数据，但这些多为静态数据，难以获得较为全面的时间序列数据，所以影响了评价的时效性。

各种主客观因素的存在，使得本书仍然存在不完善和疏漏之处，今后仍有很多需要进一步完善和补充的地方。

1. 进一步进行实地调研，以最新的、全面的一手数据进行研究，会有更加符合实际的结论和解决方案。

2. 新疆外向型农业发展的影响因素的分析，是一个重要且工作量较大的问题，这个分析往往会受各种环境和其他相关因素的影响而有所变化，因此这方面的研究尚需进一步深入。

3. 中共中央、国务院颁布的《关于深入推进农业供给侧结构性改革加快培育农业农村发展新动能的若干意见》出台之后，对于新疆外向型农业的发展以及农产品出口加工基地的建设都会带来更多的发展机遇。

参与本书撰写的主要有王霞、原幅力、苏来曼·斯拉木。王霞负责最后的修改、统稿和审定。具体撰写分工如下：前言（王霞），第 1 章（原幅力），第 2 章（王霞），第 3 章（原幅力），第 4 章（苏来曼·斯拉木，王霞），第 5 章（原幅力，王霞），第 6 章（苏来曼·斯拉木，原幅力），第 7 章（王霞），后记（王霞）。

书稿在写作过程中得到了新疆维吾尔自治区社科规划办和新疆财经大学领导的关心和支持，也到了新疆财经大学科研处、国际经贸学院、经济学院以及乌鲁木齐海关、新疆出入境检疫检验局、新疆农业厅、新疆农业大学经济管理学院、塔城市等有关部门和人员的帮助。在本书的出版编辑过程中，得到了东北财经大学出版社的热忱帮助和指导。在此，对本书的研究与出版过程中给予帮助和支持的所有部门和人员表示衷心的感谢！

在本书的研究过程中，作者怀着崇敬之意吸取了前人研究的精华，受到了很大的启发，本书中对引用的研究成果都尽可能给予了标注。由于作者疏忽未能标注的部分深表歉意；对前人成果的引述、评论如有不当之处，概由作者负责。

由于作者水平有限，有些观点难免失之偏颇，不妥之处，敬请专家、同行和广大读者斧正。

作 者

2017 年 8 月

"新疆企业发展研究"学术丛书

王霞 原帼力 苏来曼·斯拉木◎著

新疆外向型农业发展及出口加工基地建设研究

ISBN 978-7-5654-2815-9

9 787565 428159 >

定价: 36.00元